Roger Lovegrove / Peter Barrett

„Folg ich der Vögel wundervollen Flügen ...“

Roger Lovegrove/ Peter Barrett

„Folg ich der Vögel wundervollen Flügen ...“

Vogelbetrachtungen im Jahreslauf

Gerstenberg Verlag

Inhalt

Gebirgsstelzen, Wasseramsel und Elster

Vorwort

Mein Interesse an freilebenden Tieren, vor allem an Vögeln, erwachte sehr früh – zu einer Zeit, an die ich mich nicht mehr bewußt erinnern kann. Die Tatsache, daß ich meine Kindheit und Jugend auf dem Lande verbrachte, hat dieses Interesse zweifellos bestärkt, ich glaube aber, es wäre ebenso entstanden, wenn ich anderswo geboren wäre. Wenn ich an meine Kindheit zurückdenke, erinnere ich mich an zahllose Ausflüge und Streifzüge durch die Wälder, Felder und Hügel meiner Heimat. Tage um Tage war ich draußen unterwegs und ging auf Entdeckungsreisen von den Feldern Oxfordshires durch die Buchenwälder der Chilterns, über das rauhe Weideland und die Hopfenfelder von Herefordshire bis zu Cumberlands Hügeln, Strömen und ausgedehnten Flußmarschen, und alles weckte in mir eine tiefe Liebe zur Natur. Ich arbeite nun seit zwölf Jahren hauptberuflich im Naturschutz, und ich wünsche mir das eine: ein wenig von der reichen Freude, die ich empfunden habe an andere weitergeben zu können.

Vögel bereiten dem Beobachter zu jeder Zeit Vergnügen und sorgen immer wieder für Überraschungen. Ich hoffe, daß dieses Buch auf seine Weise etwas von der Freude und der Spannung widerspiegelt, die ich im Laufe der Jahre im Umgang mit den Gefiederten erlebte.

Ich habe auf den folgenden Seiten den Versuch unternommen, einige meiner Erfahrungen – auf die vier Jahreszeiten verteilt – wiederaufleben zu lassen. Jedes Jahr hat seine besonderen Höhepunkte, doch von einigen Ausnahmen abgesehen, die auf meine spezielle Tätigkeit in der RSPB[1] zurückzuführen sind, beschreibe ich Begegnungen mit Vögeln, die jeder, der Augen und Ohren offen hält, im Laufe von zwölf Monaten so oder ähnlich selbst erleben kann.

Ich möchte aber nicht nur die eine oder andere eigene Erfahrung schildern. Das Buch will darüberhinaus denjenigen Lesern Mut machen und Hilfen an die Hand geben, die nicht nur Freude daran haben, Vögeln zuzuschauen, sondern die dieses Interesse – vielleicht jetzt zum erstenmal – ein wenig weiterentwickeln wollen. Es ist ein Riesenunterschied, ob man Vögel lediglich anschaut oder ob man sie beobachtet. Ersteres könnte beinhalten, daß man das Aussehen eines Vogels bewundert, seine Färbung, seine Anmut und Energie. Den gleichen Vogel zu beobachten bedeutet aber, daß man anfängt zu verstehen, warum das Tier so und nicht anders aussieht, warum sich seine Färbung so und nicht anders entwickelt hat und wie der Vogel seine Farben einsetzt. Es bedeutet weiter, daß der Beobachter den Sinn der Kraft und Anmut des Vogels begreift, daß er die Bedeutung seines Gesangs, dessen Abhängigkeit von der Jahreszeit und seine individuellen Besonderheiten erkennt. Was diese Gesichtspunkte angeht erhebt dieses Buch natürlich keinen Anspruch auf Vollständigkeit; es versucht lediglich, die Tür zum Verständnis der verwickelten und faszinierenden Lebensäußerungen der Vögel in unserer Umgebung aufzustoßen. Gleichzeitig werden Möglichkeiten aufgezeichnet, Vögeln zu helfen und sie als Gegenleistung dazu zu veranlassen, sich in unserer Nähe am Haus und im Garten einzufinden. Das Buch bietet nicht zuletzt Raum für Peter Barretts aus-

[1] Royal Society for the Protection of Birds (Britischer Bund für Vogelschutz)

Inhalt

Gebirgsstelzen, Wasseramsel und Elster

Vorwort

Mein Interesse an freilebenden Tieren, vor allem an Vögeln, erwachte sehr früh – zu einer Zeit, an die ich mich nicht mehr bewußt erinnern kann. Die Tatsache, daß ich meine Kindheit und Jugend auf dem Lande verbrachte, hat dieses Interesse zweifellos bestärkt, ich glaube aber, es wäre ebenso entstanden, wenn ich anderswo geboren wäre. Wenn ich an meine Kindheit zurückdenke, erinnere ich mich an zahllose Ausflüge und Streifzüge durch die Wälder, Felder und Hügel meiner Heimat. Tage um Tage war ich draußen unterwegs und ging auf Entdeckungsreisen von den Feldern Oxfordshires durch die Buchenwälder der Chilterns, über das rauhe Weideland und die Hopfenfelder von Herefordshire bis zu Cumberlands Hügeln, Strömen und ausgedehnten Flußmarschen, und alles weckte in mir eine tiefe Liebe zur Natur. Ich arbeite nun seit zwölf Jahren hauptberuflich im Naturschutz, und ich wünsche mir das eine: ein wenig von der reichen Freude, die ich empfunden habe an andere weitergeben zu können.

Vögel bereiten dem Beobachter zu jeder Zeit Vergnügen und sorgen immer wieder für Überraschungen. Ich hoffe, daß dieses Buch auf seine Weise etwas von der Freude und der Spannung widerspiegelt, die ich im Laufe der Jahre im Umgang mit den Gefiederten erlebte.

Ich habe auf den folgenden Seiten den Versuch unternommen, einige meiner Erfahrungen – auf die vier Jahreszeiten verteilt – wiederaufleben zu lassen.

[1] Royal Society for the Protection of Birds (Britischer Bund für Vogelschutz)

Jedes Jahr hat seine besonderen Höhepunkte, doch von einigen Ausnahmen abgesehen, die auf meine spezielle Tätigkeit in der RSPB[1] zurückzuführen sind, beschreibe ich Begegnungen mit Vögeln, die jeder, der Augen und Ohren offen hält, im Laufe von zwölf Monaten so oder ähnlich selbst erleben kann.

Ich möchte aber nicht nur die eine oder andere eigene Erfahrung schildern. Das Buch will darüberhinaus denjenigen Lesern Mut machen und Hilfen an die Hand geben, die nicht nur Freude daran haben, Vögeln zuzuschauen, sondern die dieses Interesse – vielleicht jetzt zum erstenmal – ein wenig weiterentwickeln wollen. Es ist ein Riesenunterschied, ob man Vögel lediglich anschaut oder ob man sie beobachtet. Ersteres könnte beinhalten, daß man das Aussehen eines Vogels bewundert, seine Färbung, seine Anmut und Energie. Den gleichen Vogel zu beobachten bedeutet aber, daß man anfängt zu verstehen, warum das Tier so und nicht anders aussieht, warum sich seine Färbung so und nicht anders entwickelt hat und wie der Vogel seine Farben einsetzt. Es bedeutet weiter, daß der Beobachter den Sinn der Kraft und Anmut des Vogels begreift, daß er die Bedeutung seines Gesangs, dessen Abhängigkeit von der Jahreszeit und seine individuellen Besonderheiten erkennt. Was diese Gesichtspunkte angeht erhebt dieses Buch natürlich keinen Anspruch auf Vollständigkeit; es versucht lediglich, die Tür zum Verständnis der verwickelten und faszinierenden Lebensäußerungen der Vögel in unserer Umgebung aufzustoßen. Gleichzeitig werden Möglichkeiten aufgezeichnet, Vögeln zu helfen und sie als Gegenleistung dazu zu veranlassen, sich in unserer Nähe am Haus und im Garten einzufinden. Das Buch bietet nicht zuletzt Raum für Peter Barretts aus-

Vorwort

gezeichnete Illustrationen, die mit ihrem lebendigen Ausdruck und ihrer Genauigkeit im Detail und in der Farbgebung vieles deutlich machen, was mit Worten nicht zu vermitteln wäre. Peter Barrett, dessen Beobachtungsgabe und dessen ausgefeilte Technik Kunstwerke von außerordentlicher Schönheit entstehen lassen, lebt ebenfalls auf dem Land.

Wenn es in dieser Darstellung ein übergeordnetes Thema gibt, so besteht es in der Einsicht, daß unser Denken in Kalendereinheiten ein zu grobes Raster bedeutet. Wir können zwar bestimmte Aktivitäten der Vögel den einzelnen Jahreszeiten zuordnen, aber es gibt enorme artspezifische Unterschiede. Brut, Zug oder Schwarmbildung finden oft zu einer Zeit statt, die uns sonderbar vorkommen mag. Auch innerhalb einer Art gibt es Beispiele für eine beträchtliche Anpassungsfähigkeit: So können etwa Ringeltauben fast in jedem Monat des Jahres brütend angetroffen werden. Wenn wir die Vögel verstehen wollen, müssen wir also berücksichtigen, daß sie ihre eigenen Zeitpläne haben, die oft nicht mit den unsrigen übereinstimmen.

Das Buch selbst enthält – wen wundert's – eine ganze Reihe von Beobachtungen, die sich auf die Umgebung meines Hauses beziehen. Eine kurze Beschreibung der Gegend könnte deshalb wohl von Nutzen sein. Das Haus, in dem ich mit meiner Familie wohne, wurde vor etlichen Jahren als Jagdhütte erbaut. Es steht am Fuß steiler Hügel – die bereits seit längerer Zeit ihre Moorvegetation und damit auch ihren jagdlichen Wert eingebüßt haben – etwa eine Meile von dem Fluß Severn entfernt, und zwar dort, wo er das walisische Hügelland verläßt. Hinter unserem Haus fließt ein kleiner Bach aus dem Hügelland herab. Sein enges gewundenes Tal ist so tief eingeschnitten, daß auf dem Grunde kaum Platz für den Wasserlauf, einen blind endenden Pfad und eine Reihe winziger Wiesen bleibt, die einzeln links und rechts in jeder Kehre des Bachlaufs liegen. Die Talhänge sind sehr steil. Sie sind größtenteils mit Wäldern aus Eichen und Eschen bedeckt; oberhalb dieser Wälder erstrecken sich Schafweiden bis weit hinauf. Der Taleinschnitt ist so eng, daß selbst im Sommer die Sonne das Haus erst am späten Vormittag erreicht und abends früh wieder verschwunden ist.

Es ist ein ruhiges Tal, das wie tausend andere ähnliche Täler in Wales von Leben pulsiert. Täglich sind Mäusebussarde und Kolkraben in der Luft. Bachstelzen und Wasseramseln bewohnen den Bach. In den Wäldern halten sich im Laufe des Jahres mehr als 50 Vogelarten auf. Ich schreibe diese Zeilen an einem strahlenden, warmen Tag Mitte April. Der erste Trauerschnäpper ist zurückgekehrt und inspiziert bereits Nistkästen, Dohlen tragen kleine Zweige in ihre Nester im Schornstein ein, und den ganzen Tag über singt vom gegenüberliegenden Ufer ein Fitislaubsänger. Auch wenn es so scheint, als sei diese Umgebung schlechthin ideal, so ist doch der Vogelreichtum hier alles andere als ungewöhnlich. Die meisten Gegenden Englands (und Deutschlands) können sich für den aufmerksamen Beobachter als ebenso lohnend erweisen: Stadtparks, Vorstadtgärten, Bahndämme, ja sogar Straßen inmitten großer Städte und Autobahnen – jeder, der etwas Zeit und Mühe dafür aufbringt, kann dort zu jeder Jahreszeit Vögel entdecken und sich an ihnen freuen.

Roger Lovegrove

Frühling

In unseren nördlich-gemäßigten Breiten ist der Frühling die Zeit des großen Wiedererwachens, des Wiedergeborenwerdens und des neuen Lebens. Er zieht nicht so plötzlich und unwiderruflich ein wie die Regenzeit in den Tropen oder wie der arktische Winter, sondern er kommt in Etappen – mit trügerischen Ansätzen, halben Versprechungen, Enttäuschungen und Rückfällen. Vögel, die sich physiologisch an ihrer eigenen Zeituhr orientieren, reagieren zwar wie wir Menschen auf die zunehmende Tageslänge, aber ihr Frühling – oder besser ihre Verhaltensweisen, die wir mit dem Frühling in Verbindung bringen – erstreckt sich meist, von Art zu Art verschieden, auf einen viel längeren Zeitraum. Breite Überschneidungen mit dem Winter auf der einen und dem Sommer auf der anderen Seite sind an der Tagesordnung.

Steinschmätzer sind lebhafte und auffällig gefärbte Frühankömmlinge. Ihre Ankunft liefert einen sehr guten Vorwand dafür, zu einer Zeit ins Hügelland hinaufzufahren, zu der man sonst wohl nicht auf diese Idee kommen würde.

Die kontrastreich grau, schwarz und weiß gezeichneten Männchen gehören im Frühling zu den ersten Rückwanderern. An der Südküste Englands erscheinen sie manchmal schon im Februar, meist aber, wie in Deutschland, erst im März. Gegen Ende März oder im April erreicht die Zahl der Steinschmätzer dann allmählich ihren Höhepunkt. Die getrennt ziehenden Männchen erreichen ihre Brutgebiete ein bis zwei Wochen vor den schlichter gefärbten Weibchen. Die Steinschmätzer kommen aus ihren afrikanischen Überwinterungsgebieten zurück, um auf dem Hochland im Norden und Westen Englands zu nisten, wo ihnen kurzes, von Schafen beweidetes Gras die Fülle der Insektennahrung bietet, die sie zur Aufzucht mehrerer Bruten benötigen.

Der Club Junger Ornithologen (d. h., die Jugendabteilung der Royal Society for the Protection of Birds abgekürzt RSPB) veranstaltet in jedem Frühjahr zwischen Mitte März und Mitte Mai eine Telefonaktion, bei der die Mitglieder des Clubs, aber auch die Bevölkerung dazu aufgefordert werden, ihre Erstbeobachtungsdaten von Zugvögeln zu melden. Auf diese Weise werden alljährlich Schritt für Schritt Karten für das ganze Land erarbeitet, die die Ankunft unserer Sommervögel in den verschiedenen Gegenden Englands dokumentieren. Dabei ist der Steinschmätzer, da er früh ankommt und sehr ins Auge fällt, jedesmal eine der am besten erfaßten Arten. Eine solche flächendeckende Erfassung gibt es in Deutschland nicht, doch die Ankunftsdaten sind auch hier dank langjähriger Beobachtungen auf Teilflächen meist recht gut bekannt.

Ich kenne einige Plätze, an denen ich zu dieser Jahreszeit fast sicher damit rechnen kann, das erste Steinschmätzer-Männchen zu sehen. Oft genügt es, die Bergstraßen langsam abzufahren, wobei man dann wohl einen der Vögel neben der Straße herflattern oder blitzschnell vor dem Wagen über die Fahrbahn huschen sieht. Die Tiere halten sich, wie viele ziehende Arten, gern an Stellen auf, die ihnen besonders zusagen. Im walisischen Bergland sind etwa kleine Steinbrüche an der Landstraße oder einige bestimmte Geröllhalden meist geeignete Beobachtungsplätze; in Deutschland begegnet man dem Steinschmätzer zur Zugzeit auch in tieferen Lagen, und zwar mit Vorliebe auf frisch gepflügten Äckern.

Eines Sonntagmorgens versuchte ich mein Glück zuerst an einem solchen bewährten Platz, aber ich wurde enttäuscht – lediglich fünf Kolkraben tauchten über einem felsigen Gipfel auf, ließen sich zu Tal gleiten und verschwanden laut rufend talabwärts. Ich fuhr also über die nächste Erhebung und setzte meine Suche auf der Straße fort, die um den Stausee herumführt – auch dies ein günstiger Beobachtungsplatz. Als ich aus dem Auto stieg und einige hundert Meter in der warmen Sonne am Ufer des Staubeckens entlangging, erschienen am jenseitigen Ufer, etwa eine halbe Meile entfernt, zwei größere Greifvögel über einem der bewaldeten Hügel. Einer geriet kurz darauf wieder außer Sicht, der zweite aber kreiste ohne Flügelschlag längere Zeit über dem Wald, wo ihm zwei Mäusebussarde Gesellschaft leisteten. Es war ein Habicht, der hier in Wales zu den Seltenheiten gehört. Mir war schon zu Ohren gekommen, daß hier Habichte gesehen worden waren, und ich hatte, ohne recht daran zu glauben, gehofft, sie vielleicht zu finden. Der große Vogel kreiste auf seinen breiten abgerundeten Schwingen minutenlang und glitt schließlich in geringer Höhe über den Hügel davon – eine Verkörperung von Kraft und Geschwindigkeit.

Birkenzeisige am Ufer des Stausees

Die beiden vorhergehenden Seiten zeigen eine Frühlingslandschaft mit einem Mönchsgrasmückenpaar, einem Buchfinkenmännchen, einer Stockentenmutter mit Jungen und einem Fitislaubsänger.

Für eine Weile nahm ein kleiner Trupp Birkenzeisige, die auf der Nahrungssuche gewandt in den Birken am Ufer des Stausees herumturnten, meine Aufmerksamkeit in Anspruch, aber sonst ließ sich am steinigen Rand des Wassers außer zwei bis drei Trauerbachstelzen nichts ausmachen. (Die Trauerbachstelze ist die englische, oberseits schwarz gefärbte Unterart der Bachstelze.)

Ich fuhr noch ein Stück weiter, ins nächste Tal hinüber. Hier lag ein Trupp von neun wunderschönen Gänsesägern auf dem See. Auf der ruhigen, im Schatten der Bergflanke schwarz wirkenden Wasserfläche verursachten sie eine ganz leichte Bewegung. Diese eleganten Tauchkünstler aus der Verwandtschaft der Enten brüten seit einiger Zeit in Wales. Aus größerer Entfernung sehen die Männchen auffallend schwarz und weiß aus (obgleich man aus der Nähe erkennt, daß der „schwarze" Kopf eigentlich eine intensiv flaschengrüne Farbe aufweist). In Deutschland zählt der Gänsesäger zu den stark bedrohten Arten mit wenigen Brutpaaren in Schleswig-Holstein und Bayern, man kann ihm jedoch auf dem Zug und im Winter überall auf Flüssen und Seen begegnen.

Als ich den Gänsesägern gerade den Rücken gekehrt hatte, bemerkte ich am oberen Ende des Tals zwei kreisende Rotmilane. Sie waren für mich, wie vorher die Habichte, etwas Außergewöhnliches, das allerdings nicht unerwartet kam: Man kann hier im Winter und im Vorfrühling immer wieder Rotmilane antreffen. In Deutschland wären Habicht- und Rotmilanbeobachtungen zu diesem Zeitpunkt bei weitem nicht so ungewöhnlich, denn dort sind beide Arten sowohl auf dem Zug (Rotmilan) als auch als Brutvögel mehr oder weniger regelmäßig anzutreffen.

Angenehm warme Märztage tragen viel dazu bei, den Spätwinter erträglicher zu machen, und der heutige Tag war schon beinahe zu schön, um wirklich wahr zu sein. An so einem Tag sieht man tatsächlich alle Vögel, auf die man gehofft hat, und als ich kurz vor der Abfahrt einen einsamen Wanderfalken langsam über das Tal fliegen sah, konnte mich das kaum noch überraschen. Zu guter Letzt tauchte dann auch der Steinschmätzer auf: Als ich mich gerade auf den Heimweg machte, fiel mir aus dem Augenwinkel ein kurzes weißes Aufblitzen auf, und urplötzlich war er da. Wie immer saß der vorwitzige Frühlingsbote völlig ungedeckt. Er hatte sich auffällig auf dem niedrigen Steinmäuerchen am Straßenrand postiert.

Die „Stehparty“ der Reiher

Wo unser Gäßchen in die Hauptstraße einmündet, befindet sich gegenüber eine kleine Fischreiherkolonie, die alljährlich von sechs bis acht Brutpaaren bewohnt wird. Die Reiher nisten zusammen mit einigen Saatkrähen in einer mit hohen Eichen durchsetzten Hecke auf einer alten Flußterrasse des Severn, der in knapp 200 m Entfernung im Talgrund vorüberfließt.

Obwohl die Kolonie recht klein ist, haben wir im Frühjahr viel Freude daran. Noch bevor die Horste vom Blattwerk verdeckt werden, gibt es in allen Nestern bereits heranwachsende Jungvögel. Allmorgendlich, wenn wir die Kinder zur Schule fahren, findet eine fast feierliche Zählung der Reiher auf den Horsten statt. Fischreiher sind in mehrfacher Hinsicht sonderbare Vögel. Sobald im Juni die Jungen ausgeflogen sind, bleibt die Kolonie bis zum nächsten Februar oder März völlig verlassen. Ganz anders als ihre Nachbarn, die Saatkrähen, die ihren Geburtsort regelmäßig aufsuchen, lassen sich die Fischreiher überhaupt nicht mehr hier blicken, bis es wieder an der Zeit ist, die Nester auszubessern. Dann aber, in den Vorfrühlingswochen, bevor die Nistbäume wieder in Besitz genommen werden, läßt sich etwas Interessantes beobachten. Gegen Ende Februar – in manchen Jahren je nach Wetterlage etwas früher oder später – finden sich hin und wieder einzelne Vögel auf dem langgestreckten Feld in der Nähe der Reiherkolonie ein, wo sie stundenlang herumstehen, offensichtlich ohne dabei irgend etwas zu tun: eine merkwürdige, absolut ruhige Zeremonie, die sich nicht so ohne weiteres erklären läßt. Die Vögel versammeln sich alljährlich auf dem gleichen Feld, und ihre Zahl nimmt während der ein bis zwei Wochen, bevor die Horste in den Baumwipfeln wieder bezogen werden, allmählich zu. Dieses träge Beieinanderstehen erinnert etwas an einen Tagesschlafplatz, wenngleich ab und zu ein Neuankömmling mit ausgebreiteten Flügeln landet und ein paar kurze Sprünge vollführt, die ihrerseits ein oder zwei andere Vögel dazu veranlassen, es ihm gleichzutun. Das Schauspiel wirkt bei einem sonst so würdevoll anmutenden Vogel komisch und ein bißchen albern. Aber nach wenigen Sekunden ist alles vorbei, und die „Stehparty“ wird schweigend fortgesetzt.

Der Sinn dieses merkwürdigen Rituals bleibt völlig im Dunkeln. Es wirkt krampfhaft, und ganz selten entwickelt sich daraus so etwas wie ein offenkundig sexuell getöntes Verhalten. Sehr wahrscheinlich hat dieses merkwürdige Verhalten damit zu tun, daß die Kolonie zwar zur Fortpflanzungszeit eine gewisse Anziehungskraft auf die Vögel ausübt, daß sie zunächst aber warten müssen, bis sie physiologisch in der Lage sind, selbst aktiv am Brutgeschäft teilzunehmen. In dieser Zeit setzt bei den Vögeln auch eine deutlich ins Rötliche gehende Verfärbung von Schnabel und Iris ein, die nur wenige Wochen anhält, und die sich mit dem Glas aus nicht allzu weiter Entfernung klar erkennen läßt. Nachdem Balz und Paarbildung abgeschlossen sind und die Eiablage begonnen hat, verliert sich diese auffällige Färbung wieder.

Manche „unserer“ Fischreiher, wie wir sie ein wenig gönnerhaft bezeichnen, nutzen den Bach neben dem Haus regelmäßig als Nahrungsrevier, oder sie fliegen schwerfällig über uns hinweg, um auf den Hügeln in kleinen Moorschlenken und Sümpfen nach Fröschen, Wühlmäusen und Molchen zu jagen.

Der Hals wird im Flug
s-förmig gekrümmt,
der Flügelschlag ist
langsam.
Drohhaltung
des Männchens
am Nest
Die 'Reckbewegung' des
Männchens dient der
Anlockung des Weibchens
Fischreiher versammeln sich auf dem Feld
in der Nähe der Kolonie.
Von Zeit zu Zeit vollführt ein
Vogel mit ausgebreiteten Flügeln
einige Sprünge.

Frühlingslieder und Frühlingskleider

Um die Mitte des März sind die ersten Misteldrosseln, ebenso wie in den Bergen die Kolkraben, bereits seit ein bis zwei Wochen mit der Brut beschäftigt. Für uns sind dies schon Zeichen des kommenden Frühlings, und doch halten sich in den Wiesen am Fluß noch immer scharenweise Gänse und Enten auf, die im Winter von den zugefrorenen Gewässern Ost- und Nordeuropas nach England ausweichen. Immerhin hat ihre Zahl in den vergangenen drei Wochen merklich abgenommen. Überall in den Auwiesen sieht man auch Wacholderdrosseln, die noch keine Anstalten machen, nach Norden in ihre Brutgebiete abzuziehen. Trotzdem ist der nahende Frühlingsbeginn jetzt unübersehbar – oder kann man etwa doch noch nicht so sicher sein?

Frühmorgens läßt sich jetzt im Garten deutlich der Chor der Vögel vernehmen. Vom Wipfel einer hohen Tanne singt weithin tragend die Misteldrossel, dazu hört man zwei ziemlich hoch sitzende Rotkehlchen, eins von den Spitzen der Rhododendren, das andere aus den oberen Zweigen einer der großen Wildkirschen am Bach. Zu Beginn der Brutzeit singen Rotkehlchen häufig von höher gelegenen Warten aus, als ob sie die Inbesitznahme ihres Reviers kundtun wollten. Später ziehen sie sich dann mehr in Bodennähe zurück, wo sie sich singend zur Schau stellen, um ihr Gebiet gegen Rivalen zu verteidigen. Zeitweise übertönen die schmetternden Gesangsstrophen eines Zaunkönigs den Vogelchor, und eine Amsel äußert ein paar melodisch-weiche Strophen, aber all dies ist vorläufig nur an wirklich milden Tagen zu hören, und dem Gesang fehlt anscheinend noch der rechte Schwung.

Normalerweise verfügen nur die Vogelmännchen über das Ausdrucksmittel ‚Gesang'. Er ist daher bei Vogelarten wie der Singdrossel oder der Blaumeise, bei denen man Männchen und Weibchen am Federkleid nicht unterscheiden kann, eine zusätzliche Hilfe bei der Bestimmung der Geschlechter. Aber auch hier gibt es bemerkenswerte Ausnahmen (beispielsweise das Rotkehlchen), zumeist bei solchen Arten, die das ganze Jahr über auf die Verteidigung eines individuellen Reviers angewiesen sind. Der Gesang hat in erster Linie eine revieranzeigende Funktion, gleichzeitig werden Artgenossen durch ihn abgeschreckt. Wenn sich das Männchen im Laufe des Frühjahrs nach einem Brutpartner umsehen muß, erfüllt der Gesang zwei Aufgaben. Er zeigt dann nämlich auch an, daß das betreffende Männchen noch ledig ist. Wenn die Paarbildung erst einmal stattgefunden hat und wenn das Territorium festliegt, müssen die Reviergrenzen dauernd vom Männchen verteidigt werden, damit eine ausreichende Nahrungsgrundlage für die Familie sichergestellt ist. Um das zu erreichen, steht dem männlichen Tier der Gesang als wichtigstes Hilfsmittel zur Verfügung. Darüberhinaus kann es sich auffällig zur Schau stellen und gelegentlich mit den mutigsten oder hartnäckigsten Eindringlingen aus der Nachbarschaft einen kurzen Kampf austragen.

Zu dieser Jahreszeit kann das Wetter jederzeit wieder völlig umschlagen; der Frühling kündigt sich vorerst nur zaghaft an. Gerade jetzt aber ist ein lang ersehntes Frühlingszeichen zu vernehmen: „zilp, zalp, zilp, zilp, zalp, zilp, zalp“. Jedesmal, wenn ich im Frühjahr den ersten Zilpzalp höre, schlägt mein Herz schneller. In manchen Jahren setzt der leise, beharrliche Gesang so plötzlich ein, daß man vor Freude glatt einen Luftsprung machen möchte, in anderen Jahren fällt er dagegen kaum auf: Ganz allmählich hört man zwischen dem Plätschern des Bachs und den anderen Geräuschen im Hintergrund irgendwo Zilpzalpgesang heraus. Zilpzalpe kommen sehr viel zeitiger zurück als die übrigen insektenfressenden Arten. Dieser März hat uns bisher dermaßen viel kaltes und unwirtliches Wetter beschert, daß ich nur staunen kann, wie die Vögel jetzt ihr Auskommen finden.

Am frühen Morgen erscheint regelmäßig ein alter Mäusebussard. Er übernachtet in dem steil ansteigenden Eichenwald jenseits des Gäßchens und bildet eine etwas merkwürdige Begleiterscheinung zu den altbekannten, munteren Frühlingsboten. Mäusebussarde sind wie die übrigen Greifvögel nicht gerade als Frühaufsteher bekannt. Sie tauchen in der Regel erst auf, wenn die Luft bereits von der Sonne erwärmt ist und sie sich die warmen Aufwinde zunutze machen können. Dieser hier kommt dagegen morgens vor Tagesanbruch vom Wald herüber und kreist als Silhouette erkennbar unter klagendem Rufen vor dem heller werdenden Nachthimmel, um dann durch die Talenge über die Felder abzustreichen. Ich habe für dieses etwas abnorme Verhalten bisher keine überzeugende Erklärung finden können. Ich kann daher nur vermuten, daß der Bussard zufällig eine günstige, frühmorgens zugängliche Nahrungsquelle entdeckt hat (möglicherweise Maulwürfe, die, entgegen der weitverbreiteten Ansicht, sie seien für Vögel ungenießbar, ganz sicher von Mäusebussarden aufgenommen werden, wenn sie erreichbar sind).

Wie farbenfroh die Blau- und Kohlmeisen jetzt aussehen! Das kommt uns nicht nur so vor, denn sie putzen sich wirklich zur Balz heraus, und während der kommenden Wochen leuchten ihre Farben auffälliger und kommen besser zur Geltung als zu jeder anderen Jahreszeit.

Dieser feine aber deutliche Farbwechsel im Gefieder wird nicht durch eine Mauser erreicht (diese Meisen mausern nur einmal im Jahr, und zwar im Sommer nach Beendigung der Brutzeit), sondern einfach durch Abnutzung, wobei sich im Winter die matter gefärbten Spitzen der Federn nach und nach abwetzen und die leuchtendere Frühjahrsfärbung genau zur rechten Zeit allmählich durchscheint. So wird das Blau der Blaumeisen kräftiger und der schwarze Bauchstreif der Kohlmeisen breiter und dunkler. Diese Entwicklung hält bis zum April an.

Bei den Haubentauchern am See

Das gesamte Spektrum unserer heimischen Vogelwelt bietet im Frühjahr im Hinblick auf das Balzverhalten nichts Außergewöhnlicheres und Schöneres als die Balz der Haubentaucher.

Ganz ähnlich, wie der Gesang während der Zeit der Partnersuche und der Paarbildung eine zunehmend wichtigere Rolle spielt, gewinnt auch die Balz fortwährend an Bedeutung. Zunächst muß der männliche Vogel einen Brutpartner anlocken. Hat er das erreicht, so besteht seine Aufgabe weiter darin, die Paarbindung während der gesamten Fortpflanzungszeit zu festigen und zu vertiefen, und schließlich muß der eigentliche Zweck erreicht werden, d. h. die Paarung muß erfolgen. Die Energie und der Nachdruck, mit denen das männliche Tier die Balzhandlungen durchführt, sind also in mehrfacher Hinsicht von entscheidender Bedeutung für das Gelingen des Fortpflanzungsprozesses, ganz gleich, ob die Balzzeremonie nun kunstvoll und kompliziert wie beim Haubentaucher, scheinbar unbedeutend wie beim Grauschnäpper oder farbenfroh wie beim Pfau abläuft.

Haubentaucher gehören in England und Deutschland noch nicht zu den unmittelbar bedrohten Arten, doch geht ihre Zahl infolge des großen Freizeitdrucks auf nahezu allen Wasserflächen in Deutschland zurück. Wo die Vögel wenig gestört werden, sind aber durchaus auch Neuansiedlungen möglich, z. B. auf naturnah rekultivierten ehemaligen Kiesgruben. Einige Haubentaucherpaare bewohnen den Llyn Ebyr, einen stillen, schilfumsäumten, von Wald umgebenen See in den Ausläufern des oberen Severn-Tals, wenige Meilen von unserem Haus entfernt. Wer die Balz der Taucher beobachten will, muß schon im zeitigen Frühjahr nach ihnen Ausschau halten, denn Haubentaucher beginnen sehr früh mit der Brut, und die meisten sitzen vor Ende März bereits fest auf den Eiern.

An so manchem schönen Märztag bin ich drüben am Llyn Ebyr gewesen und hatte dabei die leise Hoffnung, vielleicht den ungewöhnlichen und selten zu beobachtenden Pinguintanz der Haubentaucher zu erleben. Doch wie viele andere Naturfreunde hatte ich damit bisher kein Glück. Bei meinem letzten Besuch hielten sich die Taucher jeweils paarweise in ihrem Seeabschnitt auf. Die beiden Vögel, die mir am nächsten waren, schwammen dicht beieinander und beschäftigten sich mit der Pflege ihres Gefieders. Ihre aufgerichteten Hauben und Halskrausen leuchteten markant. Wir bezeichnen dieses Kleid als „Sommer“-Kleid, aber oft entwickelt es sich schon im Dezember. Was für merkwürdige Vögel die Haubentaucher doch sind! Keine unserer heimischen Vogelarten verfügt über einen so einzigartig dekorativen Kopfschmuck.

Ganz ungewöhnlich ist auch, daß bei Haubentauchern wesentliche Verhaltensweisen wie Balz, Revierverteidigung und Brutpflege bei beiden Partnern auftreten. Eine geschlechtsspezifische Rollenverteilung wie bei anderen Vogelarten gibt es nicht. Männchen und Weibchen gleichen sich wie ein Ei dem andern, so daß man nicht einmal sicher sagen kann, wer von beiden den Partner umwirbt. Es kommt tatsächlich gelegentlich vor, daß das weibliche Tier beim Männchen Begattungsversuche unternimmt. Ihre Lebensweise ist so verwickelt, daß ich mich manchmal frage, ob eigentlich genau bekannt ist, wer bei den Haubentauchern die Eier legt!

Als ich die Taucher eine Weile beobachtet hatte, ließ meine Aufmerksamkeit unbewußt nach. Ich versuchte, einige Waldvögel ausfindig zu machen, die irgendwo hinter mir in den alten Erlen riefen. Als ich mich dann wieder auf meine Haubentaucher konzentrierte, hatten sie sich von ihrem Nistplatz aufs offene Wasser entfernt und schwammen gerade mit hoch aufgerichtetem Hals und weit abgespreizter Halskrause langsam aufeinander zu, wobei sich ihre Köpfe rhythmisch hin- und herbewegten. Jetzt waren sie etwa einen Meter voneinander entfernt, sahen sich an, schüttelten beide sekundenlang heftig den Kopf und brachen dann ab. Darauf wandten die Vögel nacheinander linkisch ihren Kopf nach hinten und taten für einen Moment so, als widmeten sie sich der Pflege ihres Rückengefieders. Kurz darauf blickten sie sich erneut an und zeigten noch einmal die pendelnden Kopfbewegungen. Diese eigenartige Zeremonie ist unter den charakteristischen Balzhandlungen diejenige, die man am häufigsten beobachten kann. Wenn man Glück hat, sieht man die Taucher manchmal, wie sie sich Auge in Auge flach auf die Wasserfläche ducken und dabei die ausgebreiteten Flügel nach vorn schlagen und die schöne Flügelzeichnung präsentieren. Zugleich wird der Hals zurückgekrümmt und die Krause weit auseinandergespreizt.

Vielleicht gelingt es mir eines Tages doch einmal, den spektakulären „Pinguin-Tanz“ zu beobachten, in dessen Verlauf beide Vögel tauchen und unter Wasser in ihren dolchartig spitzen Schnäbeln Pflanzenteile sammeln. Wieder an der Oberfläche angelangt, schwimmen sie aufeinander zu und führen einen atemberaubenden Tanz auf. Beide Partner recken sich dabei Brust an Brust hoch aus dem Wasser, rudern gleichzeitig heftig mit den Füßen und verharren hoch aufgerichtet auf der Stelle. Nach kurzer Zeit lassen sie sich wieder zurückfallen und schwimmen auseinander. Wie so oft, bekam ich aber heute nur mehrere Kopfschüttelzeremonien und einige Streitereien mit benachbarten Bläßrallen zu sehen.

Haubentaucher weisen neben ihrem charakteristisch gezeichneten Gefieder, ihrer drolligen Balz und ihrem merkwürdigen Sozialverhalten noch weitere Eigentümlichkeiten auf: Die Nester bestehen oft aus feuchten Pflanzenteilen, und darum müssen die Eier mit einer besonders dicken, schützenden Schale versehen sein. Die jungen Haubentaucher werden im Rückengefieder versteckt mitgenommen und anfangs mit kleinen Fischchen und Federn gefüttert. Die Vielfalt ihrer Lebensäußerungen macht die Haubentaucher zu den fesselndsten und attraktivsten Vetretern unserer Wasservogelwelt.

Haubentaucher Balz–
die Vögel vollführen seitlich
pendelnde Kopfbewegungen,
wobei die Halskrause
weit gespreizt wird.
'Pinguin-Tanz'–
die Brutpartner richten
sich voreinander auf
und bieten
sich gegenseitig
Wasserpflanzen an.
Die auffallende Flügelzeichnung
wird flach auf dem Wasser
präsentiert.
Verlegenheitsputzen
des Rückengefieders
Den Hals flach über das
Wasser gestreckt, wird
das Weibchen angebalzt.
Ein Haubentaucherweibchen
auf dem Nest mit zwei gestreiften Jungvögeln
auf dem Rücken.

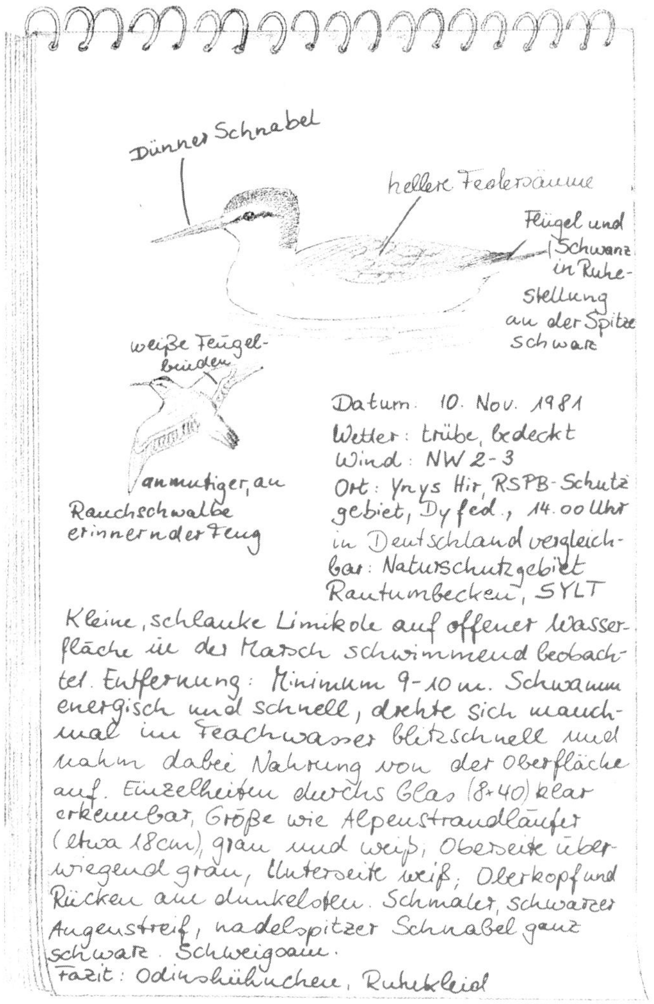

Wie beobachtet man Vögel?

Jeder hat die Möglichkeit, Vögel zu beobachten. Dabei ist es ganz gleich, wo man wohnt, denn es gibt sie überall und zu jeder Zeit. Vogelbeobachtung als Hobby bietet im Vergleich zu vielen Freizeitbeschäftigungen den Vorteil, daß man sofort ohne große Mühe und ohne Kosten damit beginnen kann. Man benötigt dazu auch keine ausgefallene oder teure Ausrüstung – obwohl man über kurz oder lang die Anschaffung eines Fernglases wohl in Erwägung ziehen wird. Zum zweiten ist das Beobachten von Vögeln an kein bestimmtes Alter gebunden, und man kann auch dann Spaß daran haben, wenn man keine besonderen Vorkenntnisse besitzt. Wenn man darüberhinaus noch bedenkt, daß der angehende Ornithologe bald den Wunsch haben wird, Plätze aufzusuchen, an denen er bestimmte Vogelarten zu Gesicht bekommen kann (Reisen können schließlich der ganzen Familie Freude machen), dann versteht man leicht, warum gerade dieses Hobby in den letzten Jahrzehnten einen so großen Stellenwert unter den Freizeitbeschäftigungen erlangt hat. Dies gilt allerdings für Deutschland längst noch nicht in dem gleichen Maß wie für die englischsprachigen Länder, wo das Beobachten freilebender Vögel tatsächlich eine Art Volkssport ist.

Vielen macht es Spaß, zunächst einfach den Vögeln im Garten oder im Stadtpark zuzuschauen. Sie können interessant, lustig, eindrucksvoll oder einfach schön sein. Vielleicht kommt uns das Verhalten der Vögel manchmal merkwürdig vor, oder sie singen besonders reizvoll. All dies kann uns auch dann Freude machen, wenn wir uns zunächst nicht erklären können, welche Bedeutung dahintersteckt. Allerdings steigert es unsere Freude an den Gefiederten natürlich beträchtlich, wenn wir schon ein wenig über sie wissen, während wir sie beobachten. Es lohnt sich also ganz gewiß, das eigene Beobachtungsvermögen zu schärfen.

Das kann man beispielsweise dadurch erreichen, daß man es sich zur Gewohnheit macht, kurze Notizen über die beobachteten Vögel niederzuschreiben und Faustskizzen von ihnen zu entwerfen. Das hier angeführte Beispiel hebt nicht nur hervor, auf welche Merkmale des Vogels man achten sollte (Größe, Färbung, besondere Kennzeichen, Verhalten einschließlich der Flugweise und anderer Bewegungsabläufe, Nahrungsaufnahme, Rufe oder Gesang – oder eben, ob der Vogel stumm bleibt), sondern es zeigt auch, worauf es daneben noch ankommt, nämlich auf das genaue Datum, Ort und Zeit der Beobachtung und einige kurze Bemerkungen zur Wetterlage.

Wenn man so ein Tagebuch führt, verfügt man nach und nach über ein selbst erarbeitetes nützliches Beobachtungsregister. Dabei gewinnt man schnell an Erfahrung und an Sicherheit im Bestimmen, und die Voraussetzungen dafür, daß man die Erkennungsmerkmale seltenerer oder unerwartet auftauchender Arten richtig einordnen kann, sind dann sehr viel besser.

Das Fernglas, das zur Grundausrüstung des Feldornithologen gehört, sollte sorgfältig ausgewählt werden. Achten Sie beim Kauf auf leichte Handhabung, eine leichtgängige Scharfeinstellung, und ein nicht zu großes Gewicht, weiterhin auf den Vergrößerungsfaktor und auch auf die Herstellerfirma. Ohne sorgfältige Prüfung sollten Sie vom Kauf billiger oder gebrauchter Gläser besser absehen. Bei den technischen Angaben, z. B. 8 x 30, 7 x 50 usw., gibt die erste Ziffer den Vergrößerungsfaktor an, die zweite bezeichnet den Objektivdurchmesser in Millimetern. Zum Beobachten im Wald oder für den allgemeinen Gebrauch entscheiden Sie sich am besten für ein Glas mit Werten um 8 x 40. Stärkere Gläser sind oft zu schwer, sie sind aber etwa am Meer recht brauchbar.

In vielen Situationen kann ein Auto ein ausgezeichnetes Versteck sein; es erlaubt dem Beobachter oft, aus nächster Nähe dabeizusein, vor allem dann, wenn man die „Ansitztechnik" anwendet: Parken Sie an einer vielversprechenden Stelle, oder setzen Sie sich dort im Freien an und lassen Sie die Vögel an sich herankommen (am Meer oberhalb der Flutmarke geht das besonders gut, weil die Vögel durch das auflaufende Wasser in Ihre Richtung getrieben werden). In solchen Situationen kommt es vor allem auf äußerste Ruhe an. Wenn Sie nicht aus dem Auto oder aus einem Versteck heraus beobachten, halten Sie sich möglichst mit dem Rücken zur Sonne. Andernfalls wird die Bestimmung dadurch erschwert, daß Sie Farben und andere Einzelheiten der Vögel nicht erkennen können und sich dann allein auf die Silhouetten verlassen müssen. Beobachten Sie Vögel aus der Nähe, so zeigen Sie sich nicht selber als Silhouette gegen einen hellen Hintergrund. Denken Sie daran, daß Sie nicht unabsichtlich einige Tiere von ihren Nestern fernhalten und zur Aufgabe der Brut veranlassen und daß während der Abwesenheit der Altvögel Feinde die Nester erreichen können. Achten Sie auf Warn- und Angstrufe und gehen Sie sofort weiter, wenn Sie den Eindruck haben, daß Ihre Anwesenheit die Vögel beunruhigt. Vermeiden Sie auch, auf die Nester bodenbrütender Arten zu treten.

Wenn Sie eines der vielen Naturschutzgebiete (z. B. der RSPB) besuchen, finden Sie dort an geeigneten Stellen versteckt angelegte Beobachtungsplätze. Sie ermöglichen einzigartige Nahbeobachtungen vieler Arten, an die man sonst nur unter Schwierigkeiten herankommen könnte. Diese nach dem „umgekehrten Zooprinzip“ halb unterirdisch angelegten, gut getarnten Verstecke für Besucher sind in Deutschland noch wenig bekannt. Viele Naturschutzgebiete bieten dort jedoch überdachte Beobachtungstürme bzw. Hochsitze an, an deren Anblick die Vögel sich nach einiger Zeit gewöhnen, so daß sich auch hier gute Beobachtungsmöglichkeiten ergeben können.

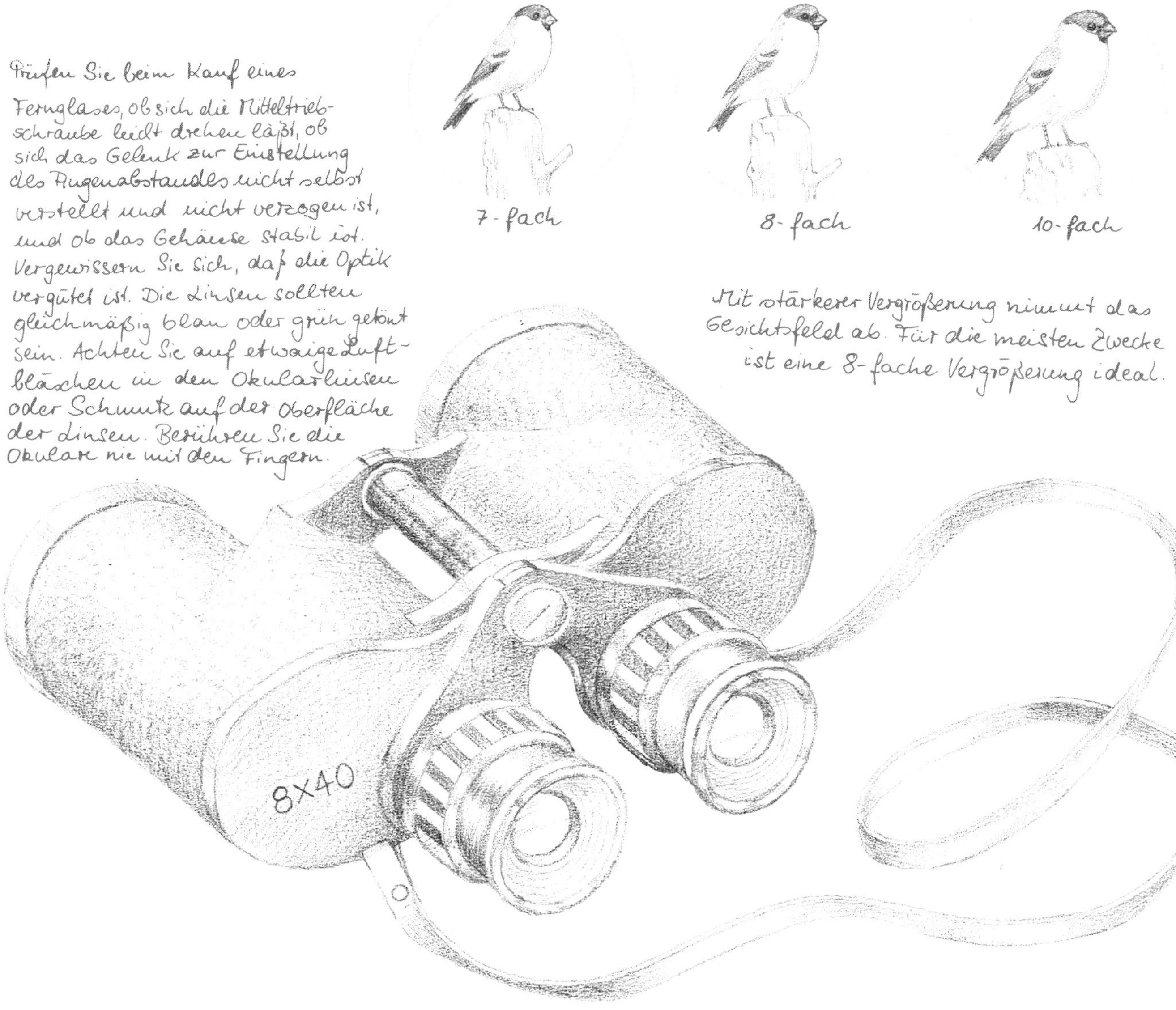

Die Flugspiele der Kiebitze

Nichts von dem, was man draußen zu sehen oder zu hören bekommt, erinnert so sehr an den Frühling wie die rasanten Flugspiele und der hingebungsvoll vorgetragene „Gesang" des Kiebitzes. Der Kiebitz ist bei uns der verbreitetste und bekannteste Vertreter aus der Familie der Regenpfeifer. Von den flachen Salzwiesen an der Küste und den tiefer gelegenen Flußauen bis zu nicht allzu intensiv bewirtschafteten Grünländereien ist er fast überall noch recht verbreitet.

Die ersten Kiebitze sondern sich schon im Februar von den großen überwinternden Trupps ab und erscheinen in den Brutgebieten. Die Vögel verbringen ungefähr einen Monat mit der Paarbildung, der Abgrenzung ihrer Reviere und mit Balzflügen, wobei sie die Frühlingsluft mit wildem Geschrei erfüllen. Ende März findet man dann die ersten Gelege. Mitunter vertreibt das unbeständige, stürmische Märzwetter die Kiebitze tagelang wieder von ihren etwas höher gelegenen Brutplätzen. In diesem Jahr zeigte sich der März mit heftigem Wind und strömendem Regen immer wieder von seiner ungestümeren Seite. Die Lachmöwen wurden wie Konfetti durcheinandergewirbelt, als sie sich vor ihrem Aufbruch zu den Moortümpeln und kleinen Seen des nahen Hügellands in großer Zahl auf dem überschwemmten Weideland im Tal versammelten. Zu dieser Zeit boten zahllose überflutete Bodensenken auf den Feldern Nahrung in Fülle, da die im Boden lebenden Kleintiere an die Oberfläche gespült wurden. Die Kiebitze beteiligten sich zusammen mit den Möwen an der Nutzung dieses paradiesischen Nahrungsangebots, das in diesem Jahr genau zum rechten Zeitpunkt kam, nämlich als die Weibchen in Hochform sein mußten, um ihre Eier ausbilden zu können.

In den milderen und ruhigeren Zwischenzeiten, vor allem gegen Ende März, halten sich die Kiebitze immer länger in ihren Brutrevieren auf. Sie siedeln gelegentlich einzeln, meistens aber in lockeren Kolonien von mehreren Paaren, in denen die akrobatischen Balzflüge und die dazugehörigen Lautäußerungen immer mehr an Intensität gewinnen. Kein anderer heimischer Vogel zeigt eine überschwenglichere und spektakulärere Flugbalz als das Kiebitzmännchen mit seinem wilden, halsbrecherischen Singflug. Nach dem Start beschleunigt der Kiebitz mit seinen breiten, abgerundeten Flügeln und schießt dann 10 m oder mehr fast senkrecht empor, um sich anschließend stufenweise in einem wilden Sturzflug flatternd und taumelnd kopfüber wieder hinabzustürzen. Kurz über dem Erdboden fängt er sich, steigt erneut auf, und wiederholt das gleiche Spiel. Wenn sich der Vogel in der Luft von einer Seite auf die andere wirft, zeigt er abwechselnd seinen schwarzen Rücken und die weiße Unterseite, wodurch man vor dem Hintergrund des dunklen Himmels über dem Hang an kurze Lichtblitze erinnert wird. Diese Balzflüge sind auch akustisch sehr eindrucksvoll, denn sie werden von ungestümen Lautäußerungen begleitet – oft hört man einen wie „kieh-wit" oder auch „chärrrchui-qui-qui-knui" klingenden Ruf, und dazu das „wuchtelnde" Geräusch, das in der Luft von den weit gespreizten Handschwingen erzeugt wird.

Am Boden stehen sich die Männchen Auge in Auge gegenüber, richten sich hoch auf und stolzieren ruckweise ein paar Schritte aufeinander zu. So versuchen sie unablässig, wenn auch ohne großen Nachdruck, ihre Reviergrenzen abzustecken. Das männliche Tier scharrt versuchsweise mehrere Nistmulden aus, wobei es sich nach vorn geneigt auf die Brust stützt und mit den Füßen nach hinten kratzt. Immer wieder wird mit aller Kraft heftig gescharrt, auch wenn sich in unmittelbarer Nähe kein Weibchen aufhält. Schließlich gelingt es dem Kiebitzmann durch seinen unermüdlichen Einsatz, einen Brutpartner anzulocken. Er versucht dann, durch häufige Verbeugungen, durch Zucken mit dem schwarz-weiß gezeichneten Schwanz und durch leise Rufe, das Interesse des Weibchens zu wecken. Dieses beteiligt sich schließlich am Bau der Nestmulde, und unter eifrigem Posieren und Scharren festigt sich die Paarbindung langsam. Das Männchen wendet seinem Weibchen den Rücken zu, und indem es den Kopf senkt und den Schwanz hoch aufrichtet, präsentiert es seine schön kastanienbraun gefärbten Unterschwanzdecken.

In England durften Kiebitzeier jeweils bis zum 15. April zum Verzehr gesammelt werden. Dies ist nun seit 1981 verboten, wie das schon seit längerer Zeit in Deutschland der Fall ist.

Kiebitze zeigen ihren ungestümen Balzflug oft zu mehreren in lockeren Kolonien.
Das Männchen präsentiert während der Balz seine kastanienbraunen Unterschwanzdecken
Begegnung zweier Männchen an der Grenze der Brutreviere
Kiebitze

Die Schwalben sind da!

Eine Schwalbe macht noch keinen Sommer, aber wenn die Rauchschwalben wieder mühelos über die Felder dahinschießen, unter den Kastanien nach Insekten jagen und in den Scheunen und Stallungen ein- und ausfliegen, dann ist uns ihr Anblick genauso willkommen wie der Sommer selbst – gerade an einem grauen Apriltag, an dem die Vögel bei der Insektenjagd wohl erhebliche Mühe haben. Um die Mitte des Monats sind die meisten ortsansässigen Rauchschwalben zurückgekehrt. Die Altvögel stellen sich zuverlässig genau an ihren vorjährigen Brutplätzen in Stallungen und landwirtschaftlichen Nebengebäuden ein, nachdem sie während ihrer siebenmonatigen Abwesenheit vielleicht bis in die Kapprovinz und zurück gezogen sind. Zur gleichen Zeit erscheinen über den Straßen und Dächern vieler Städte und Dörfer die ersten Mehlschwalben, eine unserer reizvollsten Stadtvogelarten, die aber in ländlichen Gebieten ebenso vorkommt.

Mehlschwalben kommen in der Mehrzahl später als Rauchschwalben an, aber während der ersten Tage nach der Rückkehr fliegen oft beide Arten zusammen über den Teichen und Wiesen hin und her, dort, wo der Insektenreichtum am größten ist. Noch lassen sich die Mehlschwalben mit dem Brutgeschäft Zeit, einige fangen aber schon mit der Ausbesserung ihrer Nester an. Ich beobachtete drei, vier Mehlschwalben, wie sie sich an einer schlammigen Stelle am Tor eines Bauernhofs niederließen und kleine Lehmklümpchen für den Nestbau sammelten. Sie bewegen sich am Boden in einer Art komischem Seemannsgang, wobei sie ihr Gefieder durch Strecken der kurzen Beinchen aus dem Schlamm heraushalten und durch häufiges Schlagen mit den halbgeöffneten Flügeln das Gleichgewicht bewahren. Jedes Klümpchen Lehm wird im Schnabel zum Nest hinaufgetragen. An der Nestwand klammern sich die Vögel mühelos an und passen den feuchten Lehm geschickt und emsig in die Gesamtform ein. Mehlschwalben sind am Nest recht vertraut; sie lassen den Beobachter nahe herankommen. Sie zeigen in ihrem frischen, leuchtenden Frühlingskleid oberseits ein bläulich glänzendes Gefieder (obwohl die Flügel bräunlicher und stumpfer aussehen), und eine rein weiße Unterseite. Der bekannte weiße Bürzel ist für die Mehlschwalbe charakteristisch. Mit Ausnahme der kleinen dunklen Augen, die sich oft in der blau-schwarzen Kopfzeichnung verstecken, kann man all diese Einzelheiten deutlich erkennen, während sich die Vögel am Nest anklammern.

Nachdem ich die Mehlschwalben beim Sammeln ihrer Lehmklümpchen beobachtet hatte, wurde ich einige Tage später Zeuge eines ergreifenden und traurigen Vorfalls. Als ich hier in der Nähe auf der Hauptstraße um eine Ecke bog, sah ich vor mir eine Mehlschwalbe mitten auf der Fahrbahn sitzen. Das war an sich schon ungewöhnlich genug. Als ich mich näherte, erhob sich der Vogel, flog um mich herum und rief wiederholt. Ich bemerkte, daß das Tier auf dem Körper einer zweiten, toten Mehlschwalbe gesessen hatte, vermutlich handelte es sich um den Brutpartner. Der Körper war noch warm, der Vogel war offenbar von einem vorbeifahrenden Auto erfaßt worden. Nun kann man Vögeln oder anderen Tieren keine menschlichen Gefühle zuschreiben, aber die rührende Art und Weise, in der der Vogel fortwährend rufend in der Nähe des kleinen Körpers herumflog, ließ für mich überhaupt keinen Zweifel daran, daß er sich des Verlustes seines Gefährten – oder doch zumindest des Unglücksfalles – vollkommen bewußt war. Doch ein kleiner Vogel hat sicher ein recht kurzes Gedächtnis, und vermutlich würde die Schwalbe in dieser Jahreszeit sehr schnell einen Ersatzpartner finden.

Haussperling am Nest einer Mehlschwalbe

Schwalben und menschliche Behausungen gehören zusammen, aber es besteht folgender Artunterschied: Während die Rauchschwalbe ein Vogel der Viehställe und anderer landwirtschaftlicher Gebäude ist, nutzt die Mehlschwalbe für die Anlage ihres Nestes fast ausschließlich die überragenden Dachkanten unserer Wohnhäuser. Ältere Mehlschwalbennester sind auch bei anderen Vogelarten sehr begehrt, vor allem beim Haussperling, der als Jahresvogel im Vorteil ist: Er kann zu Beginn der Fortpflanzungszeit bereits am Ort sein, bevor die Mehlschwalben überhaupt wieder im Lande sind. Zwar gelingt es den Haussperlingen, wenn sie es darauf anlegen, die Mehlschwalben von den Nestern zu verdrängen, aber wenn wir mit Gewichten beschwerte Bindfäden oder Schnüre vor den Nestern aufhängen, können wir selbst dazu beitragen, die Vertreibung der Schwalben zu verhindern. Die Fäden verwehren den Sperlingen den waagerechten Anflug zum Nest, auf den sie angewiesen sind (Mehlschwalben fliegen ihre Nester von unten an).

Gelegentlich findet man Mehlschwalbenkolonien auch an Brücken, wo die Nester keinem Konkurrenzdurck von Seiten der Haussperlinge unterliegen. Die größte Mehlschwalbenkolonie Englands mit 335 Nestern befand sich lange Zeit an einer Brücke über den Severn. Auch in Deutschland gibt es große Ansammlungen von Mehlschwalbennestern auf engem Raum: 1981 wurden beispielsweise an der Jugendherberge in Plön/Holstein nicht weniger als 240 gezählt, die auch alle besetzt waren.

Nistgewohnheiten der Vögel

Sieht man zwischen den freigespülten Baumwurzeln am Bachufer oder an einem Holzschuppen Zaunkönige nach Nistplätzen suchen, so ist dies seit altersher ein Zeichen dafür, daß der Frühling nicht mehr lange auf sich warten lassen wird. Die Zaunkönigsmännchen haben jetzt viel zu tun, sie müssen nicht nur ein Revier abgrenzen und verteidigen, sondern auch noch eine ganze Anzahl von Nestern anlegen, von denen das Weibchen dann schließlich eines auswählt und für die spätere Brut innen auspolstert. Auch die Blaumeisen fangen allmählich an, sich häuslich einzurichten. Ein Männchen stattet ab und zu einigen an den Bäumen angebrachten Nistkästen probeweise einen Besuch ab, aber auch eine Mauernische am Schuppen, in der im vergangenen Jahr ein Kohlmeisenpaar erfolgreich gebrütet hat, wird kritisch untersucht.

Die schönen, intelligenten Dohlen bauen ihr Nest tief in einem unserer Schornsteine, was uns natürlich nicht gerade entzückt. Sie gehören zu den ersten Dohlen, die sich die große Menge an Nistmaterial zunutze machen, die wir für sie ausgelegt haben, sobald sie mit dem Bau aus Rcisern fertig waren und mit der Innenauspolsterung ihres Nestes begannen. Wenn wir den Dohlen nicht selbst Nistmaterial zur Verfügung stellen, durchstöbern sie den Stall nach Pferdehaaren und Fasern von Bindfäden, wie sie zum Heubinden benutzt werden. Manchmal setzen sie sich sogar auf die Mähne des Ponys oder auf den Rücken der Schafe und bedienen sich dort gleich selbst.

Weltweit legen fast alle Vogelarten ihre Eier in Nestern ab und bebrüten sie auch dort. Diese Nester variieren außerordentlich in Bezug auf ihre Bauweise,

Dohlen reißen den Schafen Wolle aus, um sie als Nistmaterial zu verwenden

Das Weibchen wählt aus mehreren vom Männchen erbauten Nestern eins aus und polstert es mit Federn aus.
Zaunkönig
Mehlschwalbe
Mehlschwa
legen ihre
halbkugeli
Nester unter
Dachtraufen
Mehlschwalben beim Sammeln von Lehm für den Nestbau
Wintergoldhähnchen
Das Wintergoldhähnchen baut aus Moos und Spinnweben ein winziges Hängenest.
Schwanzmeise
Eine zierliche Wölbung aus Flechten, Haaren und Spinnweben, ausgepolstert mit zahlreichen Federn.

Das Nest wird aus kleinen Zweigen, Gräsern und Moos hergestellt. Der Innenausbau besteht aus einem harten Lehmnapf.

Singdrossel

Rauchschwalbe

Rauchschwalben bauen in Viehställen; ihre napfförmigen Nester werden unordentlich aus Lehm und Grashalmen aufgeführt.

Buchfink

Das Backofennest des Fitislaubsängers wird am Boden in der Vegetation versteckt angelegt.

Ein sehr sauber gebautes Nest aus miteinander verflochtenen Spinnweben, Würzelchen, Moos und Flechten.

Fitislaubsänger

ihre Größe und ihren äußeren Umfang. Manche Arten beschränken sich darauf, eine kleine Mulde im Boden auszuscharren, andere legen ihre Eier einfach in natürliche Bodenvertiefungen, die man aber, wenn man den Begriff ziemlich weit faßt, trotz allem als „Nest“ bezeichnen kann.

Es gibt nur wenige Vogelarten, die offensichtlich nicht an ein – wie auch immer geartetes – Nest gebunden sind, nämlich Brutschmarotzer wie unser Kuckuck und manche Pinguinarten, die ihre Eier zwischen Füßen und Bauch ausbrüten (sie legen während der Bebrütung oft beträchtliche Entfernungen zurück).

In der Brutzeit sind Vögel, wie auch die Eier und Küken, besonders störanfällig. Um die Sicherheit der Gelege zu gewährleisten, müssen sie sich zu Kolonien zusammenschließen oder auf unzugängliche Brutplätze zurückziehen. Andere Möglichkeiten zum Schutz des Nestes sind Bewachung durch die Altvögel oder Tarnung.

Viele Vogelarten, vor allem solche, die in offenem Gelände auf Felsabsätzen oder am Boden brüten oder aber in Schlupfwinkeln wie Erdlöchern und Baumhöhlen, zeigen kein oder fast kein Nestbauverhalten im eigentlichen Sinne. Von diesen Arten einmal abgesehen, errichtet die große Mehrzahl der Vögel Europas mehr oder weniger sorgfältige Nestkonstruktionen. Dabei findet eine Fülle von verschiedenen Baumaterialien Verwendung, zum Beispiel Reiser, Grashalme, Blätter, Wasserpflanzen, Tierhaare, Flechten, Federn, Spinnweben, Speichel und Lehm. Manche Nester können erstaunlich groß sein – ein jahrelang benutzter Kolkrabenhorst kann eine Höhe von zwei Metern und einen ebensolchen Umfang erreichen. Obwohl die Nester nur mit Hilfe der Füße und des Schnabels und noch dazu in sehr kurzer Zeit gebaut werden, sind sie manchmal erstaunlich stabil: Saatkrähennester überstehen in den Baumwipfeln meist alle Stürme bis zum folgenden Jahr.

Die Ordnung der Sperlingsarten (dazu gehören die Krähen, Wasseramseln, Schwalben und alle unsere bekannten Singvogelfamilien) weist unter allen Vögeln die größte Vielfalt in Bezug auf das Aussehen der Nester auf. Jedes Nest wird nach einem ererbten Grundmuster so gebaut, daß es den Ansprüchen der betreffenden Art am besten gerecht wird. Dabei verwendet jeder Vogel die Baumaterialien, die sich am besten eignen, und die, falls das erforderlich ist, eine optimale Tarnung und Wärmeisolation gewährleisten.

Wie baut man einen Nistkasten?

Mit Hilfe von Nistkästen, die Sie in Ihrem Garten an gut ausgewählten Stellen anbringen, können Sie vor

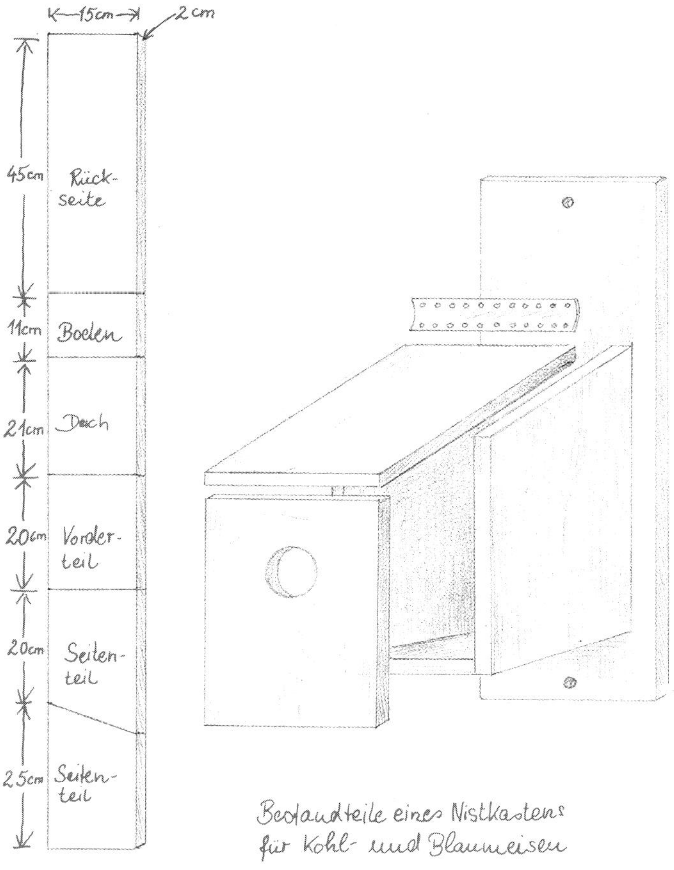

Bestandteile eines Nistkastens für Kohl- und Blaumeisen

allem Blaumeisen, Kohlmeisen, Kleiber oder auch, je nach Wohnort, Feldsperlinge und Trauerschnäpper anlocken. Nistkästen sind im Versandhandel oder in Fachgeschäften für Gartenbedarf erhältlich. Hier bekommt man so ziemlich alles: von den herkömmlichen Holzkästen bis zu ausgefalleneren Versionen, die dann vielleicht ganz gut zu Kunststoffgartenzwergen passen. Wenn Sie davon nicht viel halten, können Sie sich statt dessen ihre eigenen Kästen bauen.

So ein Nistkasten muß vor allem folgende Voraussetzungen erfüllen: Die lichte Weite sollte innen etwa 10 x 10 cm betragen. An einer Seite wird mindestens 13 cm von der Bodenplatte entfernt ein kreisrundes Loch gebohrt. Ein schräges, etwas über die Vorderwand herabgezogenes Dach – aufklappbar, wenn Sie in den Kasten hineinschauen möchten – gewährleistet, daß kein Regenwasser in den Kasten läuft.

Ein kritischer Punkt ist die Größe des Einflugloches: Ein Durchmesser von 28 mm reicht für kleine Gartenvögel aus und hält dennoch Haussperlinge und Stare ab, die sonst mit ziemlicher Sicherheit die Kästen mit Beschlag belegen würden.

In der Herstellung am einfachsten ist ein simpler Holznistkasten aus 20 mm dicken Brettern, aber ich habe auch schon eigenwilligere Konstruktionen gesehen, die aus Verschnittstücken von Plastikrohren mit 10 cm Durchmesser (aus dem nächsten Heimwerkermarkt) gebaut worden waren. Boden und Dach waren aus Holz eingepaßt. Solche Nisthöhlen halten fast ewig, sind vollkommen wasserdicht, und sehen dabei auch recht akzeptabel aus.

Bei dem hier abgebildeten Nistkasten handelt es sich um ein althergebrachtes Modell; es gibt aber auch andere Ausführungen, die besonderen Ansprüchen gerecht werden. So kann man beispielsweise künstliche Mehlschwalbennester kaufen, die gern angenommen werden, und die die Vögel oft zum Anlaß nehmen, eine neue Kolonie zu gründen.

Entsprechend größere Kästen, die man genau wie den herkömmlichen, hier beschriebenen Typ anfertigen kann, eignen sich für Dohlen, Waldkäuze und Hohltauben (aber auch für Stare), während die bekannte „Halbhöhle" für Rotkehlchen, Grauschnäpper und Bachstelzen ideal ist.

Rotkehlchen auf einem sogenannten Halbhöhlennistkasten

Ist der Nistkasten fertig, muß man sorgfältig überlegen, wo er aufgehängt werden soll. Vermeiden Sie Stellen, an denen sich im Kasten Regenwasser ansammeln oder direkt durch das Einflugloch hereinkommen kann. Vergewissern Sie sich, daß der Kasten nicht zu niedrig und möglichst außerhalb der Reichweite von Katzen und Lausbuben hängt. Wenn der

Ein alter Schornsteinaufsatz oder ein Stück von einer Tonröhre geben einen idealen Nistplatz für Käuze ab.

Nistkasten dann fest angebracht ist, muß man ihn, sofern er aus Holz ist, im Herbst oder Winter gelegentlich mit einem Holzschutzmittel behandeln. Hieran sollten Sie denken, bevor Sie ihn an einem allzu unzugänglichen Platz befestigen.

Bringen Sie neue Kästen möglichst eine ganze Weile vor Beginn der Brutsaison an, damit das Imprägniermittel gründlich ausgetrocknet ist und die Vögel ausreichend Zeit haben, sich an die Nistkästen zu gewöhnen.

Sie können noch mehr tun, um Vögel in Ihrer Nähe anzusiedeln, nämlich Nistmaterialspender mit Federn, ausgekämmten Haaren vom Hund oder von der Katze, Schafwolle, Baumwollabfällen, Pferdehaaren, Wollresten, Heu und ähnlichen Dingen aufstellen. Die Vögel werden bestimmt nichts davon verschmähen!

Bereitgestelltes Nistmaterial wird von den Vögeln immer gern angenommen.

Ansiedlung von Trauerschnäppern

Mehrere der kleinen, anmutigen Trauerschnäpperpaare bewohnen die Nistkästen in unserem Garten, am Bach und in dem steil ansteigenden Eichenwald. Trauerschnäpper sind von allen Höhlenbrütern wohl am leichtesten mit Hilfe von Nistkästen anzusiedeln. In Deutschland kommen sie in Laub- und Mischwäldern, aber auch in Parks und Gärten nahezu überall vor. Nur dort, wo sowohl natürliche Höhlen als auch Nistkästen fehlen, können sie lokal seltener sein. Bei den in Deutschland brütenden Vögeln ist das Männchen in der Regel nicht so kontrastreich schwarzweiß gezeichnet, wie in England, sondern die dunklen Gefiederpartien gehen mehr ins bräunliche: die Geschlechter gleichen sich also weitgehend.

Die männlichen Tiere erreichen ihr Brutgebiet mehrere Tage vor den Weibchen. Sie beginnen sofort eifrig zu singen und fliegen dabei von einem Nistkasten zum anderen, stecken ihr Revier ab und tragen dort mit den benachbarten Kohl- und Blaumeisen ihre Meinungsverschiedenheiten aus. Die Männchen haben bis zur Ankunft der Weibchen meist schon den künftigen Standort des Nestes ausgewählt, der dann von den Weibchen bestätigt wird. Der Trauerschnäppergesang besteht aus einer rhythmischen Wechselstrophe zwischen einem höheren und einem tieferen Ton mit eingestreuten Trillerchen. Das Männchen begleitet seine Partnerin unter häufigem Flügelzucken und mit vielen Warnrufen bei der Inspektion der Nistkästen. Ende Juni, wenn die Jungvögel ausgeflogen sind, bekommt man fast von einem Tag auf den anderen keinen Trauerschnäpper mehr zu Gesicht. Sie halten sich sicher noch irgendwo im dichten Kronendach des Waldes auf, bleiben aber stumm und sind für uns vollkommen unsichtbar.

Trauerschnäpperpaar am Nistkasten

Auf der Suche nach Rotmilanen

Die Mithilfe bei der Suche nach den wenigen verbliebenen Rotmilanpaaren gehört zu meinen beruflichen Pflichten als hauptamtlicher Mitarbeiter der RSPB. Die Geschichte dieser herrlichen Vögel ist wie die vieler unserer großen Greife traurig: Sie verzeichnet Verfolgung und Vernichtung durch den Menschen. Früher gab es Rotmilane in großer Zahl, aber in England wurden sie bereits um 1870 durch intensive Bejagung ausgerottet, und in Schottland stellten ihnen die Wildhüter mit Gewehr und Fallen dermaßen nach, daß sie sich hier auch nur 10 Jahre länger halten konnten. Um die Jahrhundertwende gelang es nur einigen wenigen Paaren, in den sicheren und damals noch unzugänglichen walisischen Hügeln zu überleben.

Im Laufe der Jahre trugen die enormen Anstrengungen, die zum Schutz der Vögel unternommen wurden, dazu bei, ihre Zahl von 2 oder 3 Paaren auf derzeit etwa 40 Paare zu erhöhen. Alljährlich im Frühjahr gehört die Bestätigung jedes dieser Brutpaare zu meinen Aufgaben. Bauern und Landbesitzer liefern selbständig zahlreiche Beobachtungsmeldungen, aber es gibt immer wieder „schwierige" Paare, die sich mehrere Kilometer vom vorjährigen Horststandort ansiedeln, was dann jedesmal eine Nachsuche erforderlich macht – eine aufregende Arbeit, die oft in den frühen Morgenstunden oder abends geleistet wird.

In diesem Jahr erwies sich ein Paar als besonders heimlich. Ich suchte verschiedene Höfe auf und begann damit, mir stückweise ein Bild zusammenzupuzzeln.

Die beiden Vögel hatten sich Ende März mit Sicherheit in der Gegend aufgehalten, waren aber dann zwei Wochen oder länger nicht mehr in der unmittelbaren Umgebung beobachtet worden. Eine Ausnahme bildete das Männchen, das hin und wieder am nördlichen Talrand aufgetaucht war. Ich mußte mich also draußen weiter umsehen, und es war klar, daß dies mein Ausgangspunkt sein mußte. Am nächsten Abend startete ich einen neuen Versuch und suchte mehrere Seitentäler ohne jeden Erfolg ab: keine Spur von den Milanen!

Der dritte Anlauf war verheißungsvoller. Ich unterhielt mich auf einem kleinen, abgelegenen Hof mit einem Bauern, der mir berichtete, er habe das Paar regelmäßig in der Nähe eines alten Eichenwaldes in einer Bodensenke gesehen. Er zeigte mir auch die

Der Rotmilan in seiner Heimat
in den mittelwalisischen Tälern

Ein Rotmilan-Weibchen
an seinem mit Wolle ausgelegten Nest auf einer
Eiche bei der Atzung der Jungen

Richtung dorthin. Das war der Wink, auf den ich gewartet hatte, und so machte ich mich mit wachsender Hoffnung auf den Weg bergan.

Rotmilane sind immer prachtvoll anzusehen – ich halte sie überhaupt für die schönsten und anmutigsten unter allen europäischen Greifvögeln. Obwohl ich sie nun schon oft sowohl aufgeblockt als auch im Flug beobachtet habe, sind sie für mich doch in allererster Linie Vögel des freien Luftraums. Vor meinem inneren Auge erscheinen sie mir nie anders als im Flug. Der ist schwungvoll, aber er wird oft von Phasen langsamen Kreisens und Gleitens unterbrochen, wobei die Tiere ihre Flügel gemächlich und ohne Kraftaufwand einsetzen. Die langen Flügel werden in charakteristischer Weise abgeknickt gehalten, ganz anders als bei den kleineren Bussarden, die mit durchgedrückten Flügeln segeln und die wie die Milane ganz in diese ländliche Umgebung hineingehören. Hält man sich ihre Größe vor Augen, so sind Rotmilane erstaunlich flink und behende; sie können beispielsweise im Wald im An- und Abflug mit beeindruckender Wendigkeit zwischen den Bäumen manövrieren. Der lange, biegsame Schwanz sorgt dabei ständig durch Dreh- und Steuerbewegungen für das nötige Gleichgewicht.

So oft ich auch Rotmilane sehe, jedesmal läßt ihr Anblick mein Herz höher schlagen. Als ich jetzt den Wald zu Gesicht bekam, erging es mir nicht anders. Es war ein idyllisches Fleckchen. Auf dem gegenüberliegenden geneigten Hang stockte ein zerzauster Eichenwald von vielleicht gut $1^{1}/_{2}$ ha mit ein oder zwei eingestreuten uralten Lärchen. Darüber erhob sich eine Böschung mit gelbem Stechginster und den braunen und graubraunen Farbtönen des flachgedrückten vorjährigen Adlerfarns. Alles in allem ein überschaubares und vertrautes Bild. Auf den Spitzen der Stechginsterbüsche neben dem alten Pfad, auf dem ich mich bewegte, sangen Bluthänflinge und ein Schwarzkehlchen im Hochzeitskleid, während sich gleichzeitig ein Turmfalke, der eben noch hoch über dem Hügel gerüttelt hatte, der Belästigungen durch die benachbarten Krähen überdrüssig, am Horizont davonmachte.

Aber all dies bildete lediglich den farbenfrohen Hintergrund für die Hauptdarsteller, denn zwei prächtige Milane, die mir hin und wieder durch hohe, miauende Rufe zu verstehen gaben, daß sie mich längst erspäht hatten, kreisten über der Wiese und dem lichten Eichenwald. Manchmal, wenn sie niedrig vor dem Wald vorbeistrichen, flog einer der beiden knapp unter Sichthöhe. Sie bewegten sich beneidenswert leicht und beherrscht, und das satte Rostbraun von Körper und Schwanz sowie die weißgesprenkelten Köpfe bestätigten aufs neue meine Vorstellung vom Rotmilan als dem schönsten Greifvogel.

Ich suchte den Wald gründlich mit dem Glas nach dem flachen, umfangreichen Horst ab, der sich dort mit Sicherheit befinden mußte. Zufrieden darüber, daß ich ihn zwischen den Überresten alter Krähen- und Bussardnester ausmachen konnte, ließ ich mir nur eben soviel Zeit, den Anblick der beiden schönen kreisenden Vögel noch einmal in mich aufzunehmen. Dann ließ ich sie in Ruhe. Ein weiteres „schwieriges" Brutpaar dieses Jahres war gefunden, und damit war meine Aufgabe erfüllt.

In Deutschland ist es sehr viel einfacher, Rotmilane zu beobachten, als auf den britischen Inseln. Das Verbreitungszentrum dieses schönen Greifvogels liegt in der Bundesrepublik und in der DDR. Er steht zwar auch hier auf der Roten Liste der bedrohten Vogelarten, brütet aber noch regelmäßig vor allem im Bereich der Mittelgebirge und ist auf dem Zug lokal sogar ausgesprochen häufig.

Fischadler beim Beutemachen

Der anmutige und auffällige Fischadler verschwand Anfang dieses Jahrhunderts von der Liste der Brutvögel Großbritanniens, weil man ihn mit Gewehr und Fallen verfolgte. Schließlich trug auch die unersättliche Gier der Eiersammler und Präparatoren der viktorianischen Zeit dazu bei. Erst in der etwas aufgeklärteren Zeit nach dem 2. Weltkrieg hat er im schottischen Hochland erneut Fuß fassen können, wo der Bestand langsam wieder auf etwa 20 Brutpaare angestiegen ist. Hier werden die Adler heute streng geschützt. In der Bundesrepublik verschwand dieser eigenartige Greif als Brutvogel bereits im 19. Jahrhundert. Es gibt nur ganz wenige Beobachtungen aus unserem Jahrhundert, die auf eine eventuelle Brut schließen lassen, doch scheint nur ein einziger Brutnachweis für den Kreis Harburg vom Anfang der 60er Jahre einigermaßen abgesichert zu sein.

Nach wie vor ist der Fischadler jedoch regelmäßiger Durchzügler in England wie in der Bundesrepublik, und zwar meist von April bis Anfang Mai und von Ende August bis in den Oktober hinein. Dieser Adler schlägt seine Beute mit bewundernswerter Kraft und Schnelligkeit: Nachdem er einen Fisch erspäht hat, verlangsamt er seinen Flug, kippt plötzlich nach einer Seite hin ab und läßt sich nach unten fallen. Im letzten Moment reißt er seine Fänge nach vorn, schlägt im hochaufspritzenden Wasser auf und greift zugleich, wenn er Glück hat, den Fisch. Anschließend erhebt er sich wie der Vogel Phönix ohne Schwierigkeiten aus dem Wasser und hält den Fisch im festen Griff seiner starken, scharfen Krallen. Sie sind unterseits mit besonderen stachelartigen Schuppen versehen. Außerdem verfügt der Fischadler über eine Wendezehe. So ist gewährleistet, daß zappelnde Fische sicher festgehalten werden können. Auch in Deutschland kann man während der Zugzeit das einmalige Naturschauspiel des beutemachenden Fischadlers beobachten. Er jagt dort selbst an kleineren Wasserflächen, etwa ehemaligen Kies- und Sandgruben, wo er manchen Fisch vor den erstaunten Augen der menschlichen ‚Konkurrenz', nämlich der zahlreichen Sportangler, aus dem Wasser zieht.

Fischadler

Misteldrossel

Der Frühling gewinnt an Boden

Wenn der April unmerklich in den Mai übergeht, haben wir den Höhepunkt des Frühlings noch vor uns. Es wird noch gut eine Woche dauern, bis die schwellenden, zartgrünen Knospen der Eichen endlich aufbrechen und das frische, farbenprächtige Laub freigeben. Etwas später lassen auch die jetzt noch grauen Eschen den nahenden Sommer erahnen. Eine Misteldrossel, die sich ganz oben im Wipfel der Esche wiegt und weithin ihren klaren Gesang vorträgt, hat ihr erstes Gelege in diesem Jahr bereits durch die räuberischen Elstern verloren, und das Weibchen bebrütet jetzt das Nachgelege. Wenn man das laute, weitschallende Misteldrossellied aus den kahlen Zweigen der Esche hört, fühlt man sich fast in den Spätwinter zurückversetzt.

Im Laufe des April lassen wir die Winterfütterung zu Haus langsam auslaufen. Hierüber gibt es verschiedene Anschauungen, aber die meisten halten es für das beste, etwa Mitte April mit der Fütterung aufzuhören und die Wintervögel dann, wenn sie sich wieder zu Paaren zusammenfinden und ihre Brutreviere errichten, vollkommen sich selbst zu überlassen, und zwar noch bevor sie mit dem Nestbau und der Eiablage beginnen. Wir bieten ihnen statt dessen manchmal Nistmaterial an, das sie mit Vorliebe verwenden.

Es scheint nun schon lange her zu sein, daß wir nach den ersten zarten Vorzeichen des Frühlings Ausschau hielten, die Kolkraben beim Eintragen von Reisern für den Nestbau beobachteten, im März nach den ersten Steinschmätzern suchten oder uns im Garten vom ersten Zilpzalpgesang überraschen ließen. Und doch sind manche Sommervögel noch immer nicht zurück. So sieht man, um nur ein Beispiel zu nennen, Mauersegler selten vor Anfang Mai. Dann jagen sie, durchdringend und schrill rufend, über die Dächer und rund um die höheren Gebäude der Stadt, sausen blitzschnell von unten unter die Dachtraufen, klammern sich für einen kurzen Moment an der Wand an und suchen den Eingang des vorjährigen Nestes. Kurz darauf lassen sie sich wieder fallen und gesellen sich zu den übrigen Neuankömmlingen. Diese Vögel, die im Sommer eine viel zu kurze Zeit bei uns verbringen, verbreiten eine energiegeladene Stimmung, die uns Menschen mitreißen kann. Bald nach den Mauerseglern erscheinen die Braunkehlchen, aber es wird noch eine Woche ins Land gehen, bevor die ersten Grauschnäpper bei uns eintreffen, die gewissermaßen das

Auseinandersetzung zwischen zwei Fitislaubsängern

Schlußlicht des Vogelzuges bilden. Doch allein die Zahl der Rückwanderer ist im Verlauf der letzten Wochen ins Unermeßliche gestiegen. Viele weitere Fitislaubsänger, Zilpzalpe, Dorngrasmücken, Turteltauben, Gartenrotschwänze, Rauchschwalben, Steinschmätzer und Baumpieper verstärken den Bestand ihrer früher angekommenen Artgenossen, und überall herrscht nun ein reges Vogelleben. Viele Vögel besetzen freigebliebene Reviere, andere aber wandern weiter nach Norden, und manche von ihnen haben noch einen weiten Weg vor sich.

Ohne große Mühe lassen sich die einzelnen Wellen des Vogelzugs verfolgen. Zu dieser Jahreszeit gehe ich jeden Morgen, wenn meine Familie noch in den Federn liegt, in den Garten, und ziemlich rasch be-

Mauersegler bei der Suche nach Nistplätzen

Grauschnäpper

komme ich dann bei jeder Vogelart die Verteilung der verschiedenen Reviere heraus, indem ich mir einfach merke, wo die wichtigsten Singwarten der einzelnen Männchen liegen. Seit der dritten Aprilwoche erklingt der lebhafte Gesang eines Fitislaubsängers von der verwilderten Böschung hinter der Hecke. Er ist ganz sicher verpaart und hat ein festes Revier und ein Nest. Ein weiteres ortsfestes Brutpaar hat sich jenseits der Viehkoppel am Waldrand angesiedelt, und unten im Obstgarten, wo das ungemähte vorjährige Gras ein dichtes Polster bildet, baut ein drittes Paar sein Nest. Manchmal höre ich morgens noch einen vierten Fitis singen, einmal in den Rhododendren am Fluß, einige Tage später im Gezweig der Hängebirke oberhalb des Baches. Kommt der fremde Vogel dem Gebiet der anderen, ‚alteingesessenen' zu nahe, so hat dies einen kurzen Gesangswettstreit zur Folge, notfalls gefolgt von einer kurzen tätlichen Auseinandersetzung und einer Verfolgungsjagd, was den Eindringling meist dazu veranlaßt, sich wieder in eine respektvollere Entfernung zurückzuziehen. Es handelt sich dabei nicht jedesmal um den gleichen Vogel, und keiner der Störenfriede macht den Versuch, sich hier niederzulassen – zum einen, weil die geeigneten Reviere im Garten und in der näheren Umgebung längst alle besetzt sind, und zum anderen, weil diese Vögel, ob sie wollen oder nicht, einem stärkeren Antrieb, nämlich ihrem Zuginstinkt unterliegen. Sie müssen weiter – nach Norden!

Manche dieser durchziehenden Fitislaubsänger unterscheiden sich deutlich erkennbar von den anderen. Sie sind oberseits merklich bräunlicher und unterseits heller als unsere Vögel, die normalerweise olivgrün und gelb gefärbt sind. Sie sind auf dem Weg nach Skandinavien oder Schottland, wo diese dunklere Form brütet.

Es war ein aufregendes Erlebnis, als ich eines frühen Morgens Anfang Mai einen dieser im Norden beheimateten Vögel in den dünnsten Zweigen der

Braunkehlchen

Hängebirke zwischen den aufbrechenden Knospen aufgeregt nach Nahrung suchen sah. Er legte häufig eine Pause ein und sang aus voller Kehle, so daß der ganze kleine Körper vibrierte. Ich konnte nur staunen, daß dieses zierliche Vögelchen die lange Strecke von Skandinavien bis nach Westafrika und zurück bewältigt hatte. Das erinnerte mich an einen Fitis, den ich einmal vor mehreren Jahren in einem anderen Garten mit dem Japannetz gefangen hatte. Ich hatte einen winzigen Aluminiumring mit der Nummer SE 15961 an seinem Lauf befestigt und ihn mit vielen guten Wünschen wieder auf die Reise geschickt. Nach zwölf Monaten und wer-weiß-wieviel Kilometern hing derselbe beringte Vogel zum zweitenmal im Netz – genau an derselben Stelle im Garten. Das war nicht nur ein eindrucksvoller Beweis für die Belastbarkeit eines so kleinen, neun Gramm wiegenden Vögelchens (es handelte sich mindestens um seinen zweiten Heimzug von Afrika), sondern auch für die präzise Zeiteinteilung und die erstaunliche Genauigkeit, mit der manche Einzelvögel ihren Zugweg einhalten.

Von Spöttern genarrt

In dieser Jahreszeit wird man es wohl entschuldigen, mit Sicherheit aber verstehen können, wenn jemand immer dann, wenn der Alltagslärm und die häuslichen Pflichten rufen, zufällig nicht erreichbar ist und statt dessen einen Großteil seiner Zeit damit verbringt, das pulsierende Leben in der Welt der Insekten, Pflanzen und Vögel ungestört in vollen Zügen in sich aufzunehmen. Ich habe in unserem kleinen Obstgarten einen Platz, an den ich mich in solchen Fällen zurückziehen kann. Dort rauscht der Bach in seinem felsigen Bett vorbei, und ich bin vom Haus aus überhaupt nicht zu sehen, was mir natürlich sehr gelegen kommt. Hier lebt die Wasseramsel, deren dunkle, untersetzte Gestalt durch die glänzend-weiße Brust sofort ins Auge fällt. Die langschwänzigen Bachstelzen trippeln am Ufer entlang, und in einem Nistkasten an der Eiche nisten Trauerschnäpper. Wenn man hier nicht gestört wird, kann man in einer halben Stunde mehr als 30 verschiedene Vogelarten sehen oder hören. Es ist wunderschön, hier zu sein, an einem Ort, an dem man sich auf sich selbst besinnen und an alles mögliche oder auch an gar nichts denken kann, und an dem einem doch nichts von dem entgeht, was sich rundherum an außergewöhnlichen oder interessanten Dingen ereignet.

Eines Morgens wurde meine eigensüchtige Einsamkeit durch den lauten Ruf eines Mäusebussards jäh unterbrochen. Der Ruf kam aus einer Tanne, drei Meter hinter mir und höchstens drei Meter hoch. Ich wußte, daß der Vogel bei der leisesten Bewegung die Flucht ergreifen würde, und ich erstarrte augenblicklich zur Salzsäule. Nun sind Mäusebussarde bei uns glücklicherweise nicht selten, aber sie sind äußerst scharfsichtige Vögel, und es schien einfach lächerlich, daß sich ein Bussard so nah an mich heranwagen konnte. Er rief noch einmal, und nach einer kurzen Pause noch mehrmals hintereinander. Noch nie hatte ich einen Bussardruf so nah, so laut und so klar gehört. Aus dem Augenwinkel beobachtete ich, wie ein Eichelhäher durch das Geäst der betreffenden Tanne huschte, über den Bach flog und sich selbstzufrieden auf dem untersten Ast einer anderen Tanne niederließ, wo er kurz mit dem Schwanz zuckte. Dann ließ der Häher, während er Kopf und Hals reckte, statt des arteigenen, rauhen, durchdringenden Rufes ein tremulierendes „u – u – u – u“ und darauf ein „Kju-wick, kju-wick“ hören – ein perfekt imitierter Waldkauzruf! Ich hatte mich nicht nur durch den „Mäusebussard“ irreführen lassen, sondern mir war auch bis zu dem Zeitpunkt überhaupt nicht klar, was für ein ausgezeichneter Spötter der Eichelhäher sein kann. Ich fragte mich, was er außer den Rufen von Mäusebussard und Waldkauz wohl noch alles beherrschte.

Wir wissen, daß einige unserer Singvögel gute Spötter sind; Star, Feldlerche und Sumpfrohrsänger sind allgemein bekannte Beispiele dafür. Ich hatte jedenfalls keine Ahnung, daß auch der Eichelhäher dazu gehört. Der normale Häherruf ist mißtönend und vom Stimmumfang her begrenzt, daher erschien es mir so vollkommen unwahrscheinlich, daß der Eichelhäher hier als Spötter auftrat.

Das Nachahmen von Stimmen fremder Vogelarten stellt eine eigenartige Entwicklung des normalen Gesangs dar, der zum großen Teil vom Vater oder von Artgenossen gelernt wird. Der Sinn des Spottens – und ich bin sicher, es hat irgendeinen Sinn – bleibt uns noch weitgehend verborgen. Der weibliche Brutpartner kann, ebenso wie benachbarte Männchen, den einzelnen Vogel am Gesang erkennen. Die Aufnahme von Gesangselementen anderer Vogelarten trägt sicherlich dazu bei, das eigene Lied individueller zu gestalten.

Im gleichen Monat wurde ich noch um eine weitere einschlägige Erfahrung reicher. Als ich wieder einmal in Gedanken versunken im Garten saß, ertönten aus den Büschen am Bach die reinen, unverwechselbaren Gesangsstrophen einer Nachtigall. Ein Nachtigall-Lied war das ganz ohne Frage, aber ich wußte, daß es nicht von einer Nachtigall vorgetragen wurde. Zum einen bestand der Gesang aus einer lockeren Folge einzelner Nachtigallstrophen, zwischen die aber immer wieder andere Motive eingeflochten wurden; zum anderen kommen Nachtigallen so weit im Nordwesten nicht mehr vor. Der Missetäter entpuppte sich als eine Mönchsgrasmücke, und zwar als ein besonders hübsches Exemplar, das den ganzen Sommer hindurch den Garten mit seinem wunderschönen Gesang bereicherte. Mir wurde bei dieser Gelegenheit wieder einmal deutlich, wie groß unsere Wissenslücken doch immer noch sind. Eigentlich ist das für mich schon Grund genug, mich auch in Zukunft von Zeit zu Zeit an meinen Zufluchtsort im kleinen Obstgarten zurückzuziehen.

Mönchsgrasmücke

Zugvogelbeobachtungen in Afrika

Wir leben in einer Zeit, in der man ohne viel Mühe weite Reisen unternehmen kann, und wie viele andere haben sich auch die Ornithologen die technischen Möglichkeiten in eindrucksvoller Weise zunutze gemacht. Tausende von Vogelfreunden haben im wahrsten Sinne des Wortes ihren Horizont erweitert. Viele unserer Freunde hatten sich im Frühling in Marokko aufgehalten und begeistert davon berichtet. In ihren Erzählungen war immer wieder von dem aufregenden Erlebnis die Rede, in der ungewohnten Landschaft Afrikas die großen Scharen ziehender Vögel zu verfolgen, die auf ihrem Heimweg nach Europa die Sahara überqueren. Wir faßten also den Entschluß, einen kurzen Abstecher dorthin zu machen.

Mich fasziniert es immer noch, wie schnell man von zu Haus an irgendeinen Ort gelangen kann, dessen Namen man vorher nur aus dem Atlas kannte. Als wir uns, nachdem wir Birmingham drei Stunden zuvor bei strengem Frost verlassen hatten, in dem hellen Licht und der Hitze von Agadir wiederfanden, fühlten wir uns wie in einer anderen Welt. Die erste Nacht verbrachten wir außerhalb der Stadt im Zelt, und zwar in den Sanddünen an der Mündung des Souss-Flusses. Schon beim ersten Morgengrauen waren wir draußen, um dort die kleine sandige Meeresbucht zu erforschen, die unter Ornithologen als Nahrungs- und Rastgebiet für viele nordwärts ziehende Wasservögel gut bekannt ist. Im äußeren Bereich der Bucht hielt sich ein Trupp von etwa 300 weiß und rot leuchtenden Flamingos auf. Von unserem Standort aus hatte man den Eindruck, als liege die Sandbank, auf der sich die mächtige Dünung des Atlantiks brach, hoch über den Köpfen der Vögel. Als wir weiter in das Gebiet vordrangen, sahen wir 25 Löffler und ebenso viele Seidenreiher, die auf der Jagd nach Fischen gemeinsam im seichten Wasser hin- und herliefen, und überall auf den trockeneren Sand- und Schlammflächen flitzten Seeregenpfeifer um uns herum. Ein Trupp Brandseeschwalben, die bis zu ihrer Brutheimat in Nordwesteuropa noch einen langen Weg vor sich hatten, rastete auf einer Sandbank. Daneben sahen wir einige Uferschnepfen, einen einzelnen Grünschenkel, zwei dunkle Wasserläufer und ein Kampfläufermännchen.

Wir ließen das geschäftige Treiben an der Küste und an der Souss-Mündung hinter uns, um während der nächsten Tage tief ins Innere Marokkos, zu den felsigen Hügeln und den Oasen am Rand der Sahara vorzudringen. Nach unserer Einschätzung mußte dort der Heimzug unserer europäischen Brutvögel über die Sahara jetzt in vollem Gange sein. Wir ließen uns auf unserer Fahrt viel Zeit und genossen die Vielfalt der marokkanischen Vogelwelt. Auf einer der von Gesteinsbrocken übersäten Wüstenebenen bewunderten wir im Morgengrauen den Balztanz der großen Kragentrappen. Hier beobachteten wir auch die zierlichen Rennvögel, die über die Ebene laufen und jedesmal, wenn sie stehenbleiben, vollkommen mit dem Wüstenboden verschmelzen. Weiter gab es hier Wüstenläuferlerchen, eine der größten Lerchenarten mit einem schwarz-weißen, an einen Wiedehopf erinnernden Flügelmuster und einem wunderschönen Singflug. Das Männchen erhob sich dabei in Spiralen in den Wüstenhimmel und ließ sich dann fallschirmartig wieder zur Erde sinken. Fünf bis sechs Meter über dem Boden brach der schöne, flötende Gesang ab, der Vogel schloß die Flügel und stürzte das letzte Stück senkrecht herab. Neben vielen weiteren Lerchen und Steinschmätzern beobachteten wir einen prächtigen Lannerfalken, der sich entgegenkommenderweise weniger als 100 Meter vom Rand der Piste entfernt auf einem Felsen niedergelassen hatte.

Mehr als alles andere fesselten uns die Oasen, die einzeln mitten in der Wüste liegen, und hier verbrachten wir mehrere ereignisreiche Tage ganz nah bei den Vögeln, die wir alle so gut von zu Haus kennen. Sie hatten die gefährliche, weit über 2000 km lange Reise quer durch die Sahara hinter sich, und viele hatten immer noch Tausende von Kilometern zurückzulegen. Während der letzten Tage hatte ein starker Wind aus nördlicher Richtung geweht, dem ganz gewiß viele Vögel zum Opfer gefallen waren. Wir beobachteten kleinere Rauchschwalbentrupps, die völlig erschöpft auf Felsblöcken am Straßenrand saßen; manche von ihnen ließen sich aus etwa einem Meter Entfernung fotografieren. In einigen Oasen hüpften Fitislaubsänger und Zilpzalpe teilnahmslos zwischen den Palmwedeln und in der Ufervegetation herum, wo sie allmählich ihre verbrauchte Kraft wiedergewannen.

Am Ufer eines ausgetrockneten Wadis saß ein Trupp von neun bunten, völlig ermüdeten Blauracken, die ihre Köpfe gegen den Wind gerichtet hielten. Sie bewegten sich nicht, als wir dicht an ihnen vorübergingen. In einem anderen Wadi sahen wir einen schön gezeichneten Wiedehopf und eine kleine Gruppe farbenprächtiger Bienenfresser. Die Bewohner eines der kleinen Beduinendörfer, deren Bekanntschaft wir gemacht hatten, ließen sich nicht davon abbringen, uns zu einer eingehenden Besichtigung ihrer Pflanzungen, Fischteiche und Dattelpalmen einzuladen, wobei sie uns auch auf die verschiedenen Vögel hinwiesen. Ein Junge aus dem Dorf hatte einen völlig verängstigten Rotkopfwürger an einem derben, durch die Nasenlöcher im Oberschnabel gezogenen Grashalm angebunden. Solcherart mißhandelt, diente der Vogel in Verbindung mit einer Schnappfalle als Köder zum Anlocken weiterer Zugvögel, die für den Kochtopf bestimmt waren. Alle diese Vögel – Blauracken, Bienenfresser, Wiedehopf und Rotkopfwürger – waren für uns von ganz besonderem Interesse.

Bienenfresser -
die farbenprächtigsten
unter den Zugvögeln.
Die Blauracke überquert
auf dem Flug die Sahara. Sie
erscheint in England und Deutschland
nur noch in Ausnahmefällen.
Wiedehopfe
brüten gelegent-
lich in England,
in Deutschland
regelmäßig, aber
in abnehmender
Zahl.
Rotkopfwürger - er
erreicht etwa in
Hessen seine
nördliche
Verbreitungsgrenze

Sie alle sind in England sehr selten und brüten hier nur in Ausnahmefällen.

Das gilt in Bezug auf Blauracke und Bienenfresser auch für die Bundesrepublik. Wiedehopf und Rotkopfwürger brüten dort zwar noch regelmäßig, vor allem im Süden, doch sind beide Arten extrem zurückgegangen und heute in Deutschland vom Aussterben bedroht.

Hier in den Oasen und Wadis waren diese Arten noch sehr zahlreich vertreten.

An einem der Fischteiche hielt sich im hohen Gras ein einzelner Schilfrohrsänger auf. Es war der einzige, den wir während der gesamten Fahrt zu sehen bekamen. Auch er gehört zu der riesengroßen Menge von Kleinvögeln, die die Sahara im Non-Stop-Flug überqueren. Ein Vogel dieser Größe verliert während der Überquerung, nachdem er sich am versumpften Ufer des Tschadsees oder in den Feuchtgebieten am oberen Niger Fettreserven für den Zug angefressen hat, etwa 25 – 50 % seines Körpergewichts. Bevor er sich nun auf die nächste Etappe begibt, muß er diesen Verlust zum großen Teil wieder ausgleichen, zumal ihn weiter nördlich im Frühjahr zunehmend schlechteres Wetter erwarten kann.

Es war für uns schon ein sehr merkwürdiges Gefühl, diesen Vögeln in einer so fremden Umgebung zu begegnen, aber vor allem wurde uns hier einmal anschaulich vor Augen geführt, welch eine Riesenleistung unsere Sommervögel mit einer solchen Reise vollbringen. Es hat sicher sein Gutes, in Büchern etwas über den Vogelzug zu lesen oder Fernsehsendungen darüber anzuschauen, und was wir da erfahren, ist schon unglaublich genug. Doch erst wenn man einmal Vögel wie diese, die gerade eine solche Riesenentfernung überwunden haben, mit eigenen Augen gesehen hat, versteht man wirklich, was für ein Wunder sich da alljährlich ereignet.

Bei den Alpenstrandläufern in der Wildnis

Wenn der Frühling seinen Höhepunkt erreicht, ist man als Naturfreund fast rettungslos verloren. Draußen ereignet sich jetzt so vieles, daß man am liebsten überall zugleich sein möchte; die Tage müßten doppelt so lang sein. Ich hatte mir vorgenommen, in diesem Frühjahr irgendwie genug Zeit für einen langen abendlichen Gang über die Hügelkuppen zu erübrigen. Ich hatte das schon in den vergangenen Jahren geplant, aber immer war mir irgend etwas dazwischengekommen. Unter all den urwüchsigen Hügellandschaften in Wales gibt es nach meiner Ansicht nur einen Landstrich, der die Bezeichnung ‚Wildnis' wirklich verdient. Für mich bedeutet ‚Wildnis' mehr als nur Abgeschiedenheit und Einsamkeit; so ein Gebiet muß groß sein, und nichts darf dem Blick im Weg stehen. Man muß bis zum Horizont gehen und dahinter die gleiche weite Landschaft vorfinden können. Vor allem aber ist Wildnis menschenleer, und zwar nicht nur gestern und heute, sondern immer. Wildnis ist dort, so paradox das klingt, wo das plötzliche Auftauchen eines anderen menschlichen Wesens so überraschend wirkt, daß man dadurch das eigentliche Wesen der Wildnis nur nochmals bestätigt findet. Die einzige heimische Gegend, die für mich noch diesen Charakter hat, liegt im mittleren Wales. Es ist eine weite, hügelige Hochebene mit endlosen Heiden, Pfeifengraswiesen und reich gegliederten Torfmooren. Dieses Land ist herrlich einsam, seine einzigen Bewohner sind die allgegenwärtigen Schafe und sonst nur Wiesenpieper, Feldlerchen, Alpenstrandläufer, Goldregenpfeifer und nahrungsuchende Rabenkrähen, Kolkraben und Rotmilane – an einem schönen Frühlings- oder Frühsommerabend ist dies ein idyllischer Aufenthalt.

Ich ließ meinen Wagen an der Straße zurück, hielt mich in westlicher Richtung und erklomm durch das dichte Gewirr aus vorjährigem Adlerfarn die erste, steil aufragende Bergkuppe. Einmal blieb ich zwischen den Felsblöcken stehen, um ein Steinschmätzerpaar zu beobachten, das offensichtlich ganz in der Nähe ein Nest mit Jungen hatte. Dann ging ich weiter, hinauf auf den nächsten Hang. Ein einzelner Mäusebussard und ein Paar Kolkraben überflogen den hinter mir liegenden Hügel. Diese Landschaft ist das Reich der Wiesenpieper.

Die sumpfigen Wiesen sind kreuz und quer von Schafspuren durchzogen. Soweit das Auge reicht,

wächst hartes, wenig ergiebiges Borstgras und Pfeifengras, und in den Talmulden finden sich Torfmoore und binsenbewachsene Gräben. Dazu gehören die kleinen, unscheinbar bräunlichen Wiesenpieper, deren Gesang und deren Rufe aus allen Richtungen zu hören sind. Das ist auch alles – Wiesenpieper, und manchmal eine Herde aufgeschreckter Schafe. Ich mußte zwei Stunden marschieren, um an mein Ziel zu gelangen, einen ausgedehnten Torfmoorkomplex mit Heidekrautbewuchs auf den etwas höher gelegenen Stellen. Jetzt, gegen Abend, wurden die Schatten bereits länger, und selbst in über 400 m Höhe war es warm und windstill. Ich setzte mich und genoß die Aussicht und die wunderbare Einsamkeit hier oben. Im Süden und Osten erstreckten sich bis zum Horizont endlose Hügelketten, die sich in der Ferne bereits im abendlichen Dunst auflösten. In westlicher Richtung war der Himmel hell und klar, und der Blick reichte bis dorthin, wo sich das Bergland gegen die Küstenebene an der Bucht von Cardigan absenkt.

Wer sich das Hügelland in dieser Höhe gegen Ende des Frühlings frisch und grün ausmalt, macht sich eine ganz falsche Vorstellung. Hier oben setzt die Erneuerung der Vegetation erst spät im Jahr ein. Überall beherrschen braune, gelbe und ockerfarbene Töne das weite, jetzt von der untergehenden Sonne vergoldete Land. Die Landschaft zeigt sich zumeist im vorjährigen Pflanzenkleid, das nur von den weißen Tupfern des fruchtenden Wollgrases und den kleinen, hell leuchtenden Blüten der Blutwurz belebt wird.

Während ich so dasaß und schaute, herrschte eine so vollkommene Stille, daß man fast glaubte, sie hören zu können. Etwa eine Meile nördlich von mir unternahm eine Rabenkrähe einen halbherzig vorgetragenen Angriff auf einen heimwärts fliegenden Rotmilan. Der vollzog eine geschickte Wendung und wich der Krähe mühelos aus. Beide setzten ihren Weg ohne Eile fort. Aus der Deckung eines Heidekrautbusches auf einer Torfmoosbülte in der Nähe begann ein Wiesenpieper zu rufen – eine beharrlich vorgetragene, eintönige „ist – ist“-Reihe, die einem innerhalb kürzester Zeit langweilig wird. Fast hätte man sich ärgern können, daß die andauernden Rufe die Ruhe störten. Ein einzelnes Schottisches Moorschneehuhn erschien kurz über der Bülte, rief einmal und schüttelte sich – ähnlich wie man es von Fasanen kennt.

Die Sonne näherte sich schon dem Horizont, als ich endlich einen der Rufe hörte, deretwegen ich hergekommen war. Ein leiser, schwirrender Triller erklang über dem Moor, und zwei- oder dreihundert Meter entfernt sah ich vor dem allmählich verblassenden Blau des Himmels einen kleinen, schnell fliegenden Alpenstrandläufer. Aufgeregt auf- und niedersteigend und plötzliche Schwenks vollführend, gab er sich ganz seinem abendlichen Balzflug über der Moorlandschaft hin. Ein Gefühl der Zufriedenheit stieg in

Steinschmätzerpaar

Die Hügel im mittleren Wales. In der Weite der Wildnis wird die Stille nur von wenigen Vogelrufen unterbrochen: Eine Rabenkrähe belästigt einen vorbeifliegenden Rotmilan; abends läßt ein Alpenstrandläufer im Flug seinen trillernden Gesang ertönen. Neben den Alpenstrandläufern nisten Goldregenpfeifer.

Der Wiesenpieper ist mit Abstand der häufigste Vogel dieser Landschaft, seinen Gesang und seine Rufe hört man aus allen Richtungen.

mir auf, denn ich hatte nun eins meiner Ziele erreicht. Noch einmal ertönte der trillernde Gesang des Alpenstrandläufers, und rechts von mir begann ein zweiter zu singen. Alpenstrandläufer gehören zu unseren kleinsten Watvögeln. Im Winter, wenn Tausende von Durchzüglern sich zu den einheimischen Vögeln gesellen, um hier den Nahrungsreichtum der Schlickwatten auszunutzen, übertreffen sie an Zahl alle anderen Limikolenarten, aber nur sehr wenige Alpenstrandläufer schreiten im walisischen Hügelland auch zur Brut. Hier hoben, so weit von der Küste entfernt, wirkten sie merkwürdig deplaziert, auch wenn sie jetzt ihr elegantes, oberseits kastanienbraunes Sommerkleid mit dem schwarzen Bauchschild angelegt hatten. Wollte man versuchen, diese kleinen Vögel hier in der völligen Abgeschiedenheit der Wildnis in den Mittagsstunden zu finden, weil das bequemer wäre, so hätte das keinen Sinn; man würde sie nicht zu Gesicht bekommen. Nur an milden Abenden steigen sie zu ihren Balzflügen auf, und wer den Gesang des Alpenstrandläufers im Moor erleben will, muß die Vögel im Licht der untergehenden Sonne aufsuchen.

Ich saß und genoß den Gesang der Alpenstrandläufer, bis mich meine schmerzenden Glieder zum Aufbruch veranlaßten. Als ich mich bei Anbruch der Dunkelheit auf den Heimweg machen wollte, erreichte mein Ohr ein anderer Ruf: die melancholische, an den Klang eines Glöckchens erinnernde Stimme des Goldregenpfeifers. In seinem goldfarbenen und schwarzen Kleid ist er der auffälligste und schönste aller Watvögel im Moor. Mit dem Fernglas fiel es mir nicht schwer, den Vogel zu finden, dessen Kopf und Schultern das kurze Heidekraut überragten. Er duckte sich etwas, lief ein paar Meter, und erschien dann auf einer anderen kleinen Bodenerhebung. Er rief und schien mich dabei spöttisch anzusehen.

Der Rückmarsch zum Auto bei völliger Dunkelheit dauerte zwei Stunden. Ich war insgesamt sechs Stunden unterwegs gewesen. In dieser Zeit hatte ich nur 12 verschiedene Vogelarten gesehen und zwei weitere gehört (den Großen Brachvogel und die Bekassine). Man muß wohl in Südengland, genau wie in Mitteleuropa, lange nach solchen Orten suchen, wo man an einem schönen Frühlingsabend sechs Stunden marschieren kann und dabei nur 14 Arten begegnet. Und doch war es ein einmaliges Erlebnis, eine halbe Stunde der Einsamkeit mit diesen Vögel in einer solchen Umgebung zu verbringen.

In der Bundesrepublik wird man eine echte „Wildnis“ in dem hier beschriebenen Sinne nicht mehr vorfinden. Goldregenpfeifer und Alpenstrandläufer sind dort als Brutvögel vom Aussterben bedroht. Beide Arten lassen sich aber auf dem Zug an der Küste und gelegentlich im Binnenland beobachten. Der Alpenstrandläufer erscheint dann in riesigen, nach Zehntausenden zählenden Schwärmen im Wattenmeer; Goldregenpfeifer sieht man dagegen in wesentlich kleineren Trupps, oft in Gesellschaft von Kiebitzen, auf Wiesen und im Herbst auch auf gepflügten Äckern.

Wintergoldhähnchen in der Stadt

Wenn ich mittags vom Büro aus zum Essen gehe, führt mich mein Weg durch den Park bis an den Severn, der in mehreren Windungen die Stadt durchfließt. Wie in jedem Stadtpark gibt es auch hier für alle, die an der Natur Interesse haben, viel zu entdecken. Selbst mitten in der Stadt können wir damit rechnen, gewissermaßen Tür an Tür mit einer Vielzahl von freilebenden Tieren zu wohnen. Jeder Besucher des Stadtparks, auch wenn er nicht besonders auf Tiere achtet, kennt die Amseln, die Grauhörnchen (grau gefärbte Verwandte des Eichhörnchens, die in Deutschland nicht vorkommen), die Rotkehlchen, Ringeltauben, Höckerschwäne und die allgegenwärtigen Dohlen. Sehr viel weniger Leute bemerken die Wasseramseln, die hoch über dem Park eine der Flußbiegungen überfliegen, oder die Kleiber, die Waldbaumläufer, vier Meisenarten, Kleinspechte und Türkentauben, die hier in großer Zahl vorkommen. Nachts wechseln Füchse durch den Park, und Fischotter folgen dem Flußlauf in beiden Richtungen – sogar mitten im Stadtzentrum. Im Winter ernähren sich Bergfinken zusammen mit Sumpfmeisen und Buchfinken von den Bucheckern, und seit etwa einem Jahr wohnt hier ein einzelner Mäusebussard. Die große Zahl von Kleinvögeln nutzt der Sperber auf seine Weise: Eines Tages flog einer sogar in das Fenster des RSPB-Büros an der High Street hinein; er wollte anscheinend bevorzugt behandelt werden. Überall gibt es Stadtparks, die einen ähnlichen Reichtum an Tieren zu bieten haben, und als aufmerksamer Beobachter wird man auf jedem Streifzug in der Stadt, oft direkt vor der Haustür, reich belohnt.

Am Eingang zu unserem Park wurde eine kleine Hecke aus Lawson-Scheinzypressen angepflanzt, die die betonierten oder mit Ziegeln gepflasterten Wege eingrünen sollte. Die kleinen Bäume beleben nicht nur den Park, sondern sie tragen schon jetzt dazu bei, im weiteren Sinne den Artenreichtum zu vermehren. Jedesmal, wenn ein Spaziergänger vorbeikommt, flüchten sich die Sperlinge zwischen die jungen Zweige. Noch in der gleichen Minute kommen sie nacheinander wieder hervor. Im Herbst gedeihen Stinkmorcheln in dem fruchtbaren Boden unter den Bäumen, und im Winter schlafen in dem dichten Grün die Amseln.

In einem dieser Bäumchen hat ein Wintergoldhähnchenpaar gebrütet. Wintergoldhähnchen sind mit einem Gewicht von vier Gramm und einer Länge von sieben Zentimetern die kleinsten einheimischen Vögel; sie sind so winzig, daß man sie fast für Miniaturausgaben von echten Vögeln halten könnte. Das Nest selbst ist eine ungemein zierliche und doch unverwüstliche Konstruktion aus Spinnweben, Moos und Flechten. Innen wird es reichlich mit kleinen Federchen ausgepolstert. (Wo finden bloß all die Vögel die vielen losen Federn, die sie zur Innenauskleidung ihrer Nester brauchen?) Es wird wie eine Hängematte an Spinnweben im Schutz eines besonders dichten Zweiges aufgehängt. Eines Mittags merkte ich an der Aufregung und der Geschäftigkeit der Elternvögel, daß hier etwas Bedeutsames im Gange war. Die erste Brut der Goldhähnchen in diesem Frühjahr stand kurz vor dem Ausfliegen, und tatsächlich saß bereits einer der mutigeren (oder unvorsichtigeren) Jungvögel unter dem Nest am Boden – ein gedrungenes, noch nicht voll flugfähiges, winziges, plumpes Etwas. Während es mit seinem dünnen Stimmchen beharrlich Bettelrufe ausstieß, setzte ich es auf meine Handfläche. Aufgeregt huschten die Eltern, knapp einen Meter entfernt, von Zweig zu Zweig. Ich streckte meine Hand aus, und schließlich konnte das Weibchen, zwischen Vorsicht und seinen mütterlichen Pflichten hin- und hergerissen, den Rufen nicht länger widerstehen. Es flog auf meine Hand, und stopfte eine Eichenwicklerraupe in den weit aufgerissenen Schnabel des Jungvogels. Danach schaute der Altvogel auf, blickte mir direkt ins Auge, fütterte nochmals und flog dann ab. Ich setzte den Jungvogel wieder in Nestnähe ab, und wir gingen beide unserer Wege – zufrieden darüber, daß jeder seinen Ehrgeiz befriedigt hatte.

In Deutschland lebt neben dem Wintergoldhähnchen noch eine zweite Art, das Sommergoldhähnchen. Beide sind in Nadelwäldern meist recht häufig. Da die beiden Goldhähnchenarten infolge ihrer Kleinheit und ihrer versteckten Lebensweise schwer zu beobachten sind, unterscheidet man sie am besten am Gesang: Die Strophen des Wintergoldhähnchens steigen in der Tonhöhe zunächst an, fallen dann wieder ab, usw., so daß ein „wellenförmiger", etwa wie „sssisssisssii sssisssisssiii . . ." klingender Gesang entsteht. Das Sommergoldhähnchen singt dagegen ansteigend und mit einem betonten Schluß, etwa wie „sssisssississis-sisssia".

Wintergoldhähnchen bei der Fütterung seiner Jungen

Am Horst des Wanderfalken

Es ist ein wahres Wunder, mit welcher Stetigkeit sich der Bestand an Wanderfalken in Großbritannien in der letzten Zeit von dem Tiefstand erholt hat, auf den diese Art in den fünfziger und sechziger Jahren zurückgefallen war. Für Ornithologen und Naturschützer ist dies ein Grund zur Freude, und hieran zeigt sich auch die erstaunliche Widerstandskraft und die ungeahnte Fähigkeit mancher Vogelarten, sich wieder zu vermehren, wenn man ihnen nur Gelegenheit dazu gibt. In Wales, wo es früher eine Wanderfalkenpopulation von mehr als 100 Brutpaaren gab, verursachte der Einsatz giftiger Chemikalien einen Rückgang auf lediglich ein bis zwei Paare. Seit die besonders schädlichen chemischen Mittel verboten worden sind, hat sich der Bestand nach und nach erholt, zu Anfang der siebziger Jahre zunächst allmählich und quälend langsam, in den vergangenen zwei oder drei Brutperioden jedoch fast im Eiltempo. Im Rahmen des letzten, über zehn Jahre angesetzten nationalen Erfassungsprogramms für Wanderfalken war in Wales die RSPB dafür verantwortlich, daß jeder Horststandort, der eventuell von diesen Vögeln besetzt werden konnte, während der Brutzeit in regelmäßigen Abständen aufgesucht wurde. So sollte ermittelt werden, ob sich dort Wanderfalken angesiedelt hatten oder nicht. Die Frucht dieser Arbeit besteht für mich in vielfältigen Erinnerungen und einem Gefühl tiefer Befriedigung darüber, daß ich den Vorzug genoß, mit diesen herrlichen Vögeln eine Zeitlang so eng zusammenzusein. Der Wanderfalke besteht nur aus Muskeln und Energie, ein Vogel, der über eine achtunggebietende Geschwindigkeit und Kraft verfügt. Er schlägt seine Beute in blitzschnellem Sturzflug, und unter allen Gefiederten stellt er wohl das Paradebeispiel für die Erhabenheit des Vogelflugs dar.

Ich erinnere mich besonders an einen Brutplatz in den Tälern des südlichen Wales, den ich hier einmal Carreg yr Hebog (Falkenfels) nennen will, An und für sich war dieser Platz nicht typisch, und er schien mir für eine Brut nicht besonders geeignet. Der Weg zum Brutplatz führte etwa eine Meile steil bergan durch einen dunklen Wald aus Sitka-Fichten. Mein Begleiter war John Evans, ein 14-jähriger Junge, dessen Leben in völlig anderen Bahnen verlief, seitdem er im vergangenen Jahr diese legendären Vögel hier auf ihrer Klippe oberhalb seines heimatlichen Tals entdeckt hatte. Ich will mir lieber nicht ausmalen, wie es in diesem Mai mit Johns Schulbesuch bestellt war; jedenfalls war er in der Lage, mir fast lückenlos über den Tagesablauf der Vögel Bericht zu erstatten. Er wußte, welcher der beiden das Gelege bebrütete, wann Nahrung eingetragen wurde, wo sich das Jagdrevier des Männchens befand und wieviele Turmfalken und Kolkraben die Tiere mit Vehemenz aus der Umgebung des Horstes vertrieben hatten. Er konnte von seinem $2^1/_2$ km entfernten Wohnort auf der anderen Talseite direkt auf den schmalen Gesteinssims schauen, auf dem sich der Horst befand. In diesem Frühling gab es für ihn nur eine Aufgabe: den Schutz der Wanderfalken.

Wir verließen den dunklen Waldweg und traten ins Freie hinaus, wo das helle Morgenlicht die Augen blendete. Über uns befanden sich locker aufgeschüttete Abraumhalden, die von einer früheren Bergbautätigkeit herrührten. Noch weiter oben war am Rand des Tals eine Reihe von Klippen zu erkennen, wie sie für den oberen Bereich vieler Täler im walisischen Kohlenabbaugebiet typisch sind.

Hier über dem Wald war es ruhig und wunderschön. Auf den älteren Abraumhalden hatten sich junge Birken und Salweiden angesiedelt; daneben wuchsen Stech- und Besenginster. Während unseres Aufenthalts sang die ganze Zeit ein Baumpieper aus voller Kehle. Er flog singend etwa 30 Meter steil aufwärts, ließ sich dann wie ein Fallschirm wieder nach unten sinken und landete auf den obersten Zweigen der Birken, Weißdornbüsche oder Salweiden. Wir hörten den Gesang des Fitislaubsängers und einen Zaunkönig, dessen überlautes Lied pausenlos zwischen Felsblöcken und üppig wachsendem Heidekraut am Fuß der Klippen erscholl. Auf den schmalen Felsbändern wuchsen Hainsimsenrasen, die hier und da von den gelben Blüten der Blutwurz und der Schlüsselblumen und von den frischen weißen Blütendolden der Ebereschen unterbrochen wurden, die sich dort in den Felsspalten festklammerten.

Wir erkletterten die vor uns liegende Halde aus lockerem Steingeröll und standen nun am Fuß der

Junge Vögel sind oberseits braun gefärbt und weisen auf der Unterseite eine Tropfenfleckung auf.

Sturzflug eines Wanderfalken bei der Verfolgung einer Taube

Ein Weibchen brütet in einem alten Kolkrabenhorst.

Das Wanderfalkenmännchen ist kleiner und gedrungener als das Weibchen.

Vier dicke, flauschige, unbeholfene Jungfalken warten auf dem Nestrand.

Felswand. Die Klippen über uns waren weiß von Kalkspritzern. In etwa 10 m Höhe befand sich ein großer, alter, aus Knüppeln errichteter Kolkrabenhorst und darin saß, zum Greifen nah, ein Wanderfalkenweibchen, das uns über den Nestrand hinweg beobachtete. Man weiß nie, wie Wanderfalken reagieren, wenn man sich ihrem Nest nähert; manche bleiben ziemlich gelassen und sind recht vertraut, andere dagegen sind für ihre Reizbarkeit und Störanfälligkeit bekannt. Ich hatte noch nie einen freilebenden Wanderfalken aus solcher Nähe gesehen. Dieses Weibchen schien sich aus unserer Anwesenheit überhaupt nichts zu machen. Von Zeit zu Zeit bewegte der Vogel ruckartig den Kopf, um die Fliegen zu vertreiben, die von den Fleischresten auf dem Horstrand angelockt wurden. Es machte ihr überhaupt nichts aus, wenn wir unsere Gläser ansetzten, sie blickte nur einmal auf, als das Männchen über der Felswand erschien, rief, in der Luft einen Bogen beschrieb und in schräg abwärts führendem Gleitflug wieder hinter dem Rand der Klippen verschwand.

Eine Woche später war das Wanderfalkenweibchen tot. Sie wurde vermutlich von Taubenzüchtern auf dem Nest erschossen und dort liegengelassen. Sie fürchtete den Menschen nicht und hatte daher ihm gegenüber keine Chance. Man erzählt sich, daß auch das Männchen dem Gewehr zum Opfer fiel. Als John merkte, daß irgend etwas nicht stimmte, lief er, ohne eine Pause einzulegen, bis zum Horst. Mutig, aber leichtsinnig, wie er war, erstieg er die Felswand – ich selbst hätte so etwas nicht fertiggebracht. Einer der beiden Jungvögel war bereits verhungert, den anderen stopfte er unter sein Hemd und rettete ihn. Drei Monate später wurde das Tier im mittleren Wales wieder freigelassen, und es wird zweifellos zu gegebener Zeit in eins der Täler zurückkehren, um dort sein Glück zu versuchen.

Ich habe in jenem Sommer verschiedene andere Wanderfalkenhorste aufgesucht, um die Jungvögel im Nest mit numerierten Metallringen zu versehen. Manchmal belustigte mich der Gedanke ungemein, daß aus den vier rundlichen grauen Federbällchen, die da hilflos in einer Reihe auf ihren Fersen hockten, wirklich einmal Könige der Luft werden sollten. Zumindest bei einem dieser Besuche zuckte ich doch unwillkürlich zusammen, als vor mir ein Altvogel an der Felswand entlangschoß und die Luft hörbar durch seine halb geschlossenen Handschwingen rauschte. Sehr viel Freude machte mir der Anblick eines Wanderfalkenpaares, das gemeinsam daranging, eine Taube zu schlagen. Die Taube merkte nicht einmal, daß es ihr an den Kragen ging, als das Weibchen sie faßte und tötete. Aus diesem Jahr, das ganz im Zeichen der Wanderfalken stand, ist mir jedoch nichts so lebhaft in Erinnerung geblieben wie die Falken auf Carreg yr Hebog.

In Deutschland ging der Wanderfalkenbestand ebenfalls stark zurück, und zwar von ca. 400 Brutpaaren 1950 auf gegenwärtig etwa 50 Brutpaare. Diese Zahl konnte in den letzten Jahren dank intensiver Schutzmaßnahmen (Horstbewachungen, Auswilderung von Jungvögeln) gehalten werden. Die weitaus meisten Wanderfalken leben im Südwesten der Bundesrepublik, wo sie zur Brut ähnlich wie in Wales markante, ungestörte Felswände im Bereich der Mittelgebirge aufsuchen.

Kuckuck am Nest einer Heckenbraunelle

Was Kuckucke treiben

Mindestens dem Namen und dem Ruf nach gibt es keinen bekannteren Vogel als unseren Kuckuck, dessen Verbreitungsgebiet sich über ganz Europa erstreckt. In jedem Jahr findet ein Wettstreit um den Nachweis des ersten Kuckucks statt, aber meist gibt es keine aufsehenerregenden Ergebnisse, denn die große Mehrzahl der Kuckucke erreicht die Südküste Englands nicht vor der dritten Aprilwoche (etwa um die gleiche Zeit trifft die Art auch in Deutschland ein). Kurz nach der Ankunft breiten sich die Vögel über ganz England aus. Die Männchen beginnen sofort zu rufen, um so ihre Anwesenheit kundzutun und ein Weibchen anzulocken. Kuckucke bewohnen in den tieferen Lagen fast alle Landschaftsformen, aber in meiner Heimat im mittleren Wales sind sie vor allem für das sogenannte ffridd-Land, d. h. die steilen, mit Farn und Stechginster bewachsenen Hänge, und die rauhen, mit Gras und eingestreuten Weißdornbüschen bestandenen höheren Lagen charakteristisch.

Im Mai und im Juni „singen“ die Kuckucke täglich schon vor Tagesanbruch. Später beginnen sie mit dem Balzgehabe und jagen damit den protestierenden Wiesenpiepern Angst ein, die diesen aufdringlichen Schmarotzern unabsichtlich und gegen ihren Willen als Wirtsvögel dienen.

Der Gesang ist solange zu hören, bis das Weibchen seine Legeperiode beendet hat, die sich ziemlich lange, nämlich über sechs bis sieben Wochen, hinzieht. Erst wenn die Kuckucke etwa drei Wochen im Gebiet sind, werden die ersten Eier abgelegt. Bei einem Brutschmarotzer wie dem Kuckuck ist die Eiablage zwangsläufig an die jeweiligen Legezeiten seiner Wirtsvögel gekoppelt. Kuckucke legen ihre Eier nur in solche Nester, in denen das Wirtsvogelgelege noch unvollständig ist, und in denen die Eier demzufolge noch nicht bebrütet werden. Bei den meisten Vogelarten erfolgt die Eiablage in den frühen Morgenstunden, doch der Kuckuck, der sich ja von anderen Vögeln in vieler Hinsicht unterscheidet, wählt dazu meist den späten Nachmittag. Das hat für ihn den Vorteil, daß tagsüber ausreichend Zeit zum Auskundschaften geeigneter Nester zur Verfügung steht. Am Tage gelingt es dem Kuckuck auch sehr viel öfter, die Zeit abzupassen, wenn sich die Wirtsvögel gerade nicht am Nest aufhalten. Dabei kann das Kuckucksweibchen auch sehr kurze Abwesenheitsphasen der Wirtsvögel ausnutzen, denn es ist in der Lage, seine Eier sehr viel schneller als andere Vogelarten abzulegen. In England wurde die durchschnittliche Legedauer beim Kuckuck mit knapp neun Sekunden ermittelt. Anders als die Kleinvögel, die es parasitiert, legt das Kuckucksweibchen seine Eier jeweils im Abstand von zwei Tagen. Bemer-

kenswert ist auch, daß die Kuckuckseier zum Zeitpunkt ihrer Ablage schon angebrütet sind. Dies trägt mit dazu bei, daß die jungen Kuckucke früher schlüpfen als die Jungen des Wirtsvogels.

Es ist inzwischen erwiesen, daß Kuckucksweibchen ihre Wirtsvögel nicht wechseln, und zwar weder innerhalb einer Brutsaison, noch von einem Jahr zum andern. Sie halten sich fast immer lebenslang an die gleiche Wirtsvogelart. Man kann also die Weibchen jeweils als ‚Wiesenpieper-Kuckuck', ‚Heckenbraunellen-Kuckuck' oder ‚Teichrohrsänger-Kuckuck' bezeichnen. Dementsprechend ähneln die Eier jedes Kuckucksweibchens denen der jeweiligen Wirtsvogelart, und Jahr für Jahr wird immer dieser gleiche, an die Eier des Wirtsvogels angepaßte Eityp ausgebildet. Die drei oben erwähnten Arten sind die, bei denen der Kuckuck in England am häufigsten schmarotzt, doch es gibt auch andere Wirte, wie etwa die Trauerbachstelze oder die Rohrammer, die weniger häufig aufgesucht werden. Im europäischen Gesamtverbreitungsgebiet des Kuckucks bestehen in Bezug auf die Auswahl der Wirte beträchtliche Unterschiede, und so gehören in anderen Ländern etwa Gartengrasmücken, Rotkehlchen und Würger zu den regelmäßig betroffenen Arten. Auf ganz Europa bezogen fand man bei insgesamt 102 verschiedenen Vogelarten Kuckuckseier im Nest!

Ist der junge Kuckuck erst einmal ausgeschlüpft, so besteht seine erste Aufgabe darin, die übrigen Eier oder die schlüpfenden Jungvögel aus dem Nest zu entfernen. Er tut dies innerhalb der ersten beiden Tage – oft nur wenige Stunden, nachdem er selbst geschlüpft und trocken geworden ist – indem er die Eier in einer besonderen Vertiefung in der Mitte des Rückens ausbalanciert und sie unter ungeheurer Anstrengung über den Nestrand schiebt. Zu diesem Zeitpunkt ist der junge Kuckuck noch nackt und blind, aber unglaublich kräftig. Wenn die zuvorkommenden Pflegeeltern sehen, wie der kleine Eindringling sich abstrampelt, rücken sie, falls erforderlich, sogar zur Seite, um ihm die Arbeit zu erleichtern. Ganz ungerührt verfolgen sie dann, wie ihre eigenen Eier oder ihre Jungen auf dem Erdboden landen. Nachdem sich der kleine Kuckuck so seine Nahrungskonkurrenten vom Hals geschafft hat, wächst er sehr schnell heran; innerhalb von drei bis vier Tagen erreicht er das Gewicht seiner Pflegeeltern. Während die Altvögel pausenlos arbeiten, um seiner unersättlichen Gefräßigkeit Genüge zu tun, wächst er zwei Wochen lang mit der gleichen Geschwindigkeit weiter. Kuckucke fliegen nach etwa 20 Tagen aus; in der letzten Nestwoche verlangsamt sich das Wachstum, während sich jetzt die Federn voll ausbilden und der Vogel erste Flugübungen veranstaltet.

Auch nachdem der Jungkuckuck, untersetzt, plump, großköpfig und fortwährend kreischende Bettelrufe ausstoßend, das Nest verlassen hat, ist die Fütterungsarbeit der Pflegeeltern noch nicht beendet. Es wird noch einmal zwei Wochen dauern, bis der schwarz und braun gebänderte Jungvogel, der nun einem Kuckuck zumindest ähnlich sieht, die Wirtsvögel in Ruhe läßt und sich auf den Weg in den Süden macht. Zu diesem Zeitpunkt sind die alten Kuckucksmännchen schon längst weg. Sie begeben sich etwa Ende Juni, nachdem sie ihre Aufgaben bei der Revierbesetzung und bei der Paarung erfüllt haben, auf den Rückflug. Auch die Weibchen halten sich nur so lange bei uns auf, bis sie ihre ziemlich ausgedehnte Legeperiode hinter sich gebracht und neue Kräfte gesammelt haben. Danach wandern sie ab. Die jungen Kuckucke machen sich also allein, ohne jemals einen ihrer Artgenossen gesehen zu haben, auf ihren langen Flug über die Sahara und bis ins südliche Afrika, in ein Überwinterungsgebiet, das sie nur mit der Hilfe ihres Instinkts auffinden können.

Im Flug ähneln Kuckucke mit ihren spitzen Flügeln den Falken
Jungvogel in seinem rotbraunen Federkleid
Rufender Altvogel
Der soeben geschlüpfte Kuckuck wirft die Eier des Wiesenpiepers aus dem Nest, bevor die Jungen ausschlüpfen.
Der Wiesenpieper füttert den jungen Kuckuck und steht dabei auf dessen Rücken.

Neuer Teich, neue Vögel

Im späten Frühjahr legten wir auf der Koppel jenseits des Baches einen Teich an. In einer Gegend, die nicht gerade an Wassermangel leidet, in der vielmehr zu jeder Jahreszeit Wasser in fallendem, fließendem oder stehendem Zustand zur Verfügung steht, scheint das auf den ersten Blick ein ziemlich überspanntes Vorhaben zu sein. Der Bauer am Ende des Tals hielt uns sicher für übermütig, und zwar um so mehr, nachdem ihm ein anderer Nachbar erzählt hatte, wir täten das, „um darin Frösche zu halten".

In Wahrheit war das Unternehmen aber gar nicht so überspannt, wie es schien. Zunächst einmal befand sich die gegenüberliegende Seite der Koppel, wo unten am Wald am Fuß des Steilhangs das Wasser hervorsickert, seit eh und je in einem hoffnungslos feuchten Zustand. Wir hätten ohnehin etwas dagegen tun müssen, und hier bot sich eine wunderbare Möglichkeit, das, was ich immer wieder predige, in die Tat umzusetzen und aus der Not eine Tugend zu machen, indem wir uns durch die Anlage eines Teichs der feuchten Wiese entledigten. Gleichzeitig konnten wir damit der Natur neue Impulse geben. In den vergangenen Jahrzehnten wurden viele Teiche, die früher zu jedem Hof gehörten, zugeschüttet, so daß viele Libellen, Frösche, Kröten, Molche, Schwimmkäfer und Sumpfpflanzen sehr viel seltener geworden sind. Es macht mich traurig, daß meine eigenen Kinder all diese Tiere und Pflanzen nicht genauso gut kennen, wie ich sie kannte, als ich noch klein war.

Viele Menschen könnten einen wichtigen Beitrag zur Erhaltung dieses Teils der Natur leisten, wenn sie sich einen eigenen Teich anlegten. Ich habe vielleicht besonderes Glück, weil wir hier genügend Platz zur Verfügung haben und einen ziemlich großen Teich unterbringen können (er mißt ungefähr 15 x 10 m), aber jeder, der einen Garten besitzt, und sei er noch so winzig, kann in entsprechend kleinerem Maßstab etwas Ähnliches tun. Ich habe schon viele Gartenteiche von 3 – 4 Metern Durchmesser gesehen (teils ausbetoniert, teils mit Plastikfolie ausgelegt), in denen es von Lebewesen wimmelte. Die Palette reichte von Ruderwanzen über Frösche bis zu badenden Vögeln.

Für unsern Teich wurde eine geneigte Böschung angeschnitten, er besitzt daher auf einer Seite eine 1,80 m hohe Steilwand (ob es uns jemals gelingen wird, hier Eisvögel zur Brut anzulocken?). An derselben Seite wird der Teich vom Wald abgeschirmt, und es wachsen dort einige alte Weißdornbüsche. Ich habe vor, am angrenzenden Ufer ein oder zwei Erlen zu pflanzen, und gegenüber ein paar Zitterpappeln. Die vierte Seite ist nach den Wiesen hin offen; das soll auch so bleiben, damit Stockenten, Fischreiher usw. freien An- und Abflug zum Teich haben. Die Kinder benutzen den Teich bereits auf ihre Weise, indem sie versuchen, von der Steilwand auf die Insel zu springen, aber bis der Teich vollkommen fertig ist, wird ihnen das schon wieder langweilig werden.

Die Moschusenten des Nachbarn wußten meine Anstrengungen sofort zu schätzen; sie flogen über die Hecke und fühlten sich von Stund' an auf dem

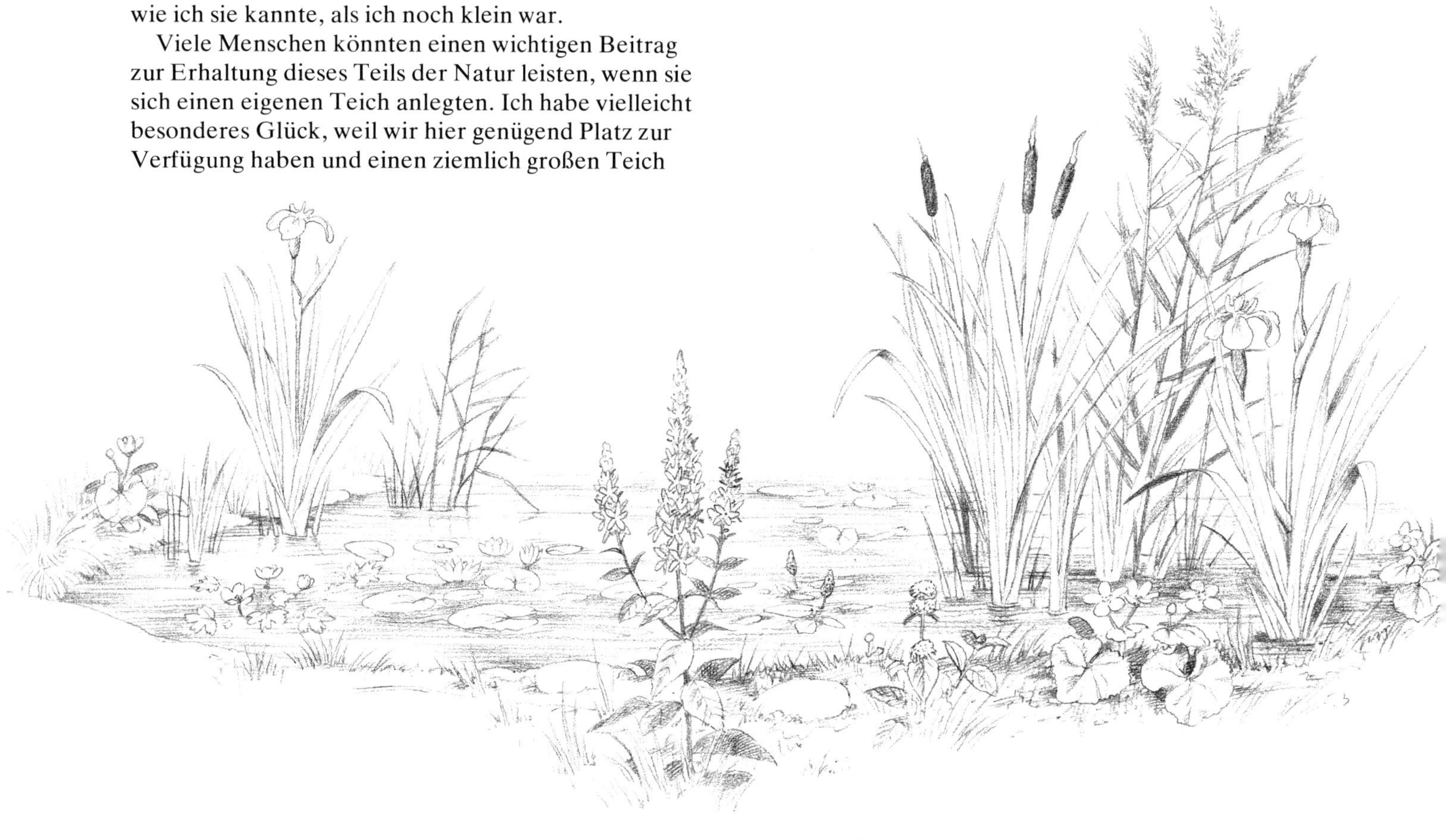

Stecken Sie die künftigen Teichufer mit Holzpflöcken ab, heben Sie dann die Vertiefung aus, wobei Sie die Ränder abschrägen.

Legen Sie den Teich mit Plastikfolie aus, und sichern Sie deren Ränder mit größeren Steinen.

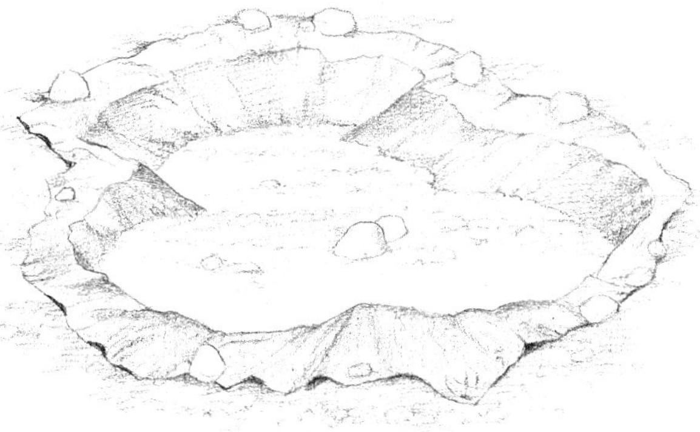

Bedecken Sie die überstehenden Ränder mit Erde, in die Sie später Wasserpflanzen einsetzen können.

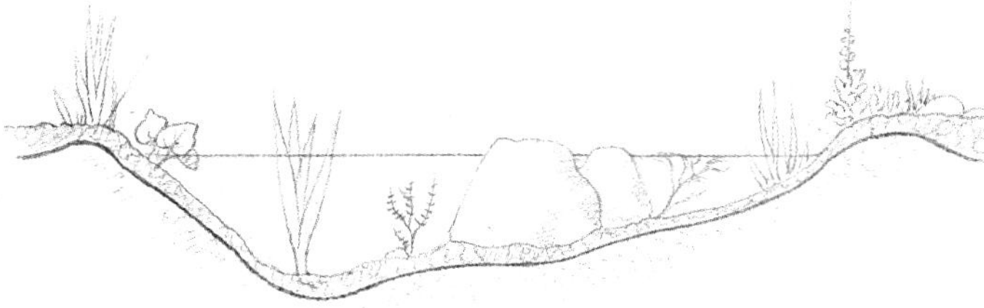

Ein gutangelegter Teich ist mit Pflanzen bestückt, die das Wasser mit Sauerstoff anreichern. Irgendein erhöhter Platz, auf dem sich die Vögel zum Trinken und Baden niederlassen können, sollte nicht fehlen

Teich völlig zu Hause. Das war eine etwas unangenehme Sache, weil Moschusenten ziemlich gefräßig sind. Im letzten Jahr beobachtete ich, wie eine einen großen, zappelnden Frosch verschluckte, wozu sie ungefähr 10 Minuten brauchte. Ich werde sie also, während die Arbeit am Teich fortschreitet, äußerst mißtrauisch im Auge behalten. Auch ein Fischreiher fand den Teich sehr schnell, verließ ihn aber wieder, nachdem eine kurze Untersuchung ergeben hatte, daß hier noch nichts zu holen war. Die Trauerbachstelzen aber schätzen bereits jetzt das feuchte Ufer, und ich hoffe, daß wir im Lauf der kommenden 12 Monate, wenn wir nach und nach die Pflanzen einsetzen, und wenn sich die Insektenfauna entwickelt, Fischreiher und Eisvogel, Gebirgs- und Trauerbachstelze, einige Stockenten und vielleicht die Teichralle regelmäßig zu sehen bekommen.

Wir werden im nahen Wald aus den rasch austrocknenden Pfützen in den Fahrspuren etwas Frosch- und Krötenlaich holen, und wir wissen, daß innerhalb von zwei Jahren zahlreiche Wasserinsekten und andere Wirbellose im Teich leben werden, wenn sich erst die gesamte Kette des Wasserlebens nach und nach aufbaut – natürlich nur unter der Voraussetzung, daß wir die zudringlichen Moschusenten in Schach halten.

Wie legt man einen Gartenteich an?

Ein Teich ist für den Garten jedes Vogelliebhabers eine unschätzbare Bereicherung, und man kann ihn ganz einfach und preiswert anlegen. Wählen Sie hierfür möglichst eine tiefgelegene oder nasse Stelle. Heben Sie eine Vertiefung mit schräg geneigten Rändern und einer sanft nach einer Seite abfallenden Grundfläche aus, wobei Sie am Ufer teilweise einen Rand als Flachwasserzone für Pflanzen belassen (und für Vögel zum Trinken oder zum Baden). Legen Sie die Vertiefung mit alten Zeitungen oder Illustrierten aus, die Sie, falls es windig ist, vorher in Wasser tauchen, damit sie nicht herumfliegen. Darauf kommt eine große Plastikfolie, die am Rand mit Pflastersteinen oder Grassoden beschwert wird.

Setzen Sie die Pflanzen erst nach und nach ein. Am besten geeignet sind – je nach der Größe Ihres Teiches – Rohrkolben, Gelbe Schwertlilien, der Gemeine Froschlöffel, Laichkräuter, Tausendblatt- und Wassersternarten. Wenn Sie fischfressende Vögel wie zum Beispiel Eisvögel oder sogar Fischreiher anlocken wollen, ist es erforderlich, Fische oder Kaulquappen im Teich auszusetzen. Die Fischreiher werden diese Tiere in kurzer Zeit wieder dezimieren.

Sommer

Der Sommer bildet den Höhepunkt des Vogeljahres. Dies ist die Zeit der höchsten Fruchtbarkeit, Nahrung steht in Hülle und Fülle zur Verfügung, und die meisten Vogelarten erreichen jetzt ihre größte Bestandsdichte.

Für uns Menschen, die wir Nachbarn der Vögel sind, und die wir an ihrem Leben beobachtend Anteil nehmen, ist der Sommer eine Zeit der Fülle und Behaglichkeit. Das Leben um uns herum verläuft allmählich wieder in ruhigeren Bahnen. Im Juni verlangsamt sich die hektische Frühlingsaktivität, und im Juli und August geht sie in eine Zeit der weitgehenden Ruhe über. Wollte man im Jahresrhythmus der Vögel Anfang und Ende bestimmen, so erreichte dieser jetzt, im Sommer, seinen Höhepunkt. Und doch trifft dieses Bild niemals ganz eindeutig zu. Immer wieder bringen uns die Vögel angesichts ihrer verwickelten Zeitpläne und Verhaltensweisen in Verwirrung. In den Nadelwäldern haben die Fichtenkreuzschnäbel ihr Brutgeschäft schon vor vier Monaten beendet, während viele unserer Gartenvögel immer noch mit der zweiten Brut zu tun haben und zum Teil noch weitere aufziehen werden. Die Ringeltauben haben überhaupt noch nicht zu brüten begonnen, aber die erwachsenen Kuckucke haben unsere Breiten bereits wieder verlassen. Die ersten Rückwanderer aus den hochnordischen Gebieten stellen sich ein, und in den Seevogelkolonien an den Küsten, die vom stechenden Geruch der Fischabfälle erfüllt sind, wimmelt es jetzt von ungeschickten, ziemlich häßlich anzusehenden Jungvögeln.

Ungeachtet dieser verwirrenden Zusammenhänge beschert der Hochsommer den Ornithologen oft die eindrucksvollsten und nachhaltigsten Erinnerungen des ganzen Jahres, Eindrücke, an die man in den langen Herbst- und Wintermonaten gern zurückdenkt. Laut rufend ziehen Mauersegler hoch droben in der Abenddämmerung ihre Kreise; zur heißesten Zeit des Tages, wenn alle anderen Vögel ruhen, hört man den melodisch-weichen Gesang einer einzelnen Amsel, und den ganzen langen Tag über gleiten Rauchschwalben im Tiefflug über die Viehkoppeln.

In dieser Zeit sommerlicher Fruchtbarkeit sieht man überall Jungvögel. Es sind unerfahrene Neulinge, die plötzlich der harten Lebenswirklichkeit gegenüberstehen. Jeder von ihnen muß sich möglichst schnell die Fähigkeiten aneignen, die er zum Überleben braucht, wenn er zu der kleinen Minderheit von Vögeln gehören will, die die gefahrvolle kurze Jugendzeit überstehen und das Erwachsenenalter erreichen.

Die sommerliche Landschaft auf den beiden vorigen Seiten zeigt einen Grauschnäpper, Rauchschwalben und ein Amselmännchen.

Für die jungen Saatkrähen, die sich jetzt unterhalb ihrer in einer großen Platane angelegten Kolonie auf den Feldern am Ende des Gäßchens aufhalten, wird der erste Sommer im wahrsten Sinne des Wortes hart, denn in dem trockenen, harten Boden können sie die saftigen, nahrhaften Schnakenlarven und anderen Wirbellosen, von denen sie sich hauptsächlich ernähren, nicht erreichen. Viele von ihnen werden daher nicht überleben. Die Stockentenküken, die ursprünglich zu zehnt oder zwölft aus einem Gelege schlüpften, sind infolge der Nachstellungen durch Hechte, Möwen und andere Freßfeinde schon auf Zweier-, Dreier- oder Vierergruppen zusammengeschmolzen, und auch im Garten halbiert sich die Zahl der jungen Amseln und Rotkehlchen innerhalb weniger Tage nach dem Ausfliegen. Am Ende entwickeln sich flugfähige Jungvögel aus weniger als der Hälfte der Eier, die Amseln, Singdrosseln, Buchfinken, Rotkehlchen und andere bekannte Gartenvögel gelegt haben. Bei anderen Arten, die in geschützteren Nestern aufwachsen, wie zum Beispiel Mehlschwalbe, Mauersegler, Blaumeise und Kleiber, ist die Zahl der überlebenden Jungen in der Regel etwas größer.

Singdrossel bei der Fütterung ihrer Jungen

Im Garten sind jetzt überall piepsende Jungvögel. Sie betteln ihre Eltern um Futter an, sie sitzen unzureichend gedeckt zwischen den Blumen in der Rabatte, oder sie drücken sich, rundlich und ungeschickt wie sie sind, unter die Hecke oder unter die Kletterpflanzen an der Wand. Ich frage mich, wieviele wohl den nächsten Sommer erleben werden.

Die zweite Brut eines Rotkehlchenpaares ist gerade eben ausgeflogen. Die jungen Rotkehlchen verraten sich mit ihren durchdringenden Bettelrufen sofort. Sie sehen recht närrisch aus, und die Nestlingsdunen, die ihren Köpfen noch anhaften, verstärken diesen Eindruck. Auf dem Rasen hüpfen einige junge Amseln erwartungsvoll ihren Eltern hinterdrein, und eine Blaumeisenfamilie, deren Junge gerade aus einem Nistkasten am Fluß ausgeflogen sind, flattert ungeschickt in den Apfelbäumen herum.

Gemessen an der Zahl aller in einer Brutsaison gelegten Vogeleier erreichen nur 10 – 18 % der Vögel das Erwachsenenalter und schreiten dann im nächsten Jahr zur Brut. Katzen und andere Feinde hören die bettelnden jungen Rotkehlchen und Amseln genauso gut wie wir. Waldkäuze und Sperber werden in den kommenden Wochen ihren Tribut an unerfahrenen jungen Blaumeisen und anderen Waldvögeln fordern. Das hört sich vielleicht schrecklich an, doch die Alternative wäre womöglich noch beunruhigender. Nehmen wir einmal an, daß ein Blaumeisenpaar 10 gesunde Jungvögel erbrütet, und daß alle (einschließlich der beiden Elternvögel) im nächsten Jahr wieder mit dem gleichen Erfolg brüten: Nach Abschluß der nächsten Brutsaison hätte sich unser Meisenpaar auf 60 Vögel vermehrt, und in fünf Jahren – für Blaumeisen ein recht hohes Alter – gäbe es anstelle des einen Brutpaares die kaum vorstellbare Zahl von 15.000 Vögeln (die sich vermutlich auch in dem gleichen Brutrevier drängeln müßten). In den Sommermonaten dezimieren Sperber und andere Greifvögel die Nachkommenschaft der Vögel in Wald und Garten zwar ganz erheblich, doch sie schützen uns damit nicht nur vor einer übermäßigen Vermehrung der Kleinvögel, sie tragen auch dazu bei, daß es nur die schnellsten, bestangepaßten und widerstandsfähigsten Vögel sind, die sich im folgenden Jahr fortpflanzen werden.

Mehr als vierzigtausend Baßtölpel

Seit drei Jahren versuche ich, einmal meinen Fuß auf das felsige, von Klippen umgebene Schutzgebiet der Insel Grassholm zu setzen, das 20 km vor der Küste von Pembrokeshire liegt. Die Küste öffnet sich hier weit nach Südwesten und liegt damit genau in der Hauptwindrichtung. Landungsversuche auf der Insel, die man vom Festland aus plant, sind also meist zum Scheitern verurteilt. Obwohl die Klippen auf Grassholm nicht besonders hoch sind, gibt es auf der Insel nur zwei enge Einfahrten, von denen aus man an Land gehen kann, die eine liegt an der Nord-, die andere an der Südseite. Zwischen diesen Durchlässen wühlt der starke, an der Ostseite der Insel vorbeiziehende Gezeitenstrom das Meer auf. Nur bei sehr leichtem Wind und ruhiger See ist eine Landung möglich, und schon oft mußten Besucher, die voller Erwartung in Booten hinausgefahren waren, auf den beabsichtigten, ohnehin auf zwei Stunden befristeten Landaufenthalt verzichten und sich statt dessen mit einer Umrundung der Insel begnügen.

Vom Festland aus sieht man Grassholm als rundlichen Felsbuckel am Horizont, aber selbst aus 20 km Entfernung erkennt man mit dem Glas, daß die Insel von weißen Baßtölpeln förmlich übersät ist. Grassholm ist eine kleine, unbewohnte, nur knapp 9 ha große Insel. Sie ist seit dem Ende des 2. Weltkrieges Vogelschutzgebiet und befindet sich im Besitz der RSPB. Baßtölpel, die größten und prächtigsten aller Seevögel des Nordatlantiks, sind die häufigsten Bewohner. Diese Vögel nisten nur auf wenigen gischtumsprühten Felsen, auf kleinen, der Küste vorgelagerten Inselchen, und auf ein oder zwei Festlandklippen von Island im Norden bis Nordfrankreich im Süden; einige weitere Kolonien befinden sich an der kanadischen Küste. Die Kolonie auf Grassholm bildet eine der größten Baßtölpelansammlungen im gesamten Nordatlantik.

Unser Boot brauchte mehr als zwei Stunden für die Überfahrt durch die leicht bewegte See und die gefährlich aussehenden Strömungen. Wir passierten mehrere Inseln und waren während der gesamten Fahrt von riesigen Scharen verschiedener Seevögel umgeben, die sich zum Teil in der Luft und zum Teil auf dem Wasser aufhielten. Beim Auslaufen folgten uns Silbermöwen, aber sie verließen uns bald darauf wieder. Auf der Wasseroberfläche rasteten Trottellummen und Tordalken. Wenn wir näherkamen, brachten sie sich entweder im klaren, grünlichen Meerwasser tauchend in Sicherheit, oder sie flogen auf und kreuzten mit schnellen, schwirrenden Flügelschlägen vor dem Schiffsbug unsern Kurs. Die oberseits dunkel und auf der Unterseite weiß gefärbten Schwarzschnabelsturmtaucher glitten in der typischen Haltung, die schmalen Flügel steif ausgestreckt, dicht über der Meeresoberfläche dahin. Hin und wieder sahen wir Papageitaucher in kleinen Trupps mit ihren lustig wirkenden, bunten Schnäbeln.

Je mehr wir uns der Insel Grassholm näherten, desto zahlreicher wurden die Baßtölpel. Zuerst sahen wir sie nur einzeln oder zu zweit, wie sie über das Schiff hinwegglitten oder es mit kraftvollen Flügelschlägen in weitem Bogen umkreisten. Später erschienen größere Trupps. Sie flogen in Reihenformation zur Insel zurück, über der sich die Menge der Tölpel in einer weißen Wolke zusammenballte. Baßtölpel sind Vögel von beeindruckender Größe, und ihr Gefieder ist blendend weiß.

Ein Altvogel zeigt vor dem Auffliegen das typische "Zum-Himmel-Sehen".
Das Verbeugen ist Teil des Aggressionsverhaltens.
Ein unausgefärbtes Tier im zweiten Lebensjahr
Die Nachbarn werden mit offenem Schnabel bedroht.
Beim Landeanflug wird mit den Füßen gebremst.
Baßtölpel stürzen sich mit geschlossenen Flügeln ins Wasser.
Zwei dicht nebeneinander brütende Baßtölpel auf ihren hügelförmig aus Seetang und Abfällen angelegten Nestern. Daneben ein fast ausgewachsenes Dunenjunges.

Ihre mit tiefschwarzen Spitzen versehenen Flügel messen in der Spannweite mehr als 1,80 m, und ihr Schnabel sieht aus wie die Spitze eines schweren Degens.

Als wir in dem engen Einschnitt auf der Südseite mit Hilfe eines Beiboots landeten, trennte uns noch ein großer Schritt von den nassen, schlüpfrigen Felsen. Rutschte man hier ab, so konnte man sicher sein, mit dem klaren, noch sehr viel nasseren Element unter dem Boot Bekanntschaft zu machen. Genau im richtigen Augenblick, als das Beiboot von der Dünung emporgehoben wurde – und nicht eine Sekunde früher oder später – sprangen wir einzeln nacheinander und gelangten alle sicher hinüber. Ich bin im Lauf der Jahre auf diese Weise schon auf vielen Inseln gelandet, und jedesmal zittert man dabei vor Erregung und Stolz, wenn man festen Boden unter die Füße bekommt. Anschließend muß man dann schnell auf den Felsen hinauf, um von den Wellen und dem Spritzwasser wegzukommen. Der Himmel über der Insel bestand aus einer einzigen Wolke von Abertausenden der großen weißen Vögel. Sie glitten kreuz und quer auf weit ausgestreckten Schwingen um uns herum und wandten die Köpfe, um das kleine Häuflein von Eindringlingen im Auge zu behalten, das sich da unten über die Felsen bewegte.

Hier nisten über 20.000 Baßtölpelpaare. Wenn man auf der Insel landet und sich der Kolonie nähert, umgibt einen eine ganz eigenartige, erwartungsvolle Spannung, die man nur an solchen, meist entlegenen und schwer erreichbaren Orten spürt. So eine Umgebung erweckt in uns das Bewußtsein, eins der großen Naturschauspiele mitzuerleben.

Von der höchsten Erhebung der Insel überblickt man plötzlich das Meer von Weiß, das die brütenden Baßtölpel bilden, und das die gesamte westliche Hälfte der Insel einnimmt. Denen, die dieses Schauspiel zum erstenmal erleben, verschlägt es schier die Sprache. Sie stehen minutenlang einfach da und lassen den Anblick auf sich wirken. Jeder der brütenden Vögel sitzt gerade soweit von seinen Nachbarn entfernt, daß sie ihn mit dem Schnabel nicht erreichen können. Die Nester sind sauber aufgeführte kleine Hügel, die jedes Jahr mit Seetang, ausgerissenem Gras und allerlei Treibgut ausgebessert und mit orangefarbenen, blauen und grünen Teilen von ausrangierten Fischernetzen geschmückt werden. Die Vögel geben diesen Baumaterialien mit Hilfe von Exkrementen und Schlamm, die sie zwischen den Nestern finden, ihre äußere Form. Das ganze, von der Kolonie eingenommene Gebiet besteht gewissermaßen aus einem einzigen, über drei Hektar großen Baßtölpel-„Slum" und unzähligen, blitzsauberen, schneeweißen Vögeln. An einem heißen Tag im Juni herrscht hier ein unbeschreiblicher Gestank. Die zahllosen Vögel, die sich in der Luft befinden, bleiben schweigsam, aber in der Kolonie selbst hört man – mal lauter, mal leiser – heisere, glucksende Laute, die bei den endlosen Streitereien und Begrüßungszeremonien ausgestoßen werden.

Der Randbereich der Brutkolonie wird von den zuletzt eingetroffenen Vögeln besetzt. Hier halten sich hauptsächlich jüngere Tiere auf, von denen einige zum erstenmal brüten. Andere Paare beschränken sich darauf, ihren Platz zu besetzen. Sie bereiten sich auf eine zukünftige Brutsaison vor. Bei den später angekommenen Paaren ist die Brut auch noch nicht so weit fortgeschritten wie bei den älteren und erfahreneren Vögeln, von denen viele bereits graue Dunenjunge im Nest haben. Rund um die Tölpelkolonie warten aufmerksam die Silbermöwen, und ein unbewachtes Ei löst sofort einen räuberischen Einfall der Möwen aus.

Wir kamen dicht an die Baßtölpel heran und konnten alle Einzelheiten ihres Gefieders deutlich erkennen. Kopf und Nacken der Altvögel sind in dieser Jahreszeit gelblich-verwaschen. Der Blick der blaßblauen Augen, die in dem schwarzen Augenstreif verborgen liegen, ist durchdringend und feindselig. Von vorn gesehen, scheinen Baßtölpel zu schielen! Das liegt aber daran, daß sich die Sehfelder der beiden scharfen Augen vorn überschneiden, eine Eigenschaft, die für das Fischen aus der Luft lebenswichtig ist.

Einem Trupp Baßtölpel beim Fischen zuzuschauen, ist ein aufregendes Erlebnis. Die Vögel kreisen über dem Fischschwarm und stürzen sich dann in endloser Folge nach unten; jeder einzelne schlägt mit vorgestrecktem Schnabel und geschlossenen Flügeln laut klatschend ins Wasser, verschwindet unter der Oberfläche und taucht einige Sekunden später wieder auf. Er hat dann seine Beute bereits verschluckt.

Auf diese Weise fischen Baßtölpel im Verband draußen auf dem Meer in einiger Entfernung vom Brutplatz. Sie sind also nicht darauf angewiesen, ein Nahrungsrevier in Nestnähe zu verteidigen. Aus diesem Grund können sie es sich leisten, dichtgedrängt in Kolonien zu brüten und den Vorteil gegenseitigen Schutzes auszunutzen, den eine Kolonie dem einzelnen Vogel gewährt (Baßtölpel haben jedoch, vom

Menschen abgesehen, wenig Feinde). Zum anderen verstärkt das kolonieweise Nisten durch häufige soziale Kontakte den Bruttrieb.

Die explosionsartige Vermehrung der Baßtölpel, die im Lauf unseres Jahrhunderts auf Grassholm stattgefunden hat, ist schier unglaublich, denn soweit wir uns erinnern, gab es hier etwa bis zur Zeit des Ersten Weltkrieges nie mehr als 300 Brutpaare. Jetzt dehnt sich die Kolonie in jedem Jahr immer weiter über den Hauptkamm der Insel bis auf die Hänge aus. Diese sind katakombenartig von eingestürzten Höhlen durchzogen, die früher bis zum Zusammenbruch des gesamten Gängesystems von ebenso vielen Papageitauchern bewohnt wurden. Die Papageitaucher hatten buchstäblich ihre eigene Existenz untergraben und waren verschwunden. Sie kommen heute auf Grassholm nicht mehr vor. Die Masse der Papageitaucher in diesem Teil von Wales konzentriert sich jetzt auf die dicht vor der Küste gelegenen Inseln Skokholm und Skomer. Hier nisten sie den ganzen Sommer über oberhalb der Klippen in der Sicherheit der Kaninchenbaue, die dort tief in die grasbewachsenen Hänge hineingegraben sind – eigentlich merkwürdige Behausungen für so farbenprächtige Meeresvögel. Am Tage kommen die Papageitaucher aus ihren Höhlen heraus, um sich in drolligen „Debattierklubs“ zu versammeln, übrigens sehr zum Entzücken der Besucher, für die die Papageitaucher die Hauptattraktion darstellen.

Sie füttern ihre Jungen mit silberglänzenden Sandaalen, die sie mit schnellem, schwirrendem Flügelschlag herbeitragen. Sie halten die glitzernden Fischchen säuberlich nebeneinander quer im Schnabel, und zwar so, daß wie in einer Sardinendose der Kopf des einen neben dem Schwanz des anderen liegt. Jeder Flug der Papageitaucher führt zwischen den räuberischen Möwen hindurch und gleicht einem Spießrutenlauf.

Baßtölpel und Papageitaucher brüten nicht in Deutschland. Dem Baßtölpel begegnet man allerdings außerhalb der Brutzeit ziemlich regelmäßig auf offener See im Bereich der Deutschen Bucht, beispielsweise auf einer Fahrt nach Helgoland. Der Papageitaucher erscheint dagegen in der Nordsee wesentlich seltener, etwa wenn er durch Stürme aus westlicher oder nördlicher Richtung verdriftet wird.

Trottellumme

Mit der Fernsehkamera im Seevogelschutzgebiet

Der Film ‚Birdwatch', der im Sommer von der BBC in Minsmere gedreht wurde, war der erste dieser Art überhaupt. Hier wurde zum erstenmal der aufregende Versuch unternommen, die Höhepunkte und Enttäuschungen, die man als Beobachter während eines Tages erlebt, direkt auf die Fernsehschirme zu übertragen. Vom Morgengrauen bis zur Abenddämmerung gab es zu verschiedenen Zeiten Live-Übertragungen im Wechsel mit vorher aufgezeichneten Aufnahmen. Nichts ist nervenaufreibender als die Aussicht, an einer Fernseh-Direktübertragung teilzunehmen, bei der es keine Garantie dafür gibt, daß die Hauptdarsteller überhaupt auftauchen. Daß der ganze Tag so reibungslos verlief, und daß die Krisen, Pannen, Fehler und Mißverständnisse ausblieben, die sich bei einem so komplizierten Vorhaben leicht einschleichen können, war in erster Linie der Planung und dem Können des BBC-Teams zu verdanken. Was uns Kommentatoren – Tony Soper, Marion Foster und mich – wohl am meisten aus der Fassung brachte, war, daß wir nicht wußten, ob wir den Vogel, über den wir als nächstes zu sprechen hatten, auch jeweils aus unserem Versteck heraus sehen konnten, oder ob nicht gerade eine andere Kamera ein ‚besseres' Bild lieferte. Das hatte zur Folge, daß wir während des Sprechens ununterbrochen mit einem Auge den Monitor beobachten mußten (wobei uns bewußt war, daß die Zuschauer zu Hause dieses Bild zweifellos größer und in besserer Qualität sahen, als wir auf unseren winzigen Monitoren).

Die Vögel übertrafen sich selbst, aber andererseits ist Minsmere auch ein wirklich außergewöhnlich gutes Gebiet. Für eine Übertragung dieser Art ist es eindeutig am besten geeignet, und wahrscheinlich bieten sich in ganz England hier die besten Möglichkeiten für lohnende Vogelbeobachtungen. Minsmere, ein Schutzgebiet der RSPB, liegt an der Küste von Suffolk im Südosten Englands.

Als es mit unserer Übertragung endlich Ernst wurde, hatten wir sieben Fernsehkameras aufgebaut: eine weiter hinten zur Kontrolle, eine auf einem hohen Beobachtungsturm, von wo man das gesamte Schutzgebiet übersehen konnte, und fünf in verschiedenen Verstecken mit Ausblick auf die Lagunen. Hier konnte so leicht kein Vogel einfallen oder abfliegen, ohne von der einen oder anderen Kamera erfaßt zu werden.

Dieser wunderschöne Sommertag bot viele Höhepunkte: Eine aufgebrachte Rohrweihe attackierte einen jagenden Fischadler und zwang ihn, seine Beute

Mühelos und elegant
ist der Flug der Flußseeschwalben.
Die Uferschwalben
beziehen ihre Niströhren
aus dem vergangenen
Jahr.
Die anmutigen Säbelschnäbler
bei der Nahrungssuche
im Flachwasser.

fallenzulassen; den ganzen Tag über hielten sich die anmutigen, eleganten Säbelschnäbler in der Nähe auf, und dazu kamen die rasanten Flugmanöver der zierlichen Fluß- und Zwergseeschwalben. Das waren die Glanzlichter an diesem erlebnisreichen Tag, aber ich glaube, die intimen Einblicke in das Alltagsleben anderer, weniger auffälliger Vögel, die wir wohl jederzeit in unserer gewohnten Umgebung sehen können, werden mir ebenso lange in Erinnerung bleiben. Besonderes Vergnügen hatte ich an den Uferschwalben, die lärmend und aufgeregt ihre Sandröhren ausbesserten. Ihre Kolonie war jetzt wieder vollzählig, nachdem sich die Vögel lange Zeit südlich der Sahara aufgehalten hatten. Zwischen den ruhig und entschlossen einherstolzierenden Fischreihern und den Lachmöwen fand ein endloser Nervenkrieg statt, wobei die Möwen fortwährend versuchten, die Reiher durch ein wildes Bombardement zum Auffliegen zu bewegen. Ich erinnere mich daran, daß ich staunend den Sanderlingen, Steinwälzern und Alpenstrandläufern gegenüberstand, die ohne Pause zielstrebig nach Nahrung suchten. Sie waren dabei, Energie- und Nahrungsreserven für den langen Flug in ihre arktischen Brutgebiete aufzubauen, der jetzt noch vor ihnen lag. Heute hatten wir sie ein paar Meter entfernt vor Augen, einen Tag später würden sie schon viele Hundert Meilen weiter im Norden sein. Minsmere kann im Frühsommer beinahe mehr Eindrücke bieten, als man als einzelner in sich aufnehmen kann.

All die hier erwähnten Vogelarten lassen sich zur gleichen Zeit, wenn auch vielleicht nicht an ein und demselben Fleck, auch an der deutschen Nord- und Ostseeküste beobachten. Gute Möglichkeiten bietet beispielsweise das Vogelschutzgebiet Wallnau auf der Insel Fehmarn, das dem Deutschen Bund für Vogelschutz gehört. Es liegt genau auf der „Vogelfluglinie" und verfügt ebenfalls über gute Beobachtungseinrichtungen, sowie über ein Informationszentrum.

Adoptivkinder

Im sogenannten ‚Großen Wald' von Gregynog Hall stehen alte Eichen, eigentlich schon Ruinen, aber immer noch riesengroß und prachtvoll anzusehen. Epiphytische (d. h. auf Bäumen wachsende) Farne und Flechten schmücken viele dieser Bäume, und alle haben abgebrochene Äste und vom Wind zerzauste Zweige. Sie halten respektvoll Abstand voneinander. Hier gibt es kein Gedränge, nur die äußeren Zweige berühren sich, aber dennoch gelangt nur ein Bruchteil des Sonnenlichts auf den dicht mit Gras bewachsenen Waldboden. Weil diese uralten Bäume viele Löcher, Spalten und Nischen haben, und weil Eichen mehr Insektennahrung als jeder andere einheimische Baum bieten, ist dieser ‚Große Wald' im Frühling und Sommer eine Heimstatt für eine Vielzahl von Vögeln.

Eine Schar von Dohlen hat sich die größten Baumhöhlen angeeignet, und so bleiben nur wenige übrig, die von einigen Waldkauzpaaren, von den reizenden Hohltauben – den einzigen Höhlenbrütern unter den heimischen Tauben –, und von einem Turmfalkenpaar bewohnt werden, das tief unten in einem ausgehöhlten, abgebrochenen Ast einer einzeln stehenden Esche nistet. Die meisten kleineren Höhlen halten Stare besetzt, aber ich habe im Lauf der Jahre in diesem Wald viele Nistkästen aufgehängt, deren Einschlupflöcher für die unverträglichen Stare zu klein sind. In diesen Kästen mieten sich alljährlich fast überall die geschäftigen Blaumeisen, Kohlmeisen oder die auffallend gefärbten Trauerschnäpper und Gartenrotschwänze ein. Wenn ich zu Beginn der Fortpflanzungsperiode nicht die Einfluglöcher verdecke, haben die Blaumeisen die freie Wahl unter den Nistkästen,

Adoptivkinder: Eine Blaumeise betreut neben ihren eigenen Jungen zwei Grauschnäpper.

denn sie sind einfach früher da als die Trauerschnäpper und Gartenrotschwänze. Es sind jedoch für alle höhlenbrütenden Arten genügend Nistkästen vorhanden. In diesem Jahr bemerkte ich zu meiner Überraschung auf einem meiner regelmäßigen Kontrollgänge, daß ein Fliegenschnäpperpaar von Blaumeisen vertrieben worden war. Die Meisen hatten das Nest übernommen und ihre Eier zu den bereits vorhandenen Fliegenschnäppereiern gelegt. Mein Erstaunen wuchs, als ich beim nächsten Besuch feststellte, daß die Blaumeisen nicht nur ihre eigenen neun Eier erfolgreich ausgebrütet hatten, sondern dazu noch drei aus dem Fliegenschnäppergelege. Sie waren gerade dabei, eine gemischte Schar gesunder Jungvögel mit Futter zu versorgen!

Und dabei blieb es auch. Bei der Kost aus grünen Raupen, die ihnen ihre wirklichen Eltern nicht anders verabreicht hätten, gediehen die Fliegenschnäpper prächtig, und schließlich verließen alle 12 Tiere den Nistkasten und bildeten eine gemischte Familie von unersättlichen, bettelnden Jungen, die ihre Blaumeiseneltern in den Eichenzweigen rund um den Nistkasten flatternd verfolgte.

Solche Adoptionen ergeben sich manchmal zufällig, meist als Folge der Konkurrenz um Nistplätze. Ein solches Verhalten hat mit dem absichtlichen Schmarotzen in Nestern anderer Vogelarten, wie es beispielsweise vom Kuckuck bekannt ist, überhaupt nichts zu tun. So etwas kann aber nur durch Zufall gelingen, und selbst wenn sich die beiden betroffenen Arten hinsichtlich ihrer Bebrütungsdauer, ihres Verhaltens, und ihrer Nahrungsansprüche ähneln, glückt die Aufzucht wohl nur in wenigen Fällen.

Ich werde natürlich nie erfahren, ob es den Fliegenschnäppern schließlich gelang, im Herbst ihren Weg in den Süden zu finden, oder ob sie im entscheidenden Augenblick nicht wußten, ob sie nun Blaumeisen oder Fliegenschnäpper waren!

Brandenten-Sommer

Brandenten, die größten europäischen Enten, sind die farbenfreudigsten und auffälligsten Vögel der Meeresküste. Als einzige Art unter den Enten und Gänsen bewohnen sie ganzjährig flache Sand- und Schlickküsten, sowie Flußmündungen, die dem Gezeitenstrom ausgesetzt sind.

Die großen, an Gänse erinnernden Vögel ernähren sich in erster Linie von winzigkleinen Wattschnecken der Gattung Hydrobia, die sie bei Ebbe in großer Zahl von der Oberfläche des Schlickwatts abschöpfen und mit dem Schnabel aussieben. Wenn die auflaufende Flut das flache Watt überspült, erbeuten sie die Schnecken auch gründelnd von der Wasseroberfläche aus.

Brandenten sieht man selten im Binnenland, aber was dies betrifft, erlebt man gelegentlich Überraschungen. Ich hielt mich einmal im Frühsommer in Suffolk in einem der uralten Restbestände des ursprünglichen Eichenwaldes auf, der einige Meilen von der Küste entfernt liegt, als unversehens mehrere Brandenten vor mir zwischen den Eichen hindurchflogen. Vier oder fünf Vögel gingen vom farnbewachsenen Waldboden hoch, und in der Krone einer mächtigen Eiche sah ich zwei weitere sitzen. Kurz darauf kam es ihnen wohl doch nicht ganz geheuer vor, daß ich so nah herangekommen war, und sie ergriffen die Flucht durch den Wald in Richtung auf das Wattenmeer.

So unwahrscheinlich es auch schien, daß sich hier Brandenten aufgehalten hatten, so fiel mir doch ein, daß diese Vögel auf der Suche nach geeigneten Nistplätzen notfalls meilenweit fliegen und sich dabei sogar von der Küste entfernen. Sie brüten im dunklen Inneren alter Kaninchenbaue, in Löchern am Fuß von Bäumen und in ähnlichen großen Höhlungen, manchmal sogar, wie ich gesehen hatte, in Baumhöhlen in größerer Höhe. Bei den Brandenten ist die Aufteilung der Reviere (wonach sich wiederum die Zahl der Paare bemißt, die ein bestimmtes Gebiet besiedeln können) auf interessante Weise geregelt. Die Siedlungsdichte wird nicht durch die Zahl der verfügbaren Nistplätze begrenzt, denn die Vögel sind recht anpassungsfähig und überwinden auch weitere Entfernungen, und obgleich sie bei der Nahrungssuche unverträglich sind, brüten sie manchmal fast direkt nebeneinander. Die einzelnen Paare beginnen vielmehr schon im Spätwinter, sich an den ergiebigsten Stellen im Schlickwatt jeweils eigene Nahrungsreviere einzurichten. Diese werden energisch verteidigt, und wenn so die zur Verfügung stehenden Flächen erst einmal unter den Paaren aufgeteilt sind, können diejenigen, die nicht über ein genügend großes Nahrungsrevier verfügen, in der betreffenden Saison nicht brüten.

Wenn Ende Mai die Fortpflanzungszeit beginnt, übernimmt das Weibchen die Bebrütung der Eier (sie verläßt das Gelege regelmäßig zweimal am Tag, um gemeinsam mit dem Brutpartner Nahrung aufzunehmen), und das Männchen ist für die Sicherung des Nahrungsreviers und die Abwehr aller Eindringlinge verantwortlich. Die Jungen schlüpfen alle zur gleichen Zeit. Bei der anschließenden Wanderung über Land zum familieneigenen Nahrungsrevier an der Küste werden die winzigen Küken von beiden Eltern begleitet, wobei das Weibchen die Führung und das Männchen die Nachhut übernimmt. Die Jungen, die in ihrem schwarz- weißen Dunenkleid wie kleine Clowns aussehen, sind unter allen einheimischen Enten die reizendsten und hübschesten.

An den Küsten von Suffolk, Ostfriesland, Schleswig-Holstein und anderswo sieht man jetzt überall Brandentenpaare, die die Schar ihrer heranwachsenden Küken bewachen. Manche dieser „Bruten" sind allerdings, vorsichtig ausgedrückt, erstaunlich groß; sie umfassen mitunter 20 oder 30 Küken. Die Erklärung liegt in dem aggressiven Naturell der Altvögel begründet, das sich häufig in Zwistigkeiten mit den Nachbarn entlädt. Dabei geraten die Jungen oft durcheinander, und sie schwimmen dann kurzerhand mit den Eltentieren davon, die gerade als erste zurückkommen. Oft sind die Weibchen, die für ihre Streitlust besonders bekannt sind, die Anstifter solcher Grenzstreitigkeiten. Sie strecken dabei Kopf und Hals flach nach vorn und zeigen mit dem Schnabel in die jeweilige Richtung, um die Aufmerksamkeit des Männchens zu wecken. Dieses akzeptiert fast jedesmal den Hinweis auf seine Pflichten. Zunächst vollführt es zur Warnung flache, ruckartige Kopfbewegungen und verfolgt dann blindlings alles, was den Ärger des Weibchens ausgelöst hat. Dies führt zu erheblichen Raufereien und beträchtlichem Aufruhr.

Im Lauf des Monats Juli zeigt sich allmählich eine weitere eigentümliche Verhaltensweise der Brandenten. Einige Alttiere werden als „Kindermädchen" abgeordnet. Sie müssen die Jungen beaufsichtigen, die sich zu sogenannten Kindergärten von 100 und mehr Tieren zusammenfinden. Der gesamte Rest der Altvogelpopulation verläßt das Brutgebiet. Ihr Ziel ist der Große Knechtsand vor der Elbmündung, wo sich in jedem Jahr praktisch alle Brandenten aus dem nordwestlichen Europa zur Mauser versammeln, in deren Verlauf sie eine Zeitlang flugunfähig sind. Für die Brutvögel aus Suffolk ist die Entfernung quer über die Nordsee nicht groß, aber selbst von so entfernten Gebieten wie der Westküste Irlands, den norwegischen Küsten und der Ostsee kommen die Brandenten alljährlich hierher und fliegen später wieder zurück. Wir wissen noch nicht, aus welchen Gründen sich all diese Vögel zur Mauser ausgerechnet an diesem Platz zusammenfinden. Bis zur Rückkehr der Alt-

Brandenten ernähren sich von kleinen Schnecken,
die im Schlick der Flachwasserzonen leben.
Das Weibchen
fordert das Männchen
durch horizontales
Ausstrecken des Kopfes
zur Verfolgung von Stören-
frieden auf.
Beide Eltern führen die
frischgeschlüpften Jungvögel zur Küste.

vögel im September und Oktober bleiben die Brutgebiete den Gruppen der heranwachsenden Jungvögel überlassen, die inzwischen ein unauffälligeres Federkleid angelegt haben. Die wenigen Alttiere, die bei ihnen geblieben sind, haben während dieser Zeit ihre eigene Mauser beendet und warten nun darauf, daß die großen Flüge der Wanderer von der anderen Seite der Nordsee zurückkehren.

Die Brandente gehört in Deutschland zu den ganz wenigen Wasservogelarten, die sich in letzter Zeit dank der ergriffenen Schutzmaßnahmen wieder vermehrt haben. Meist bekommt man die schönen Vögel an der Nord- und Ostsee an Strandabschnitten, die abseits der Touristenhochburgen liegen, ohne große Mühe zu sehen.

Woraus besteht ein Vogel?

Vögel lassen sich sehr viel leichter bestimmen, wenn man die Bezeichnungen ihrer wichtigsten äußeren Kennzeichen im Kopf hat. Die Gefiedermerkmale der Vögel weisen hinsichtlich ihrer Färbung, ihrer jeweiligen Ausbildung und ihrer Größe eine außerordentliche Variationsbreite auf; es ist also eine ganz entscheidende Hilfe, wenn man bei dem Versuch, die einzelnen Arten voneinander zu unterscheiden, weiß, auf welche Kennzeichen man besonders achten muß. So kommt es beispielsweise bei den grauen Gänsen vor allem auf die Farbe des Schnabels und der Beine an. Bei Enten, vor allem bei den schwieriger zu bestimmenden Weibchen, sollte man besonders auf den Flügelspiegel achten. Bei Watvögeln (Limikolen) muß man die Schnabellänge und die Länge der Beine vergleichen; weitere wichtige Unterscheidungsmerkmale sind Flügelbinden und die Ausdehnung von Weiß am Bürzel (falls vorhanden). Sumpf- und Weidenmeisen lassen sich leichter auseinanderhalten, wenn man jeweils auf die Größe des ‚Lätzchens' und auf die Ausdehnung des Schwarz am Oberkopf achtet. Die Augenstreifen helfen in Verbindung mit den Flügel-

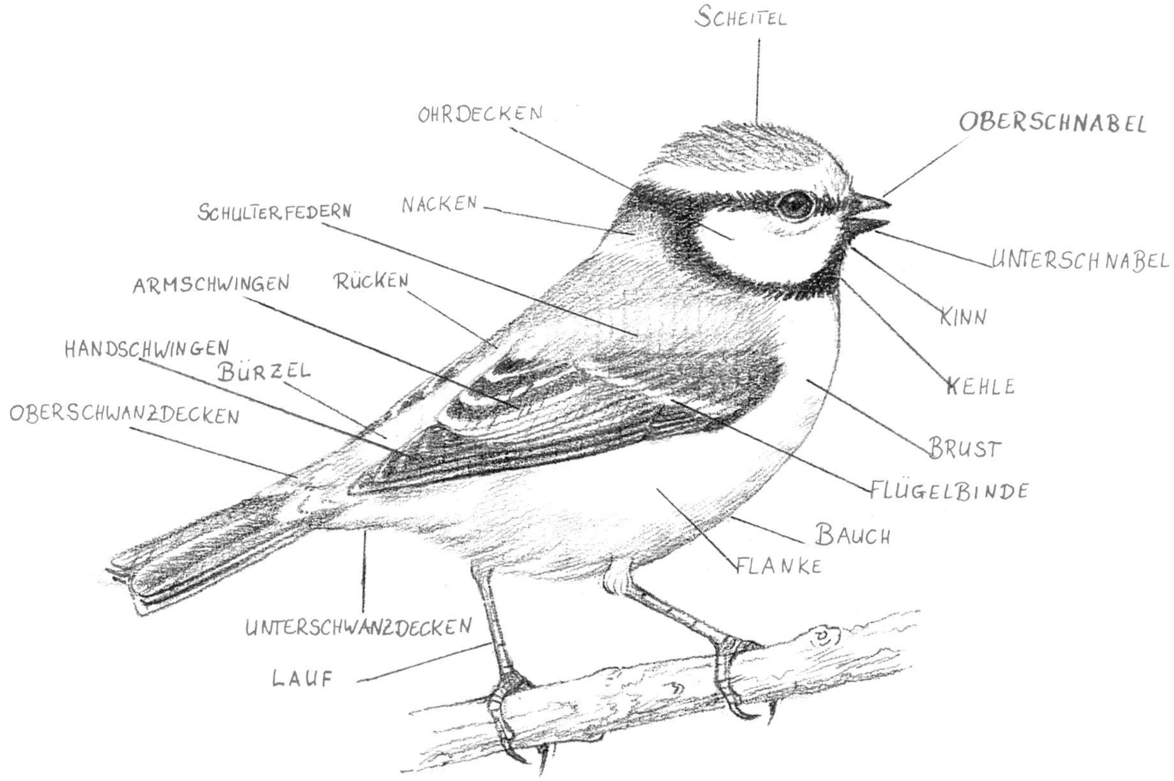

BLAUMEISE

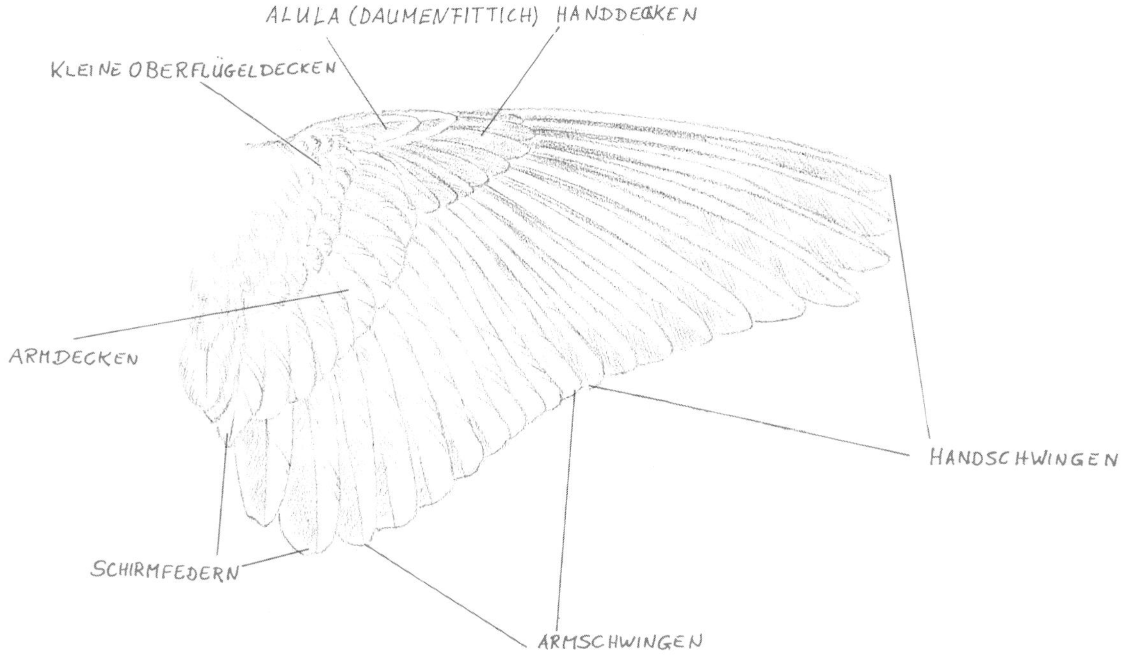

binden bei der Bestimmung einiger Laubsänger, während für das richtige Ansprechen der Eulenarten die Farbe der Iris mit herangezogen wird.

Es ist sehr lehrreich, wenn man zu Hause übungshalber die einzelnen Merkmale der Gartenvögel notiert (vgl. S. 18), wobei man auch bei den häufigsten Arten die verschiedenen Kennzeichen auflisten sollte, um sich so mit den Bezeichnungen der Gefiederpartien und Körperteile vertraut zu machen. Versuchen Sie auch einmal, ohne hinzusehen die Einzelmerkmale eines häufigen Vogels, etwa einer Blau- oder Kohlmeise, zu beschreiben. Sie werden merken, wie gut man seine Kenntnisse auf diese Weise erweitern kann!

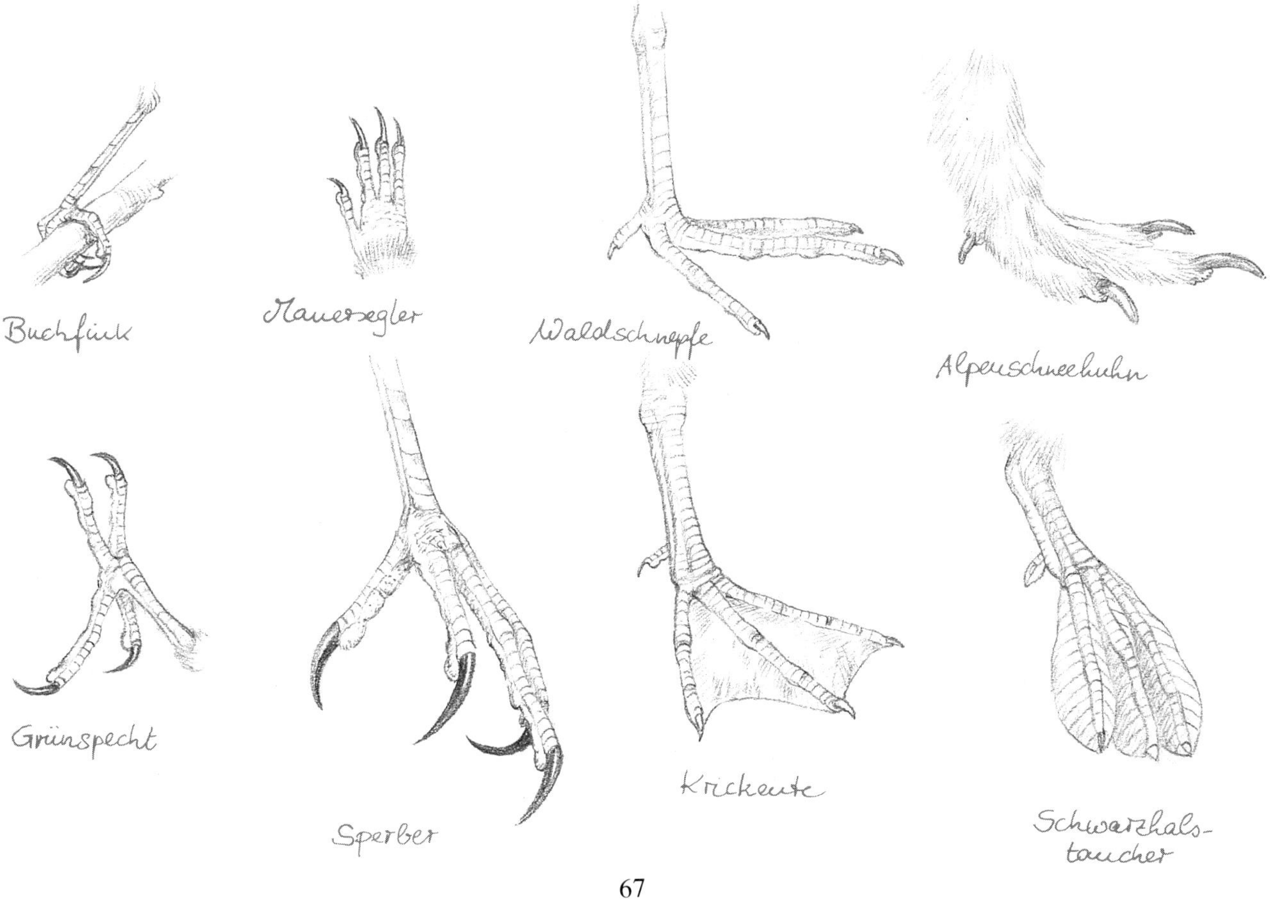

Bussarde auf Nahrungssuche

Zu dieser Jahreszeit sind überall die pausenlos vorgetragenen, eintönigen Rufe junger Mäusebussarde zu hören. Die Jungen sind jetzt flügge geworden und verfolgen ihre Eltern mit „hiiijaa"-Bettelrufen, die etwas keuchend klingen. Wenn die Altvögel Nahrung heranbringen, steigern sich diese Rufe zu einem aufgeregten „fieep – fieep" ... Ganz ähnlich, wie der oft wiederholte „pink" – Warnruf des Buchfinken oder das ewige, leise „tsiep" der Rohrammern mit der Zeit unangenehm werden können, gehören auch die Bettelrufe der jungen Mäusebussarde zu den eher lästigen Lautäußerungen in der Natur. Sie haben mit dem melancholischen, aber beziehungsreichen ‚Miauen' der Altvögel überhaupt nichts gemein.

Mäusebussarde haben ein breites Nahrungsspektrum, das weit über die Vorliebe für Kaninchen hinausreicht, die man ihnen oft zu Unrecht nachsagt. Diese Anpassungsfähigkeit macht sie so erfolgreich, und von ihr wird es auch weitgehend abhängen, ob die selbständig gewordenen Jungvögel ihre ersten Wochen im Sommer und Herbst überleben. Mäusebussarde sind recht langsame, breitflügelige Greifvögel, die sich nicht durch besondere Wendigkeit auszeichnen. Sie verfügen nicht über die Schnelligkeit und den Schneid eines Wanderfalken oder eines Sperbers, und sie sind auch nicht so flink wie Weihen oder Baumfalken. Sie müssen sich daher anderer Jagdmethoden bedienen. Sie suchen das Gelände in langsamem Segelflug nach Aas oder anderer Beute ab, aber oft sitzen sie auch längere Zeit in ihrem bevorzugten Jagdgebiet auf Zaunpfählen, Telegraphenmasten oder Bäumen und warten, bis sie ein Beutetier entdecken. Dann verlassen sie ihren Ausguck in ruhigem Gleitflug und greifen unversehens zu.

Mäusebussarde schlagen alle möglichen kleineren Säugetiere bis zur Größe eines Kaninchens oder eines jungen Hasen, aber sie nehmen auch durchaus noch im Nest sitzende oder eben flügge werdende Vögel sowie Amphibien und Reptilien und darüberhinaus fast jede animalische Nahrung, die sich anbietet (ich habe einmal einen Mäusebussard beobachtet, der mit einer fast einen Meter langen Ringelnatter in den Fängen abflog, die sich noch heftig wand). Ähnlich wie Turmfalken rütteln Mäusebussarde gern, vor allem dann, wenn eine steife Brise gegenansteht. In den frühen Morgenstunden streifen die Vögel oft längere Zeit zu Fuß durch die taufeuchten Felder und Wiesen und sammeln Regenwürmer und größere Insekten. Vor allem im Sommer nehmen sie viele Regenwürmer auf, deren Überreste natürlich in den Gewöllen nicht zu finden sind. Gewölle bestehen aus unverdaulichen Nahrungsbestandteilen, die nicht den Verdauungstrakt passieren, sondern die aus dem Magen wieder hochgewürgt werden.

Greifvögel sind am ehesten dafür bekannt, daß sie Gewölle bilden, doch tun das auch viele andere Vogelarten. Wir verdanken den Gewöllen manchen wertvollen Hinweis auf die Zusammensetzung der Nahrung. Im allgemeinen bestehen sie aus den harten, unverdaulichen Flügeldecken von Insekten, aus kleinen Säugetierknochen, Haaren, Federn, Zähnen von Säugern, Schnäbeln, Krallen, usw. Manche Vögel, wie zum Beispiel die Saatkrähe, bilden Gewölle aus pflanzlichem Material wie Getreidespelzen und ähnlichen Überbleibseln. Eine ganze Anzahl verschiedener Vogelarten entledigt sich auf diese Weise ihrer Nahrungsreste; dazu gehören Arten, von denen man das nicht erwartet, wie etwa die Wasseramsel, der Star, die Bachstelze, das Rotkehlchen, einige Grasmückenartige, der Eisvogel, der Grauschnäpper, Krähen im weiteren Sinne und der Fischreiher. Die Größe der Gewölle ist sehr unterschiedlich, je nach der Größe des Vogels, von dem sie stammen. Gewölle sind mehr oder weniger dunkel gefärbte, geruchlose und konisch bis zylindrisch geformte Gebilde (ältere Stücke riechen allerdings mit der Zeit muffig). Oft läßt sich nicht mehr feststellen, von welcher Art sie stammen, es sei denn, man findet sie an bekannten Schlaf- oder Brutplätzen. Wenn man Gewölle in eine flache, wassergefüllte Schüssel legt, kann man sie auseinandernehmen und die harten Bestandteile aussortieren. Kleine Säugetierschädel und andere Knochen, die man auf diese Weise findet, lassen sich mit Hilfe verschiedener Bestimmungsbücher identifizieren. Manche kleben diese harten Überbleibsel auf Karton, um sie später wieder zur Hand zu haben.

Ein dunkler Mäusebussard nimmt auf einem Feld Regenwürmer auf.

Mäusebussarde segeln in warmen, aufsteigenden Luftströmungen mit weit ausgebreiteten Flügeln.

Gelegentlich werden Kaninchen erbeutet.

Mäusebussarde sitzen oft längere Zeit auf Bäumen und warten auf Beute.

Manchmal schlagen sie Ringelnattern.

Die Jungreiher sind flügge

Im Hochsommer verlassen schließlich auch die jungen Fischreiher ihre Horste, die in letzter Zeit mehr und mehr verschmutzten. Die Nester sind jetzt kotverkrustet und mit den vertrockneten Resten der Beutetiere übersät, die die Eltern für die Jungvögel ausgespien haben. Während der vergangenen Wochen haben die jungen Reiher bereits Flugübungen veranstaltet und Erkundungsflüge in die benachbarten Baumkronen unternommen; jetzt sind sie voll flügge und erproben ihre Kräfte unter realen Bedingungen. Sie sind jetzt ungefähr neun Wochen alt, und wenn sie die Eltern um vorverdaute Nahrungsbrocken anbetteln, werden sie gelegentlich noch von ihnen erhört, aber innerhalb sehr kurzer Zeit werden sie auf sich allein gestellt sein. Manche wandern jetzt schon aus der Brutkolonie ab und legen dabei ganz beachtliche Entfernungen zurück. Im Sommer gibt es jedoch Nahrung im Überfluß, und so sollte es den jungen Fischreihern eigentlich nicht allzu schwer fallen, die kommenden Wochen zu überstehen. Im Winter werden sie dann zum erstenmal ernsthaft auf die Probe gestellt.

Diese Jungvögel sind nicht so kontrastreich gefärbt wie die Alten, und sie haben auch noch keinen Federschopf. Ferner fehlen dem grau-weißen, düsteren Jugendkleid noch der gelbe Schnabel und der schwarze Augenstreif der Elterntiere.

Die meisten Leute halten Fischreiher einfach für Fischfresser, aber in Wahrheit ernähren sie sich sehr viel reichhaltiger. Neben Fischen, die sie an Teichen, Flußufern und an den Altarmen der Flüsse fangen, erbeuten die jungen Reiher in Sümpfen und Mooren auch Molche und Frösche, sie stolzieren auf der Suche nach Wühlmäusen, jungen Ratten und Maulwürfen über die frisch gemähten Stoppelfelder, und sie nehmen auch das Angebot an gerade ausgeflogenen Jungvögeln wahr, die sich – fett und noch flugunfähig – in großer Zahl in der Ufervegetation aufhalten und ihre Anwesenheit durch pausenlose Bettelrufe verraten. Der Sommer ist für die jungen Reiher eine Zeit, in der sie allerlei ausprobieren und Erfahrungen sammeln. Dabei können sich auch Konflikte mit dem Menschen ergeben, denn die wachsende Zahl der Fischzuchtanlagen überall im Land, wo sich mühelos Beute machen läßt, stellt für Fischreiher eine Versuchung dar, der sie nur allzu leicht erliegen. Hier stellen sie sich im Sommer oft in den frühen Morgenstunden ein, bevor das Personal auf den Beinen ist. Sie kommen oft aus weit entfernten Kolonien, um von dem Fischbestand zu kosten und ihre Jagdtechnik zu vervollkommnen.

Die ersten Rückwanderer aus dem Hohen Norden

Für manche Zugvögel ist der Sommer im Juli schon so gut wie vorüber. Die Kuckucke, die uns im Mai und Juni erfreut haben, sind bereits vor ein bis zwei Wochen weggezogen; bald werden die schrill rufenden Mauersegler nicht mehr über unsern Städten und Dörfern zu sehen sein, und sogar die Wiesenpieper und andere Vögel der höheren Lagen wandern in die Täler ab.

Wenn uns allmählich bewußt wird, daß diese Kurzzeitbesucher zum Rückzug aufbrechen, werden wir durch die Ankunft der ersten Durchzügler aus den nördlichen Breiten ein wenig entschädigt. Kleine Limikolen wie der Sanderling, der Sichelstrandläufer und der Dunkle Wasserläufer müssen von ihrem Winteraufenthalt in den Tropen und Subtropen bis in die unwirtlichen arktischen Brutgebiete riesige Entfernungen bewältigen. Außerdem ist die Reise in die Arktis eine risikoreiche und unsichere Sache, denn die Vögel sind völlig vom Wetter und vom Zeitpunkt der sommerlichen Schneeschmelze abhängig, die den Boden freilegt. So einem winzigen Sanderling oder Sichelstrandläufer stehen für den gesamten Brutzyklus und den Aufbruch zusammen mit den Jungen günstigstenfalls acht Wochen zur Verfügung. Wenn die Vögel Pech haben, setzt das Tauwetter zu spät ein, und der Sommer ist dann so kurz, daß überhaupt keine Brut stattfinden kann. In so einem Fall war die Reise vergebens, und die Tiere müssen unverrichteter Dinge wieder abziehen.

Um diese Gefahren, die sie nicht beeinflussen können, wenigstens zum Teil wieder auszugleichen, haben Sanderlinge und einige andere hochnordische Watvögel eine ungewöhnliche Fähigkeit entwickelt: Sie können zwei Bruten zur gleichen Zeit absolvieren. Dies tun aber nicht alle Brutpaare, und es ist auch nicht in allen Gebieten die Regel. Das weibliche Tier produziert ein Gelege, das vom Männchen ausgebrütet wird. Gleichzeitig baut das Weibchen in der Nähe ein weiteres Nest, und legt noch einmal Eier, deren Bebrütung es selbst übernimmt. Die Jungen werden dann von den Eltern jeweils selbständig aufgezogen.

Bei den Vögeln, die im Juli als erste bei uns eintreffen, handelt es sich um solche, die bei der Brut erfolglos geblieben sind. Da sie keine Jungvögel erbrüten konnten, gibt es für sie keinen Grund, sich noch länger im Norden aufzuhalten, und so beginnen sie den Rückzug, für den sie sich dann mehr Zeit lassen können. Als die Vögel im Frühjahr eilig in den Norden zogen, befanden sie sich noch im Ruhekleid, oder das Brutkleid war eben erst im Ansatz erkennbar. Jetzt, kurz vor der herbstlichen Mauser, tragen sie noch ihr prächtiges Sommerkleid. Für uns bietet sich daher die seltene Gelegenheit, die Vögel in ihrer ganzen Farbenpracht kennenzulernen. Der flink hin- und hertrippelnde Sanderling, den wir bisher nur im silbergrauen Schlichtkleid mit tiefschwarzen, naßglänzend aussehenden Beinen und ebensolchem Schnabel kannten, entpuppt sich jetzt an den Strandseen und kleineren Wasserflächen als wunderschöner, rostbrauner Vogel mit reinweißer Unterseite. An den gleichen Plätzen oder auf Rieselfeldern und an Stau-

Grünschenkel brüten in geringer Zahl im schottischen Hügelland
Ein Dunkler Wasserläu
im Brutkleid. Er ist der
schönste aller Watvögel
Ein Sichelstrandläufer im ziegelroten Brutkleid
Sanderlinge sind im Brutkleid rostbraun. Sie suchen Nahrung am Spülsaum. Im Hintergrund einige Grünschenkel.

Pfuhlschnepfen kehren früh wieder in die gemäßigten Breiten zurück, wenn ihre Brutversuche im Norden erfolglos bleiben.

seen im Binnenland kann man den hübschen Dunklen Wasserläufer beobachten. Sein Gefieder ist tiefschwarz und oben weiß gesprenkelt; seine Beine sind sattrot und nicht orange wie im Winter. Der Dunkle Wasserläufer macht unter allen Watvögeln die auffallendste Verwandlung durch. Der blaßgraue, schlanke Vogel, den wir von den anderen Jahreszeiten her in Erinnerung haben, ist jetzt kaum noch wiederzuerkennen.

Ähnlich verhält es sich mit dem ersten Sichelstandläufer, diesem kleinen Watvogel, dem der abwärts gebogene Schnabel den Namen eingetragen hat. Er ist im Sommer unterseits ziegelrot, und die Oberseite zeigt schwarze und kastanienbraune Farbtöne. Im Herbst und im Frühjahr herrschen dagegen Grau und Weiß vor. Er befindet sich auf dem Rückweg von einer erfolglosen Reise ins nördliche Sibirien. Weitere Vorboten der südwärts ziehenden Limikolenschar sind, neben anderen, einige Grünschenkel, helle anmutige Vögel mit langen Beinen aus den Mooren Skandinaviens, Waldwasserläufer aus den Bruchwäldern der Ostseeländer, die jetzt an Teichen, Flußufern und anderswo am Süßwasser eine Rastpause einlegen, und Pfuhlschnepfen aus Lappland, große, elegante und langschnäblige Vögel, die in die nahrungsreichen Schlammbänke der Flußmündungen einfallen. Sie alle hatten in diesem Sommer wenig Glück, aber im nächsten Jahr werden sie wieder die weite Reise in den kurzen Sommer der einsamen arktischen Wildnis antreten, wo die Sonne nicht untergeht, und wo Nahrung in Fülle zur Verfügung steht.

Hundstage und sommerliche Mauser

Die warmen, hochsommerlichen Tage, wenn das dichte Blattwerk der Bäume seine frischgrüne Farbe verliert, sind für den Ornithologen in vieler Hinsicht die unergiebigste und ruhigste Zeit im Jahr. Für die Vögel bildet der Hochsommer den Anfang und den Abschluß des Jahres, jetzt ist sozusagen die „Sauregurkenzeit“ angebrochen. Für die Gefiederten besteht die wichtigste Aufgabe in der Erhaltung ihrer Art, und der gesamte Jahreszyklus ist auf dieses Hauptziel ausgerichtet. Jetzt, im Hochsommer, verlassen die jungen Seevögel die Felsklippen und wechseln in das angenehmere feuchte Element über. Gänse und Enten leben eine Zeit lang völlig zurückgezogen, und die Watvögel – Brachvögel, Kiebitze und andere – schließen sich zu Trupps zusammen und wandern jetzt bereits zu den Herbstsammelplätzen. In der Stadt, im Garten und in Feld und Wald verstummen plötzlich die allgegenwärtigen Singvögel und verhalten sich unauffällig. Da keine Notwendigkeit mehr besteht, das schwer errungene Revier, das während des ganzen Frühlings und der ersten Wochen des Sommers so heftig verteidigt wurde, weiter aufrechtzuerhalten, hat der morgendliche Vogelchor ausgesetzt. Nur ein paar Singdrosseln und Amseln, deren Brut noch nicht beendet ist, sind frühmorgens dann und wann zu hören, aber auch sie stellen ihren Gesang während der heißen Stunden des Tages fast vollständig ein. Und doch gibt es immer noch einige Vogelrufe, die ich besonders mit dieser Jahreszeit verbinde, vor allem das laute, helle Lachen der Grünspechte. Sie waren während der Brutzeit ziemlich schweigsam, aber jetzt schallen ihre durchdringenden Rufreihen den ganzen Tag über durch den Wald. Diese großen grünen Vögel mit dem leuchtend roten Scheitel und dem zitronengelben Bürzel errichten jetzt vermutlich ihre Reviere neu und vertreiben daraus die selbständig gewordenen Jungvögel.

Einige Vogelarten brüten bis in den Spätsommer hinein: In Obstgärten und Hecken nisten noch die Stieglitze, Mehlschwalben haben gelegentlich noch im Oktober Junge zu versorgen, und an Grasstreifen und Böschungen an der Bahnlinie sind die Goldammern noch im August mit der Brut beschäftigt. Auf den Simsen alter Lagerhäuser und Kirchtürme füttern die Stadttauben ihre fetten Jungen, und in den Stadtparks ertönt der klagende Ruf der Ringeltauben, die nahezu in jedem Monat des Jahres brüten. In ihrem aus Reisern locker erbauten Nest in einem hohen Lorbeerbaum werden bald die beiden Jungen schlüpfen.

Doch die meisten erwachsenen Vögel nutzen jetzt die Zeit, um sich von den Strapazen der Brut zu erholen, um abgetragene Federn zu ersetzen und neue Kräfte zu sammeln, entweder für die lange Wanderung, die ihnen bevorsteht, oder für den harten Winter, der sich allerdings noch in weiter Ferne befindet. Für die Elterntiere ist die Brutsaison eine Zeit äußerster Anstrengung. Ein Amsel-, Singdrossel-, Rotkehlchen- oder Zaunkönigspaar kann in einer Saison, die sich von der Errichtung des ersten Brutreviers im März bis zum Ausfliegen der letzten Brut Ende Juli erstreckt, bis zu dreimal Junge großziehen. Für die weiblichen Tiere muß das eine enorme physische Belastung sein. Bei einer Blaumeise, die in täglichen Abständen 12 oder 13 Eier legt, entspricht das Gesamtgewicht des Geleges dem Eigengewicht des Weibchens. Ähnlich verhält es sich bei der Amsel, deren drei aufeinander folgende Gelege ebenfalls dem Gewicht des Weibchens gleichkommen. Darüberhinaus verpflichten die Bruten die Eltern zu pausenloser Nahrungssuche, damit die heranwachsenden Jungvögel satt werden. Mit dem Wachstum der Jungen steigert sich auch ihr Appetit, was für die Eltern wiederum mehr Arbeit bedeutet. Wenn der Sommer dem Ende zugeht, sind die Altvögel nur noch Schatten ihrer selbst, und ihr Zustand ist kaum noch mit ihrer Hochform vor vier Monaten zu vergleichen.

Daher wird in dieser Zeit des Jahres das verschlissene Federkleid erneuert – es ist Mauserzeit. Die Federn des Vogels, die für die Wärmeregulierung, den Flug, die Tarnung und für die Balz eine so große Bedeutung haben, müssen nicht nur ganzjährig gepflegt, sondern auch hin und wieder ersetzt werden. Die meisten Vögel machen nach Beendigung der Brutzeit eine Vollmauser durch, bei der sich die Federn der Flügel und des Körpers erneuern. Die Jungen vieler Garten- und Waldvögel beschränken sich jedoch zu diesem Zeitpunkt auf eine Teilmauser, von der nur das Körpergefieder betroffen ist. Sie behalten ihre Schwungfedern, die erst zwei bis drei Monate alt sind, bis zum Ende des nächsten Sommers.

Schon die Mauser als solche ist für die Vögel mit Streß verbunden. In dieser Zeit sind sie auch Feinden und anderen Gefahren gegenüber hilfloser als sonst. Dies ist ein Grund dafür, daß die Tiere im Hochsommer so unauffällig bleiben. Bis zum Abschluß der Mauser, die einige Wochen in Anspruch nimmt, halten sie sich die meiste Zeit in der Bodenvegetation oder sonstwo in dichter Deckung versteckt. In der Regel werden die Handschwingen zuerst gewechselt, gefolgt von den Armschwingen und den Schwanzfedern, während das Körpergefieder nach und nach zwischendurch vermausert wird.

Bei Enten, Gänsen und Schwänen verläuft die Mauser ganz anders, denn sie verlieren alle Schwungfedern auf einen Schlag und sind daher eine Weile völlig flugunfähig. Diese Periode erstreckt sich, je nach der Größe des Vogels, über drei bis sieben Wochen. Enten verbringen diese unbequeme Zeit der Flugunfähigkeit zum großen Teil gruppenweise im Schilf oder im Schutz anderer Pflanzen. Interessanterweise verlieren die Erpel im Verlauf der Mauser ihr auffälliges Gefieder und legen ein recht eintöniges, bräunliches, sogenanntes Zwischenkleid an, in dem sie mehr den weiblichen Tieren ähneln. So sieht der Stockentenerpel mit seinem sonst flaschengrünen Kopf, seinem weißen Halsring und der kastanienbraunen Brust ein paar Wochen lang einfarbig braun aus. Bevor er wieder sein gewohntes Aussehen annimmt, ist er nur am Schnabel zu erkennen, der seine gelbe Farbe auch während der Mauser nicht ändert.

Verborgenes Leben im Schilf

Die verborgene Welt der Rohrwälder steckt voller Leben. Diese Landschaft aus Wasser, Buschwerk, Schilfhalmen und Himmel verändert sich fortwährend – eine kleine Welt, von einer Gemeinschaft hochspezialisierter Vögel bewohnt, die sich im Verlauf einer sehr langen Entwicklung an die außergewöhnlichen Möglichkeiten angepaßt haben, die ihnen hier geboten werden: Große Rohrdommel, Rohrweihe, Teichrohrsänger und Bartmeise. Auch viele andere, weniger spezialisierte Vogelarten sind hier zu Hause.

Die Rohrbestände, die einst in riesiger Ausdehnung Teile Englands und besonders der norddeutschen Tiefebene bedeckten, wurden bereits vor längerer Zeit entwässert und in hochwertiges Ackerland ungewandelt. Heute gibt es nur noch kleinere, weit auseinanderliegende Gebiete. Einige sind immerhin so groß, daß dort noch die charakteristischen Lebensgemeinschaften existieren, die früher weit verbreitet gewesen sein müssen.

Manche gefiederten Bewohner des Schilfs sind fast ausschließlich auf diese fremde, in sich abgeschlossene Welt aus hochgewachsenen Halmen angewiesen. Von oben gesehen bietet eine solche Schilffläche den Anblick eines hin- und herwogenden Meeres aus feinen Rispen. Die Halme erreichen oft eine Höhe von $2^1/_2$ bis 3 Metern. Sie werden nur selten durch Winterstürme umgelegt und bleiben solange stehen, bis sie im nächsten Jahr gegen Ende des Sommers durch die nachwachsenden Pflanzen ersetzt werden. Bis dahin hat das Schilf sehr viele gefiederte Wintergäste mit Nahrung versorgt und mancher hochspezialisierten Vogelart Nistplätze und dauerhafte Lebensmöglichkeiten geboten.

Keine dieser Vogelarten ist so eng an das Schilf gebunden wie die Bartmeise, die ihr ganzes Leben im Rohrwald verbringt. Sie ernährt sich im Sommer von den Raupen der Rohrbohrer, die dann aus den Halmen hervorkommen, und darüberhinaus von den Myriaden anderer im Schilf lebender Insekten.
Im Winter nutzt die Bartmeise die Samen in den überhängenden Rispen an der Spitze der hohen Schilfhalme. Wenn die Vögel sich im Schilf hin- und herbewegen, machen sie sich durch nasale, etwa wie „ping – ping" klingende Rufe bemerkbar, aber sie zeigen sich nicht immer und sind mitunter äußerst schwer zu sehen. Bartmeisen sind heute selten geworden. Sie kommen nur noch an einigen Stellen vor, vor allem, weil es nur so wenige geeignete Lebensräume gibt. Außerdem erleiden sie Verluste in harten und schneereichen Wintern, wenn der Schnee die Rispen der Schilfhalme bedeckt. Das Bartmeisenmännchen hat einen grauen Kopf und tiefschwarze Bartstreifen sowie einen deutlichen schwarzen Fleck im Bereich der Unterschwanzdecken. Beide Geschlechter sind auf der Oberseite gelblichbraun und unterseits grau, das Weibchen ist jedoch sehr viel unauffälliger gefärbt als das Männchen. Das Nest wird in Bodennähe im Gewirr abgebrochener Rohrhalme erbaut. Die Vögel sind „Meister des schnellen Abstiegs", denn sie rutschen mit weit ausgebreiteten Beinen an den Halmen herunter.

Ein anderer Bewohner dieser verborgenen Welt ist der Teichrohrsänger. Er ist ein Sommervogel, der Ende April oder Anfang Mai ankommt. Mitten aus dem Schilf trägt er seinen tiefen, rauhen Gesang vor, der in den Rohrwäldern bald zum vorherrschenden Geräusch wird. Das Nest des Teichrohrsängers, das häufig den ungebetenen Kuckuck beherbergt, ist ein kleines Kunstwerk. Es wird etwa einen Meter über der Wasseroberfläche an mehreren Schilfhalmen aufgehängt.

Die Streu verrottender Halme, die den Grund des Rohrwaldes bildet (und allmählich zur Verlandung beiträgt), beherbergt einige weitere Vogelarten, die besonders an das Leben am Boden des Schilfwaldes angepaßt sind. Die seltene und heimliche Große Rohrdommel, deren weittragender Ruf an ein Nebelhorn erinnert, lebt versteckt im Rohr, wo sie Schermäuse, Frösche, Jungvögel, Aale und andere Fische jagt. Ihr Flug führt oft nur über kurze Entfernungen innerhalb des Rohrs bis zum nächsten Rand des offenen Gewässers. Auf der Unterlage aus abgestorbenen Pflanzen wird ein locker zusammengefügtes Nest aus Schilfhalmen angelegt. Wenn der Vogel bewegungslos in der sogenannten Pfahlstellung mit gestrecktem Hals und nach oben zeigendem Schnabel im Rohr steht, ist er durch das schwarze und braune Muster seines Gefieders perfekt getarnt.

Die kleineren Rallenarten sind in England, ebenso wie in Deutschland, nur recht spärlich vertreten. Lediglich die schwer zu beobachtende Wasserralle ist regelmäßig verbreitet. In den meisten Fällen verrät sie sich durch ihre verschiedenen grunzenden und quiekenden Rufe, die einem eine Gänsehaut über den Rücken jagen können. Sie bereichert ihre umfassende Nahrungspalette durch Jungvögel, Eier oder überhaupt alles, was nicht zu groß ist. Ich habe einmal beobachtet, wie eine Wasserralle einen Schilfrohrsänger, der sich am Ufer in einer Angelschnur verfangen hatte, in kürzester Zeit tötete und rupfte. Wasserrallen sind perfekt an das rasche Durchschlüpfen zwischen den kreuz und quer stehenden Rohrhalmen angepaßt; ihr Körper ist sehr schmal, und das erlaubt ihnen, sich mühelos zwischen den dichten Halmen zu bewegen.

In Deutschland sind Bartmeise und Große Rohrdommel äußerst selten geworden. Teichrohrsänger und Wasserralle sind dagegen weniger anspruchsvoll: Man findet sie auch in kleineren Schilfparzellen an Flußufern, Teichen, usw.

Bartmeisen ernähren sich von den Samen des Schilfrohres

Eine der scheuen Wasserrallen verläßt für kurze Zeit das Schilf.

Eine Große Rohrdommel streckt Kopf und Hals senkrecht empor und macht dadurch ihre Konturen im Schilf unkenntlich.

Ein Teichrohrsängerpaar am Nest

Von Türken- und Hohltauben

Wenn man die Stadttauben, obgleich sie aus einem Gemisch verschiedener Rassen entstanden sind, zu den echten, bodenständigen Wildvögeln rechnet, so verfügen wir in unseren Breiten über sechs Taubenarten, von denen fünf Standvögel sind und eine, nämliche die Turteltaube, zu den Sommervögeln gehört. Ringeltauben, und erst recht die Stadttauben, halten sich das ganze Jahr über in unserer näheren Umgebung auf. Dennoch ist es der Spätsommer, der sich für mich ganz besonders mit der Familie der Tauben verbindet. Ich habe an so manchem Sommertag an der schottischen oder irischen Westküste Felsentauben beobachtet, von denen unsere Haustaubenrassen abstammen. In der engeren Umgebung meines Wohnortes ruft das Gurren der Ringeltauben die Erinnerung an heiße Sommertage wach, und auch die Turteltauben lassen vor meinem inneren Auge ein hochsommerliches Bild entstehen. Ihr schnurrender Ruf ist selbst während der heißesten Stunden des Tages zu hören, wenn die meisten übrigen Vögel verstummen.

Die Türkentaube ist erst in jüngster Zeit bei uns eingewandert. Sie ist nicht besonders auffällig gezeichnet; das einfarbige Staubbraun ihres Gefieders wird nur durch einen hübschen schwarzen Halbring im Nacken unterbrochen. Ursprünglich kam die Türkentaube nur in Südosteuropa und im Nahen Osten vor, aber in jüngster Zeit erweiterte sie ihr Verbreitungsgebiet erfolgreicher und schneller als jede andere europäische Vogelart. Der erste sichere Brutnachweis in Deutschland datiert aus dem Jahr 1945. Bis 1950 hatte die Türkentaube bereits den größten Teil Deutschlands besiedelt und erreichte 1952 Dänemark und Südschweden. 1955 kam sie nach England und eroberte innerhalb von 10 Jahren das ganze Land. Die Türkentaube vermehrte sich hier so unglaublich schnell, daß sie innerhalb von 20 Jahren nach ihrem Erscheinen auf die offizielle Liste der Schädlinge gesetzt wurde, eine Auszeichnung, um die sie nicht gerade zu beneiden ist.

Türkentauben schließen sich eng an den Menschen an. Besonders zahlreich sind sie im Randbereich der Städte, etwa in Stadtparks, aber auch in dörflicher Umgebung, wo sie sich durch ihre Vorliebe für Getreidevorräte sehr unbeliebt gemacht haben. In unserem Garten brüten schon seit Jahren Türkentauben. Es gibt viel Amüsantes und Interessantes an ihnen zu entdecken, und noch wissen wir längst nicht alles über sie. Unsere Vögel wandern im Winter ab – niemand weiß, wohin – aber bei milder Witterung sind sie im Februar zurück. Im Spätsommer sind die Vögel sehr aktiv. Sie fliegen dann zu zweit ohne Unterbrechung bald hierhin, bald dorthin und benehmen sich fast wie ein Liebespaar, wo keiner einen Schritt ohne den anderen tun will: Ein Vogel fliegt von einer der hohen Tannen zur nächsten, und der Partner fliegt mit. Sie sitzen dort eine Weile, das Männchen gurrt dann und wann, und dann fliegen sie weiter, Flügelspitze an

Hohltauben

Flügelspitze, zur Fernsehantenne, auf das Stalldach oder in die große Buche an der Brücke. Unsere Türkentauben treiben dieses Spiel bis weit in den September hinein, aber andererseits brüten sie auch sehr fleißig – bis zu fünfmal in einer Brutsaison. Kein Wunder, daß diese Art so erfolgreich ist!

Da geht es bei den Hohltauben ganz anders zu. Diese Taubenart ist in England recht verbreitet, in Deutschland geht sie allerdings durch die Intensivierung der Land- und besonders der Forstwirtschaft stark im Bestand zurück. Anders als die übrigen Tauben meiden Hohltauben die Nähe des Menschen. Sie bewohnen offene, locker bewaldete Gebiete. Ihr Gefieder weist zarte Blau- und Grautöne auf; an beiden Seiten des Halses sitzt ein grünschillernder Fleck, die Brust sieht undeutlich rosa überhaucht aus. Ihre Füße sind, wie bei allen Tauben, leuchtend rot. Hohltauben suchen ihre Nahrung im Feld, oft gemeinsam mit Ringeltauben. Ich kenne einen bestimmten Straßenabschnitt, an dem die Vögel, besonders am frühen Morgen, in dieser Jahreszeit fast immer anzutreffen sind. Wie viele andere Pflanzenfresser unter den Vögeln müssen Hohltauben kleine Steinchen aufnehmen, mit deren Hilfe die Nahrung im Magen zermahlen wird. In regelmäßigen Abständen kommen sie von den Äckern hierher an den Straßenrand, um kleine Steinbröckchen passender Größe aufzupicken. Hier beobachte ich bei Morgengrauen manchmal bis zu 40 Hohltauben gleichzeitig.

Ringeltaube mit Jungen

Der Felsen der Kormorane und Alpenkrähen

Der Fluß Dysynni, der zwischen den Klippen des Cader Idris entspringt, beendet seinen kurzen, steil bergab führenden Lauf, indem er sich in einen ausgedehnten, flachen Strandsee ergießt, der recht phantasielos einfach als ‚großes Wasser' bezeichnet wird. Eine halbe Meile weiter durchfließt das Wasser noch einen begradigten Kanal und stürzt dann über mehrere Stufen durch einen felsigen Abfluß in die Bucht von Cardigan hinunter. Unter den vielen Vögeln, die man hier zu jeder Jahreszeit antreffen kann, gehören die Kormorane zu den häufigsten. Der Kormoran ist ein schwarz gefiederter Meeresvogel mit weißen Wangen, der in der Brutzeit zwei deutliche weiße Flecke an den Schenkeln zeigt. Mit ihrem schweren Körper und dem langen, schlangenähnlichen Hals machen die Vögel einen sehr urzeitlichen Eindruck. Wenn sie schwimmen, liegen Kormorane tief im Wasser; sind sie unruhig oder mißtrauisch, tauchen sie tatsächlich völlig unter, so daß man vom schwimmenden Vogel nur noch Kopf und Hals wie ein Periskop aus dem Wasser ragen sieht. Sie fischen in dem warmen Wasser der Gezeitenzone vor der Flußmündung und erbeuten im Flachwasserbereich des Strandsees Flundern und Aale.

Kormorane sind ausgezeichnete Fischer; ihre Spezialität ist die Verfolgungsjagd unter Wasser. Sie tauchen entweder mit elegantem Schwung von der Wasseroberfläche aus, oder sie lassen sich geschmeidig unter Wasser gleiten und verfolgen dort ihre Beute, indem sie mit den starken Ruderfüßen gleichzeitig Schwimmstöße ausführen. Obgleich sie gute Schwimmer sind, tauchen Kormorane nie länger als etwa eine halbe Minute. Wenn sie einen Fisch gefangen haben, wird er zunächst an die Oberfläche gebracht und dort verschluckt. Diese Vögel haben allerdings eine Achillesferse: Sie verbringen im Vergleich zu anderen Wasservögeln nur relativ wenig Zeit im Wasser; sie bleiben vielmehr nur solange dort, wie es die Jagd erfordert. Wenn sie nicht gerade fischen, müssen sie die Riffe vor der Küste, die Uferbefestigungen oder die Sandbänke im ‚großen Wasser' aufsuchen, wo sie mit halbgeöffneten Flügeln stehen, um ihr Gefieder zu trocknen. Obwohl Kormorane zu den echten Meeresvögeln gehören, ist ihr Federkleid merkwürdigerweise nicht so wasserdicht wie bei anderen Arten, und so müssen sie nach dem Fischfang regelmäßig zum Trocknen an Land. Kormorane sind in England, besonders an der Westküste, nicht selten. Sie halten sich hier meist in Meeresnähe auf.

Einzeln, in Reihen oder manchmal auch nach Art der Gänse in Ketten fliegen die Kormorane etwa zehn Kilometer flußaufwärts zu den Klippen von Bird Rock Auch im Winter legen sie diese Strecke zweimal täglich zurück, um in den mächtigen Klippen auf den breiten Felsabsätzen ungestört zu übernachten. Jetzt, mitten im Sommer, befinden sich oben auf den Klippen an verschiedenen Stellen zwischen den Felsblöken etwa 40 total verschmutzte Nester. Diese Kormorankolonie im Binnenland fällt völlig aus dem Rahmen. Sie stammt aus der Zeit, als sich hier noch ein langer Meeresarm ins Land erstreckte, der bis an den Fuß des Vogelfelsens heranreichte.

Schaut man von unten hinauf, kann man beobachten, wie die schwarzen Vögel oben das Felsmassiv umkreisen, das seit eh und je ihre Heimat ist; an Tagen, an denen Nebelschwaden oder Wolkenfetzen um den Felsen wabern, ist das ein besonders umheimliches, ausgefallenes Bild. Die Anwesenheit der urtümlichen, reptilienhaften Vögel mitten in dieser lieblichen, von den düsteren Klippen beherrschten Landschaft hat entschieden etwas Furchterregendes an

Drei ausgefärbte
Tiere und ein Jung-
vogel fliegen hinter-
einander zu ihrem
Winterschlafplatz.
Schwimmender Kormoran
verschlingt einen Plattfisch
Kormorane an
ihrem unordentlich
angelegten Felsen-
nest.
Nach dem Fischen
werden die Flügel
zum Trocknen
ausgebreitet.
Bei der Fütterung stößt das Jungtier seinen Schnabel
in den Hals des Elternvogels

sich. Von den versteckten Nestern dringt das heisere Krächzen der Kormoranfamilien an unser Ohr, und der Wind trägt den betäubenden Gestank von Fischabfällen herüber.

An den deutschen Küsten brüteten im 19. Jahrhundert noch Tausende von Kormoranpaaren in großen Kolonien. Als Nahrungskonkurrenten des Menschen wurden die Vögel jedoch unbarmherzig verfolgt und nahezu völlig ausgerottet. Die letzte Kormorankolonie befindet sich heute auf zwei alten Leuchttürmen in der Wesermündung, wo der Brutbestand bis 1979 wieder auf etwa 60 Paare anwuchs. Aus allerjüngster Zeit (1980) wird eine Neuansiedlung von Kormoranen aus Bayern gemeldet, deren weitere Entwicklung aber noch nicht abzusehen ist.

In Deutschland zieht der Kormoran regelmäßig auch durchs Binnenland, wo man ihn etwa von Februar bis April und von Ende Juli bis September an Seen, Teichen usw. beobachten kann.

Zurück zum Vogelfelsen am Dysynni: Die Kormorane sind nicht die einzigen Bewohner der überhängenden Felswände. Eine Herde wilder Ziegen lebt ebenfalls dort oben, so unwahrscheinlich sich das auch anhören mag. Die kräftigen Böcke mit ihrem zerschlissenen Fell und den großen, gebogenen Hörnern und die flinken Geißen klettern mit ihren Jungen durch den Nebel bis auf scheinbar unerreichbare Felsbänder. Diese Tiere sind die letzten Nachkommen der in früheren Jahrhunderten sehr zahlreichen Hausziegen, die jetzt verwildert sind und nur noch auf einigen schroffen Felsen wie diesem vorkommen.

So steht er also da, der Vogelfelsen. Einsam, furchteinflößend und massig überragt er das Ende des weiten Tals. Die Nebelschwaden, die Kormorane und die wilden Ziegen verleihen ihm eine eigenartig unwirkliche Atmosphäre. Aber an heiteren Sommertagen kann der Felsen auch ganz anders wirken, und er hat außerdem noch eine Vielzahl von weiteren Bewohnern. Große Dohlentrupps werden vor der hohen Felswand wie Schaum im Wind nach allen Richtungen durcheinandergewirbelt. Sie verschwinden in hundert versteckten Spalten im Fels, und ihre harten Stimmfühlungsrufe sind, je nach der Windrichtung, mal lauter, mal leiser zu hören. Auch Kolkraben brüten hier. Ihre klangvollen Rufe und ihre großen, schwarzen Silhouetten beherrschen den höchsten Gipfel des Vogelfelsens. Zwischen den unaufhörlich rufenden Dohlen läßt sich ein höherer, langgezogenerer Ruf unterscheiden, der ein bißchen wild und unbeherrscht klingt: „Tschaff!“ Ein Vogel löst sich von der Felsspitze, ruft zweimal laut, legt die Flügel an und läßt sich vor der Wand schräg nach unten fallen. Plötzlich breitet er seine Flügel aus, spreizt die schwarzen Handschwingen weit auseinander, und schießt blitzschnell auf die Klippen zu. Von seinem akrobatischen Können offenbar restlos überzeugt, landet er dort auf einem grasbewachsenen Felsband, ruft erneut, und beginnt sofort, mit seinem roten, sichelförmig gebogenen Schnabel auf die Grasnarbe einzuhacken. Er reißt dabei ganze Grassoden heraus und sammelt die darunter sitzenden Larven von Ameisen, Nachtfaltern und anderen kleinen Wirbellosen.

Bei unserem Vogel handelt es sich um die Alpenkrähe, einen glänzend schwarz gefärbten Verwandten der Raben- und Saatkrähen, Dohlen und Kolkraben. Diese Vögel mit dem roten, gebogenen Schnabel und den ebenso gefärbten Beinen sind nicht so verschlagen und gefräßig wie ihre Vettern. Alpenkrähen sind recht zutrauliche Vögel, sie sind aber heutzutage selten geworden. Nur auf den Felsen im westlichen

Wales, auf der Insel Man und in Irland können sie sich noch halten. Der Vorwurf der Freibeuterei und Plünderei, der vielen Krähen gemacht wird, trifft auf diese Vögel nicht zu; die liebenswürdige Alpenkrähe ist niemandes Feind, und jeder freut sich, wenn er ihr begegnet.

Ein weiterer Altvogel stürzt sich ebenso ungestüm nach unten wie der erste und landet ein paar Meter von diesem entfernt. Ein diesjähriger Jungvogel, dem für diese Art von Luftakrobatik noch die notwendige Sicherheit und Übung fehlen, fliegt unbeholfen hinterdrein und landet mit einem vorsichtigen Hopser. Er richtet sich auf, streckt den Kopf vor und bettelt um Futter, aber im Geschwätz der Dohlen und im Krächzen der Kormorane geht sein Ruf vollkommen unter.

Die Alpenkrähe gehört nicht zu den Brutvögeln Deutschlands. Sie kommt außer an den englischen und irischen Küsten in den Gebirgen Südeuropas und der Zentralschweiz vor, ist aber überall nur spärlich vertreten.

Auch Turmfalken, in Wales wie in Deutschland nach dem Mäusebussard die häufigste Greifvogelart, leben auf dem Felsen inmitten des Lärms und der Geschäftigkeit. Wenn ein frischer Wind gegenansteht, schweben sie ohne Flügelschlag auf der Stelle, oder sie rütteln über den ruhigeren Hängen am Fuß der Klippen, immer auf der Suche nach Wühlmäusen und anderen kleinen Beutetieren. Wenn man aber weiter oben einen Falken über den Kamm des Hügels gleiten sieht, lohnt es sich, einen zweiten Blick auf ihn zu werfen, denn auch die Wanderfalken aus den Klippen des Cader Idris haben hier ihr Jagdrevier.

Der Turmfalkenhorst steht auf einem breiten, grasigen Felsband nahe dem Gipfel. Er ist von unten nicht einzusehen und völlig unerreichbar. Als das

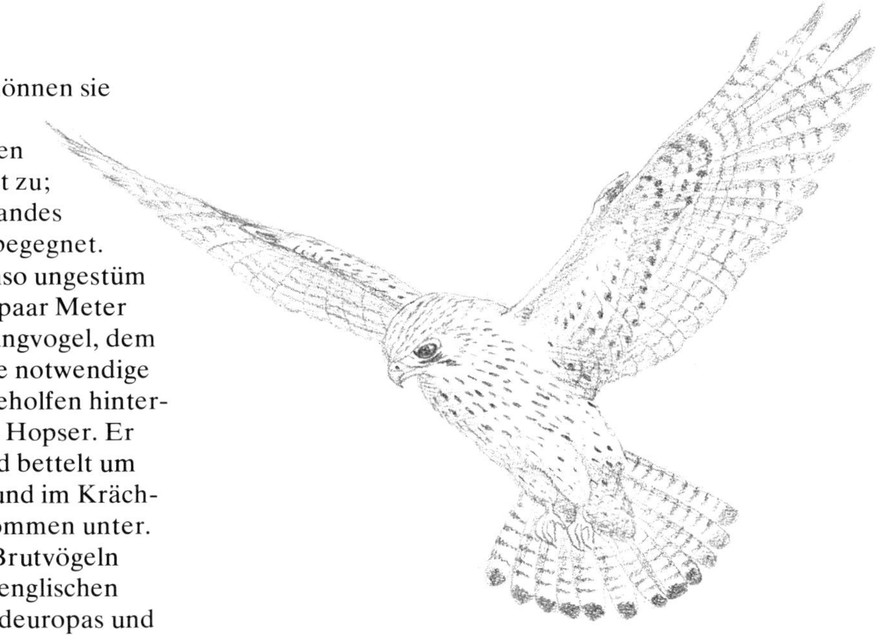

Turmfalkenmännchen jetzt vor der Felswand vorübergleitet, fliegt das Weibchen mit lautem „kikikiki“ auf, um sich ihm anzuschließen. Die beiden Vögel lassen sich vom Aufwind nach oben tragen, bis sie über der höchsten Spitze des Vogelfelsens kreisen. Turmfalken sind kleine und zierliche Vögel, und das Männchen ist fast genauso groß wie das Weibchen – für Greifvögel ungewöhnlich.

Der Turmfalke hat sich der vom Menschen geprägten Landschaft gut angepaßt. Selbst innerhalb der Städte und an Autostraßen findet er sein Auskommen, die verschiedenen Turmfalkengenerationen auf dem Vogelfelsen aber werden wohl in Jahrhunderten kaum irgendwelche Veränderungen in ihrem Lebensraum wahrgenommen haben. Der Felsen bietet ihnen einen sicheren Nistplatz, und die umliegenden Hänge und das rauhe Weideland liefern ihnen jahrein, jahraus alles, was sie an Nahrung benötigen.

Der Vogelfelsen ist eines der Naturwunder von Wales, eine imponierende Festung, mitten hineingesetzt in das Mosaik aus kleinen Mähwiesen längs des Dysynni, aus Wasserläufen, an denen Hahnenfuß und Blutweiderich blühen, und aus sumpfigen Stellen, an denen sich die Blüten der Schwertlilie im Wind wiegen.

Bei den Eisvögeln am Bach

Unser Bach wird während des ganzen Frühlings und Sommers von Eisvögeln bewohnt. Wenn man ihren durchdringenden Pfiff kennt, bemerkt man sie sehr viel öfter, als wenn man allein auf die Augen angewiesen wäre. Ich bin überrascht, was für ein reger Eisvogelbetrieb an diesem kleinen Bach herrscht. Unglücklicherweise findet man aber an unserem Bachabschnitt nur selten eine eisvogelgerechte Kombination von fischreichen Kolken und geeigneten Sitzwarten. Ich beschloß also eines Tages, für zusätzliche Jagdmöglichkeiten zu sorgen. Die Kinder halfen mir gerne dabei, aus Baumstämmen an einem der sonnigsten und am wenigsten vom Pflanzenwuchs überwucherten Abschnitte ein neues Stauwehr zu bauen, hinter dem die Strömung dann mit der Zeit einen neuen Kolk für die Eisvögel auswaschen konnte. Der Erfolg ließ nicht lange auf sich warten. Schon am zweiten Tag sahen wir frühmorgens auf einem Kontrollgang den ersten Eisvogel auf dem Pfosten sitzen, den wir an dem neuen Kolk aufgestellt hatten. Und das war erst der Anfang! Den ganzen Sommer über schlugen unsere Eisvögel jeden in ihren Bann, der sich der Stelle vorsichtig näherte, um die „fliegenden Edelsteine“ beim Fischen zu beobachten. Sie nutzen den Kolk regelmäßig; geduldig sitzen sie mit leicht eingezogenem Kopf und behalten den Bach unter sich scharf im Auge, damit ihnen Bewegungen von Elritzen, Groppen und Bartgrundeln nicht entgehen.

Der Eisvogel stürzt sich in das aufspritzende Wasser, taucht mit einem Fischchen wieder auf und fliegt zum Ansitz zurück. Der Fisch wird zunächst im Schnabel zurechtgelegt, und im nächsten Moment ist der Vogel verschwunden. Ein kobaltblaues kurzes Aufblitzen in jeder Biegung des Bachlaufs zeigt uns, daß der Eisvogel zu dem unterhalb gelegenen Steilufer zurückfliegt, wo in der glitschigen, übelriechenden Röhre, die die Vögel in die weiche Erde des Bachufers gegraben haben, die zweite Brut dieses Jahres kurz vor dem Ausfliegen steht.

Aus der Nähe betrachtet ist der Eisvogel so auffällig bunt, daß er eher in die Tropen gehört als in unsere gemäßigten Breiten. Man erkennt auch, daß er sich im Körperbau erheblich von anderen Arten unterscheidet. Seine kurzen, korallenroten Beine sind, abgesehen vom Mauersegler und der Mehlschwalbe, im Verhältnis kürzer als bei allen übrigen heimischen Vögeln. Der Kopf ist dagegen, dem starken, dolchartigen Schnabel entsprechend, im Vergleich zur Körpergröße fast unverhältnismäßig groß.

Der Eisvogel fliegt recht schnell (obwohl ich selbst beobachtet habe, wie er vom Start weg von Haussperlingen überholt wurde), und wenn er im Flug dem Wasserlauf folgt, erreicht er augenscheinlich eine hohe Geschwindigkeit. Trotzdem ist er vor Greifvögeln nicht sicher. An einem Fluß in der Nähe zeigte mir jemand mehrere Rupfungen von Eisvögeln. Er war selbst Zeuge, wie ein Eisvogel von einem Sperbermännchen direkt von seinem Ansitz weg geschlagen wurde. Es sieht so aus, als hätten die Sperber in dieser Gegend eine besondere Vorliebe für Eisvögel entwickelt. Richtiger scheint mir jedoch die Vermutung, daß die Eisvögel durch ihre auffallende Färbung und durch ihre Gewohnheit, ungedeckte Sitzwarten aufzusuchen, die Aufmerksamkeit des Sperbers viel leichter erregen, als wir glauben.

Begegnung zweier Männchen. Die Eisvögel verharren "wie eingefroren" und versuchen so, ihre weiße Wangenzeichnung voreinander zu verbergen.
Ein Männchen bietet seinem Weibchen einen Fisch an.
Frisch ausgeflogene Jungvögel warten auf die Fütterung

Sommerliche Seeschwalben

Der harte Strandhafer ist die einzige Pflanze, die in dem lockeren Sandboden oben auf dem felsigen Riff gut gedeiht. Das Riff, das dicht vor der Küste liegt, ist nur klein, aber der windzerzauste Strandhafer-Bestand darauf beherbergt viele der letzten Rosenseeschwalben Großbritanniens. Rosenseeschwalben sind hübsche, zierliche Vögel mit schneeweißem Körper und blaßgrauen Schwingen, von denen sich die schwarze Kopfkappe und der schwärzliche Schnabel deutlich abheben. Über der Kolonie herrscht ein stetes Kommen und Gehen, und die Luft ist von den rauhen Rufen der Vögel erfüllt. Die Seeschwalben, die im Schutz des Strandhafers auf ihren Gelegen sitzen, rufen zu ihren anfliegenden Brutpartnern hinauf und recken dabei die Köpfe hoch über die Halmspitzen.

Die Rosenseeschwalben teilen sich den günstigen Brutplatz auf dieser kleinen Insel mit drei weiteren Seeschwalbenarten, die sich alle genau wie die Rosenseeschwalben nur während der kurzen Sommermonate bei uns einfinden. Die schönen Brandseeschwalben haben ihre Kolonie, in der sich 40 bis 50 Brutpaare eng zusammendrängen, in offenerem Gelände errichtet, wo der Sand mit feinem Kies vermischt ist, den die Winterstürme hier heraufgeweht haben. Hier können gerade die ersten Strandhaferbüschel Fuß fassen. Brandseeschwalben sind größer und robuster als Rosenseeschwalben. Ihre schwarzen Scheitelfedern bilden eine ausgefranste kleine Haube, und der Schnabel ist durch eine gelbe Spitze gekennzeichnet. Brandseeschwalben sind für ihre Unbeständigkeit bekannt; in einem Jahr sind sie hier, im folgenden bleiben sie aus. Einige von ihnen haben offenbar in dieser Brutsaison schon früh an einer anderen Stelle ihre Gelege verloren, denn sie kamen erst spät hier an, begannen sofort zu nisten und bebrüten jetzt noch ihre Eier, während die übrigen schon ihre sandfarbenen Jungen zu versorgen haben, die bereits recht groß sind und unablässig betteln.

Auf dem nackten, felsigen Untergrund der kleinen Insel brüten einige Paare der Küstenseeschwalbe und ein bis zwei Flußseeschwalbenpaare. Was die Küstenseeschwalben da zusammenscharren, kann man kaum als Nest bezeichnen. Die Nestmulden bestehen aus natürlichen Höhlungen und Vertiefungen im Fels zwischen einzeln stehenden, kümmerlichen Salz-Schuppenmieren und Strandkamillen. Diese Vertiefungen sind lediglich mit trockenen Grashalmen ausgelegt worden. Ein Paar hat sein Nest mitten in einem Büschel von Strand-Grasnelken direkt neben einem mit gelben Flechten überzogenen Felsblock angelegt. Auch bei den Küstenseeschwalben haben schon viele Junge ihre Nester verlassen. Sie ducken sich in Felsspalten und begrüßen jedesmal lautstark ihre Eltern, wenn sie mit einer Portion silbriger Sandaale ankommen. Küstenseeschwalben fischen dicht vor der Küste hinter der Flutlinie, indem sie in etwa 5 m Höhe

über dem Meer fliegen und aufmerksam nach unten schauen. Dann und wann unterbricht einer der Vögel seinen Flug, rüttelt kurz und stürzt sich hinunter; einige Meter entfernt tut ein weiterer Vogel das gleiche. War das Stoßtauchen vergebens, erheben sie sich wieder, schütteln das Wasser aus dem Gefieder und fliegen weiter.

Die einzige der fünf in England brütenden Seeschwalben, die auf dieser kleinen Insel nicht vorkommt, ist die Zwergseeschwalbe. Dieser kleine, lebhafte und empfindliche Vogel brütet allerdings nur wenige Meilen entfernt an einem Sandstrand, der sorgfältig von der unvermeidlichen, aber zerstörerisch wirkenden Konkurrenz durch sonnenhungrige Urlauber abgeschirmt wird. Die Zwergseeschwalbe reagiert von allen unseren Seeschwalben am empfindlichsten auf Störungen. Sie wählt zur Brut Strandabschnitte mit feinkörnigem Sand oder Kies, die genau zu der Zeit, wenn die Vögel zur Brut erscheinen, auch von menschlichen Besuchern gern aufgesucht werden.

Mit Ausnahme der Rosenseeschwalbe brüten die Seeschwalbenarten auch an der deutschen Nord- und Ostseeküste. Aber auch dort sollte man die Brutkolonien, falls sie sich nicht ohnehin in Naturschutzgebieten befinden, zur Brutzeit nicht betreten, weil sonst alle Vögel auffliegen, und die Eier und Jungen schutzlos den räuberischen Möwen und anderen Feinden preisgegeben sind. Seeschwalben lassen sich mit einem guten Glas beim Fischen außerhalb der Kolonien leicht beobachten.

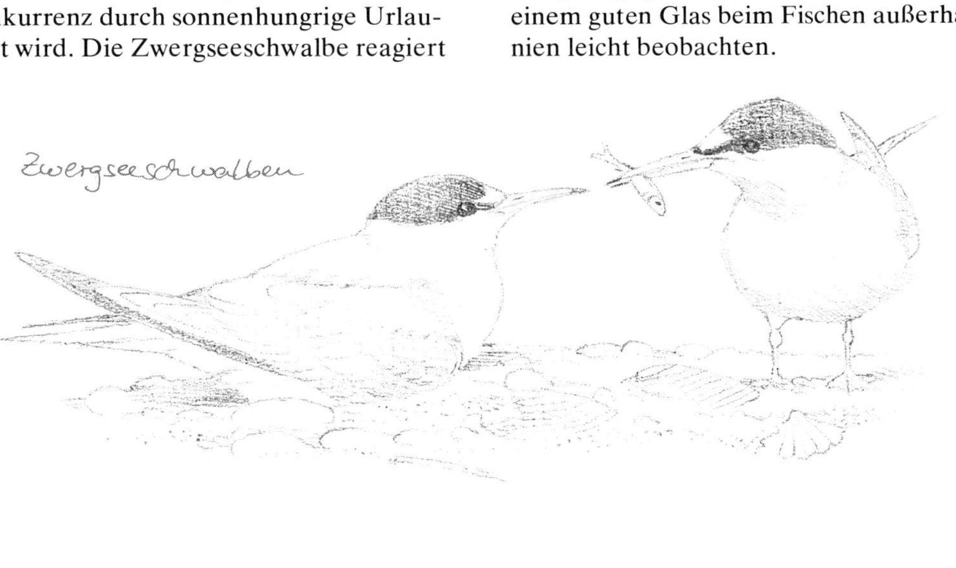

Herbst

Im Herbst ist alles der Veränderung unterworfen. Das gilt für die Vögel ebenso wie für unsere gesamte Umgebung. Riesige Vogelscharen sind zu dieser Zeit unterwegs, und die nahrungsreichen Gebiete Englands, vor allem an den Küsten, werden zur Drehscheibe des Vogelzugs für ganz Nordwesteuropa. Es ist nicht leicht, sich einen Überblick über die verschiedenen Hauptzugrichtungen zu verschaffen, denn parallel zum Abzug der arktischen und nordeuropäischen Brutpopulationen in die südeuropäischen und afrikanischen Winterquartiere finden weitere Wanderbewegungen statt: Vor allem aus Mittel- und Osteuropa ziehen sich die Vögel in großem Umfang in die klimatisch begünstigten Landstriche an den atlantischen Küsten zurück.

In England selbst nutzen die Vögel, die im Winter hierbleiben, das reiche herbstliche Nahrungsangebot, um neue Kraft zu sammeln und sich auf den kommenden Winter vorzubereiten. Nach der anstrengenden Brutsaison und der Mauser haben die Vögel den Spätsommer weitgehend ruhig verbracht. Jetzt aber, im September, steigert sich ihre Aktivität. Überall herrscht wieder einmal Aufbruchstimmung.

Die lähmende Sommerhitze geht allmählich zu Ende, und Mensch und Tiere genießen jetzt die erfrischende Kühle des Frühherbstes. Die Roßkastanien, die sich im Herbst als erste verfärben, sorgen jetzt im Stadtpark und an den Landstraßen für die ersten gelben und braunen Tupfer, und obgleich das Pflanzengewirr am Straßenrand bereits matt und entkräftet wirkt, bekommt die Landschaft doch neue farbliche Akzente durch die großen, auffallend rosa blühenden Bestände der Waldweidenröschen an Bahndämmen, Waldrändern und auf ungenutzten Grundstücken in der Stadt. Hier und da tragen auch die purpurnen Blütenstände der Sumpfkratzdisteln und Gewöhnlichen Kratzdisteln – dem Bauern höchst unwillkommen – und die gelben Köpfchen des Jakobsgreiskrauts zur Belebung der Flur bei. Stoppelfelder und frisches grünes Gras treten an die Stelle der wogenden Kornfelder und Mähwiesen. Den Starenschwärmen, Kiebitzen, Saatkrähen, Dohlen, Möwen und Finken stehen damit für die Nahrungssuche riesige Flächen zur Verfügung.

Stieglitze gehören zu den Arten, die im Herbst plötzlich scheinbar aus dem Nichts auftauchen. Ihre Brutzeit erstreckt sich über einen langen Zeitraum, aber mit Ausnahme eines Paares, das im vergangenen Jahr hoch oben in einer Zypresse nistete, bekomme ich bis zum Herbstanfang kaum etwas von ihnen zu sehen. Doch von heute auf morgen sieht man sie täglich in der Wiese auf den Köpfchen der hohen Sumpfkratzdisteln und gelbblühenden Greiskräuter schaukeln. Sie ernähren sich fast ausschließlich von Unkrautsamen, und verwilderte Grundstücke, Bahndämme, brachliegende Felder und ähnliche Flächen mit vielen fruchtenden Wildkräutern üben jetzt im Herbst eine besondere Anziehungskraft auf sie aus.

Vor ein paar Jahren habe ich den Fehler gemacht, rund ums Haus Riesenbärenklau auszusäen, der schon wegen seiner Größe (mit bis zu $4^1/_2$ m Höhe überragt er alle anderen wildwachsenden Stauden), aber auch wegen seines symmetrischen Wuchses und der enormen weißen Blütendolden so dekorativ und anziehend wirkt. Aber der Saft dieser Pflanze kann einen schlimmen Hautausschlag hervorrufen, und zum anderen breitet sich der Riesenbärenklau sehr schnell aus und ist dabei schier unbezähmbar. Er überwuchert in erstaunlich kurzer Zeit den gesamten Garten und wahrscheinlich auch das Haus, wenn man nichts dagegen tut. Aber die Stieglitze mögen diese Pflanze und kommen im Herbst auf dem kürzesten Weg hierher. Ihre Schnäbel sind größer als die der meisten anderen Finken; sie sind deutlich zugespitzt, und die Vögel können damit in den Fruchtständen von Löwenzahn, Disteln und Karden herumstochern. Um aber an die Samen in den flachen Dolden des Riesenbärenklaus heranzukommen, bedarf es kaum dieser speziellen Anpassung. Oft finden sich zusammen mit den Stieglitzen Fitilaubsänger auf den Pflanzen ein, die zwischen den mächtigen Blättern herumhuschen und die reichlich vorhandenen grünen Blattläuse und die anderen kleinen Insekten absammeln, die an den riesengroßen Stauden saugen.

In dieser Jahreszeit sind die Stieglitze nicht ganz so bunt wie sonst, da sie ziemlich spät brüten und ihre Mauser noch nicht ganz beendet haben. Trotzdem versteht man beim Anblick dieser Vögel ohne weiteres, warum sie sich früher als Käfigvögel einer solchen Beliebtheit erfreuten (in vielen Ländern rund ums Mittelmeer ist das auch jetzt noch so). Freilebende Stieglitze und andere Singvögel dürfen heute in England nicht mehr gefangen werden, es sei denn, man besitzt eine besondere Erlaubnis. In Deutschland gehören fast alle Singvögel, so auch der Stieglitz, zu den besonders geschützten Vogelarten, deren Fang streng untersagt ist.

Auch die allgegenwärtigen Buchfinken, die häufigsten und bekanntesten unter unseren Finken, tun sich nach Beendigung ihrer Brutzeit zu Trupps zusammen. Hier in der Nähe gibt es eine ruhige Straßenecke, die von zwei großen Eichen und einer breiten, wild wuchernden Hecke gesäumt wird. Dort brüten im Frühling ein bis zwei Buchfinkenpaare. Die Altvögel besetzen jedes Jahr das gleiche Revier und verteidigen es vehement gegen artgleiche Nachbarn. Nachdem die Brut vorüber ist, verlieren die Reviergrenzen jedoch

Die Herbstlandschaft auf den vorigen Seiten zeigt eine Wacholderdrossel, Rotdrosseln, ein Amselweibchen und Saatkrähen.

Saatkrähen auf einem herbstlichen Feld

ihre Bedeutung, obwohl die Vögel den ganzen Herbst und Winter hindurch in der Nähe bleiben. Die Weibchen, die Männchen und die Jungvögel des jeweiligen Jahres bilden somit einen Trupp.

Wenn ich dort vorbeikomme, fliegen die Buchfinken ohne jeden Laut in die unteren Äste der Eichen. Dort bleiben sie ruhig sitzen, oder sie wetzen vielleicht kurz ihren Schnabel oder ordnen einzelne Federn, indem sie sie sorgfältig zwischen Ober- und Unterschnabel hindurchziehen. Sobald ich mich jedoch etwas entfernt habe, lassen sich die Vögel in kurzen Abständen wie fallende Blätter wieder auf den Boden nieder, um auf dem breiten, gemähten Bankett an der Innenseite der Straße Nahrung aufzunehmen.

Ich finde es erstaunlich, daß sich die Vögel im Frühherbst wochenlang ohne Unterbrechung dort aufhalten und daß es ausgerechnet an dieser Stelle für ein Dutzend oder mehr Buchfinken immer genügend Futter gibt. Die Lösung des Problems liegt wohl in der ungeheuren Zahl von winzigen Galläpfeln, von denen die Eichenblätter in diesem Jahr befallen sind. Schon bevor die ersten Blätter fielen, platzten die kleinen flachen Gallen, die nach Größe und Form wie Fischschuppen aussehen, von der Unterseite der Blätter ab und prasselten auf die Erde. Damit verfügten die Buchfinken über einen unerschöpflichen Futtervorrat, und zwar auch noch, nachdem die letzten Blät ter abgefallen waren und den Boden bedeckten.

Unsere Buchfinken erhalten von September an großen Zuzug von Artgenossen aus Skandinavien, die sich aber deutlich anders verhalten. Zunächst einmal verlassen sie ihre Brutgebiete truppweise nach Geschlechtern getrennt, wobei die einzelnen Trupps enorm groß sein können. Zuerst ziehen die Weibchen, und bald darauf folgen ihnen die männlichen Tiere. Nachdem sich die Geschlechter schon früh voneinander abgesondert haben, ändert sich die Zusammensetzung der Schwärme meist bis zum Rückzug im Frühling nicht mehr, die Vögel vergesellschaften sich auch meist nicht mit den einheimischen Buchfinken. Die Buchfinken, die vom Festland hierher kommen, wählen die Route über Belgien und Nordfrankreich und überqueren den Ärmelkanal an seiner engsten Stelle. Darauf breiten sie sich über das Land aus und suchen auf Stoppelfeldern und Brachländereien nach Futter. Auf den Äckern arbeiten sie sich oft in dichten Scharen langsam voran, wobei die hinten im Schwarm sitzenden Vögel immer wieder auffliegen und sich auf den ergiebigsten Plätzen an der Spitze niederlassen. Von weitem ähnelt dieser Bewegungsablauf einer auflaufenden Flutwelle.

Eben diese Zuzügler vom Festland bilden auch die großen Vogelansammlungen, die auf den Landzungen im Westen Großbritanniens von Cornwall bis zum nördlichen Wales zustandekommen, wenn die Vögel sich anschicken, hier die irische See zu überqueren. Von Ende September bis in den Oktober und November sieht man auf den Landspitzen in Pembrokeshire oder oberhalb der Steilküste am Holyhead-Berg in Anglesey viele Felder, auf denen jeder Quadratmeter von zahllosen Buchfinken bedeckt ist. Wenn man jetzt lange genug wartet oder gerade im richtigen Moment ankommt, erheben sie sich hoch in die Luft und nehmen in riesigen Schwärmen, laut durcheinanderrufend, hoch über die Klippen und das Meer hinweg Kurs auf die ferne irische Küste.

Gimpel ernähren sich im Frühling von Knospen, im Herbst dagegen von verschiedenen Sämereien. Sie kommen jedoch zur Nahrungssuche selten auf den Boden.
Grünfinken finden ihre Nahrung auf dem Boden, aber auch, indem sie sich an waagerechten Stengeln anklammern.
Kleine Goldammerntrupps halten im Herbst Nachlese auf den Getreidefeldern.
Buchfinkenmännchen- diese Vögel sieht man im Herbst oft in großen Schwärmen bei der Futtersuche.
Männchen des Bluthänflings- Bluthänflinge suchen im Herbst auf Ödland und im Feld nach Samen.

Stieglitze haben einen längeren und
schlankeren Schnabel als ihre Verwandten.
Sie kommen damit an die sehr verborgenen
Samen von Wilden Karden und Disteln
heran.

Wie erkennt man die Arten?

Umriß Da man Vögel oft nur als Silhouetten erkennt, helfen Farbe und Gefiedermerkmale allein bei der Bestimmung nicht weiter.

Größe Die geringe Größe des Kleinspechts, hier im Vergleich zu einem Eichenblatt, sichert die Bestimmung ab.

Lebensraum Die Bergente hält sich meistens auf dem Meer auf, während man die ähnliche Reiherente auf Süßwasser findet.

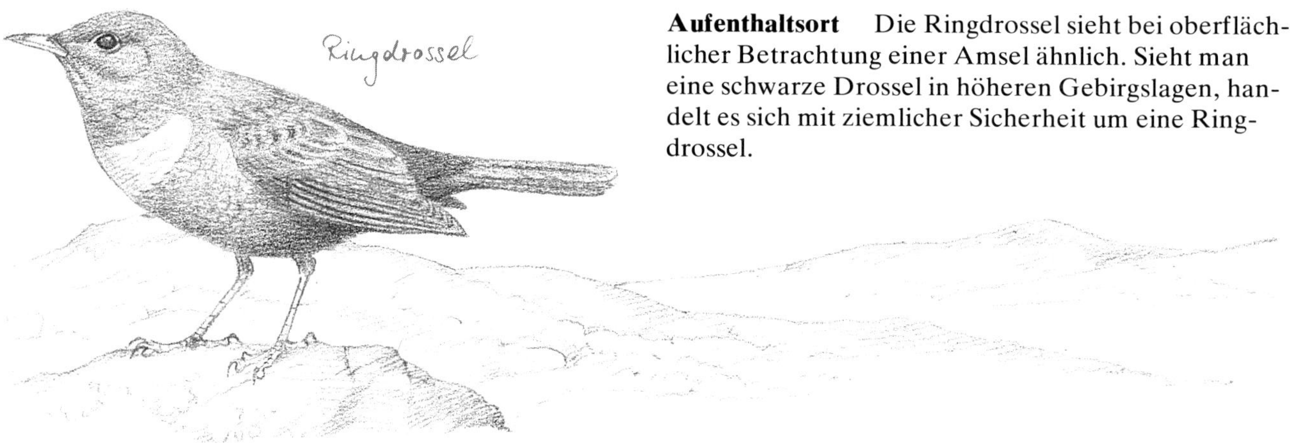

Aufenthaltsort Die Ringdrossel sieht bei oberflächlicher Betrachtung einer Amsel ähnlich. Sieht man eine schwarze Drossel in höheren Gebirgslagen, handelt es sich mit ziemlicher Sicherheit um eine Ringdrossel.

Verhalten Die scheue, unscheinbare Heckenbraunelle versteckt sich meistens am Boden.

Flug Der schnell fliegende Sperber läßt sich an Hand der Flugweise vom Kuckuck unterscheiden, dem er äußerlich ähnelt.

Gesang Fitislaubsänger und Zilpzalpe sind optisch kaum voneinander zu unterscheiden, sie singen aber ganz unterschiedlich.

Flügelform Im Flug ist die Form der Flügel oft ein wichtiges Unterscheidungsmerkmal.

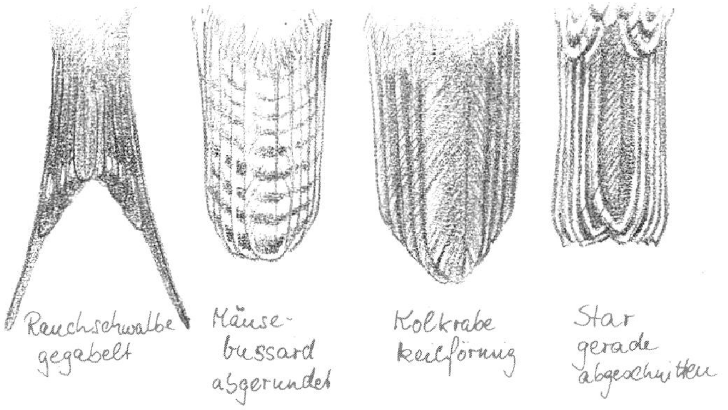

Schwanzform Auch die Schwanzform variiert erheblich und hilft bei der Bestimmung.

Feldkennzeichen z. B. an Gesicht, Hals, Bürzel und Flügeln der Vögel sind wichtige Bestimmungshilfen.

Aufbruchstimmung

Wenn sich die Rauch- und Mehlschwalben in ständig wachsender Zahl auf den Telegraphendrähten versammeln, hat der Herbst endgültig seinen Einzug gehalten. An den viel kürzeren Schwanzspießen und der blasser gefärbten Unterseite kann man die diesjährigen Rauchschwalben von ihren Eltern unterscheiden, allerdings sind während der Brutzeit auch die langen, eleganten Schwanzspieße der alten Männchen und die etwas kürzeren der Weibchen zum Teil verschlissen oder abgebrochen. Zu Beginn der Herbstversammlungen sitzen die Vögel die meiste Zeit ruhig auf den Leitungen; manchmal fliegen einige kurz auf, um Insekten zu erhaschen, und neu eintreffende Schwalben gesellen sich zu den rastenden Tieren. Aber im Laufe der Zeit macht sich ein zunehmender Bewegungsdrang bemerkbar, der sich in einer höheren Rufaktivität und in deutlich erkennbarer Unruhe äußert: Die Vögel putzen jetzt oft ihr Gefieder und erheben sich scharenweise von den Drähten, fliegen aufgeregt umher und lassen sich dann in großer Zahl wieder nieder. Die Zeit des Abflugs steht nun unmittelbar bevor, und eines Morgens hat sich die Zahl der Schwalben deutlich verringert. Die zurückbleibenden Vögel, vor allem Mehlschwalben, sind Spätbrüter, die sich noch um ihre Jungen kümmern müssen. Es kann noch mehrere Wochen dauern, bis sich auch die letzten Nachzügler schließlich auf ihre neun- oder zehntausend Kilometer lange Reise begeben, die sie bis über den Äquator führt.

Etwa zur gleichen Zeit lösen sich bei den Standvögeln allmählich die Familienverbände auf. Den Eisvogel kann man eigentlich nicht als Zugvogel bezeichnen, und viele Eisvögel halten sich auch mit Sicherheit das ganze Jahr über an ihren angestammten Bächen und Flüssen auf. Gleichzeitig verteilen sich aber auch die Jungvögel aus den einzelnen Bruten des betreffenden Jahres in nicht unerheblicher Anzahl im Gebiet. Ich habe diesen Vorgang an den kleineren Bächen hier in der Gegend selbst verfolgt, und zwar vor allem an den Gewässern, die das Hügelland nach Norden verlassen. Die jungen Eisvögel folgen den Wasserläufen in entgegengesetzter Richtung nach Süden und wandern vermutlich über die Wasserscheide bis ins nächste Flußsystem. Ich habe schon Eisvögel in beträchtlicher Höhe angetroffen und war deswegen ziemlich überrascht (sie waren es wohl auch!). Dort saßen sie etwa auf einem Stacheldrahtzaun neben einem schmalen Bächlein, das von dem unbewaldeten Hügel herabrauscht. Bei anderer Gelegenheit sah ich Eisvögel hoch oben im Tal, weit außerhalb ihres normalen Verbreitungsgebiets; am Bach entlangfliegen. Meine Theorien und Vermutungen über die Wanderungen von Eisvögeln im Spätsommer und zu Beginn des Herbstes stützen sich nicht zuletzt auf einen Jungvogel, den ich einmal im Juli zu Hause am Bach beringt habe. Er wurde mehrere Monate danach in Nordfrankreich wiedergefunden.

Manche Vögel, die im Winter bei uns ausharren, drängen jetzt ihre Jungen regelrecht aus dem Revier. Sie wollen sich ihre eigene Nahrungsgrundlage für die kommende kalte Jahreszeit nicht durch Artgenossen streitig machen lassen. Grünspechte bilden ein Beispiel für dieses Verhalten, und neben anderen Arten vertreiben auch Waldkäuze und Mäusebussarde ihre Nachkommen aus der unmittelbaren Nachbarschaft.

Während die Wintervögel all diese Familienzwistigkeiten regeln, erreicht der Vogelzug bereits seinen Höhepunkt. Trauerbachstelzen kommen in unserem Gebiet zu dieser Jahreszeit regelmäßig vor. Sie sind auf Insektennahrung spezialisiert, und zwar vor allem auf kleinere Kerbtierarten. Trotz ihres Namens halten sie sich nicht nur an Gewässern auf. Obwohl man Trauerbachstelzen oft auf Rieselfeldern und an den Ufern von Flüssen und Stauseen antrifft, fühlen sie sich auf feuchtem Weideland, auf Bauernhöfen

Rauch- und Mehlschwalben sammeln sich auf den Telegraphendrähten
Trauerbachstelzen auf dem Herbstzug - links ein überwiegend grau gezeichneter Jungvogel

und in Gärten und auf Sportplätzen im Randbereich der Städte ebenso wohl. Die Vögel sind fast ständig auf der Suche nach Nahrung, die sie meist vom Boden absammeln. Gelegentlich führen sie, wie die Fliegenschnäpper, kurze Flatterflüge aus, um kleine Mücken und andere Insekten zu erbeuten.

Auf dem Zug suchen Trauerbachstelzen ihre Nahrung auf kurz geschorenen Sportplätzen und Rasenflächen, und wenn man allmorgendlich die Bachstelzen zählt, die sich auf den Schulsportplätzen und auf den Grünflächen am Rathaus aufhalten, kann man sich vom Verlauf und von der Stärke des Zuges ein recht genaues Bild machen. Die erwachsenen, schwarz und weiß gezeichneten Vögel sind gegenüber den unausgefärbten Jungtieren in der Minderheit. Den ganzen September hindurch erhöht sich die Zahl der Trauerbachstelzen kontinuierlich und fällt danach wieder ab; zurück bleiben nur die ganz wenigen Vögel, die auch den Winter hier verbringen.

Außerhalb der Brutzeit bilden die Bachstelzen Schlafgemeinschaften, die in der Abenddämmerung truppweise im Schilf und an ähnlichen Stellen einfallen und auf den schwankenden Halmen sitzend die Nacht verbringen. Viele Bachstelzen zeigen jedoch einen bemerkenswerten Unternehmungsgeist; sie haben sich nämlich angewöhnt, massenweise auf den vergleichsweise warmen steinernen Simsen an öffentlichen Gebäuden, oder auch auf Bäumen mitten im Stadtzentrum zu schlafen. Dabei machen ihnen der Lärm und das abendliche Getriebe in der Stadt überhaupt nichts aus. Manche wissen sogar schon die Vorteile geheizter Gewächshäuser zu schätzen!

Die Trauerbachstelze ist die in England vertretene Unterart der Bachstelze. Während die mitteleuropäischen Bachstelzen oberseits grau gefärbt sind, ist bei den Trauerbachstelzen die Rückenpartie schwarz. Hinsichtlich ihres Verhaltens weisen beide Formen, zumal sie ja der gleichen Art angehören, keine besonderen Unterschiede auf.

Umherstreifende Meisentrupps

Der Herbst hat dem Vogelbeobachter sowohl in der Stadt als auch draußen auf dem Land eine ganze Menge zu bieten. Auf fast jedem Spaziergang sieht man jetzt lärmende, geschäftig herumturnende Trupps von Meisen. Die Bahnlinie ganz in der Nähe, die schon vor längerer Zeit stillgelegt wurde, bildet dafür das lohnendste Ziel. Hier findet man um diese Zeit Scharen von wandernden Meisen, die sich langsam am Waldrand entlangbewegen, in den Salweiden und jungen Birken am alten Bahndamm herumstöbern, oder neugierig die alten Erlen, Eichen und Platanen am Flußufer untersuchen.

Obwohl man zuerst den Eindruck gewinnt, daß die Meisen ziellos umherwandern, bewegen sie sich doch nur innerhalb eines fest umrissenen Gebietes, in dem sie zu verschiedenen Tageszeiten jeweils bestimmte Stellen aufsuchen. Es ist nachgewiesen worden, daß viele Einzeltiere aus diesen Schwärmen, vorausgesetzt sie überleben bis zum nächsten Frühling, in oder nahe bei dem Gebiet, das sie im Winter scheinbar so ziellos durchstreift haben, auch zur Brut schreiten. Wenn die Trupps aus Blau-, Kohl-, Sumpf- und Tannenmeisen langsam vorüberwandern, erkennt man die Jungvögel an ihrem schmutzigeren, mehr gelblichen Aussehen. Ihnen fehlen auch noch die weißen Wangen der Altvögel. Innerhalb des Trupps bleiben die Vögel dauernd miteinander im Rufkontakt. Diese Stimmfühlungsrufe spielen für den Zusammenhalt der lockeren Verbände eine wichtige Rolle. Während die Vögel auf ihren täglichen Streifzügen am Bahndamm entlangziehen, kommt es durchaus vor, daß sich die individuelle Zusammensetzung des Trupps unterwegs ändert. Dies betrifft vor allem die erwachsenen Tiere. Bei manchen Meisenarten, besonders bei der Sumpfmeise, verlieren die Altvögel die Bindung an ihre Brutreviere nicht vollkommen. Vermutlich üben vorüberziehende Meisentrupps eine fast magnetische Anziehungskraft auf diese Vögel aus; wenn sich der Schwarm aber zu weit von ihrem Brutgebiet entfernt, verlassen sie ihn wieder. Oft sind die hyperaktiven, gewandten Meisen mit anderen Arten vergesellschaf-

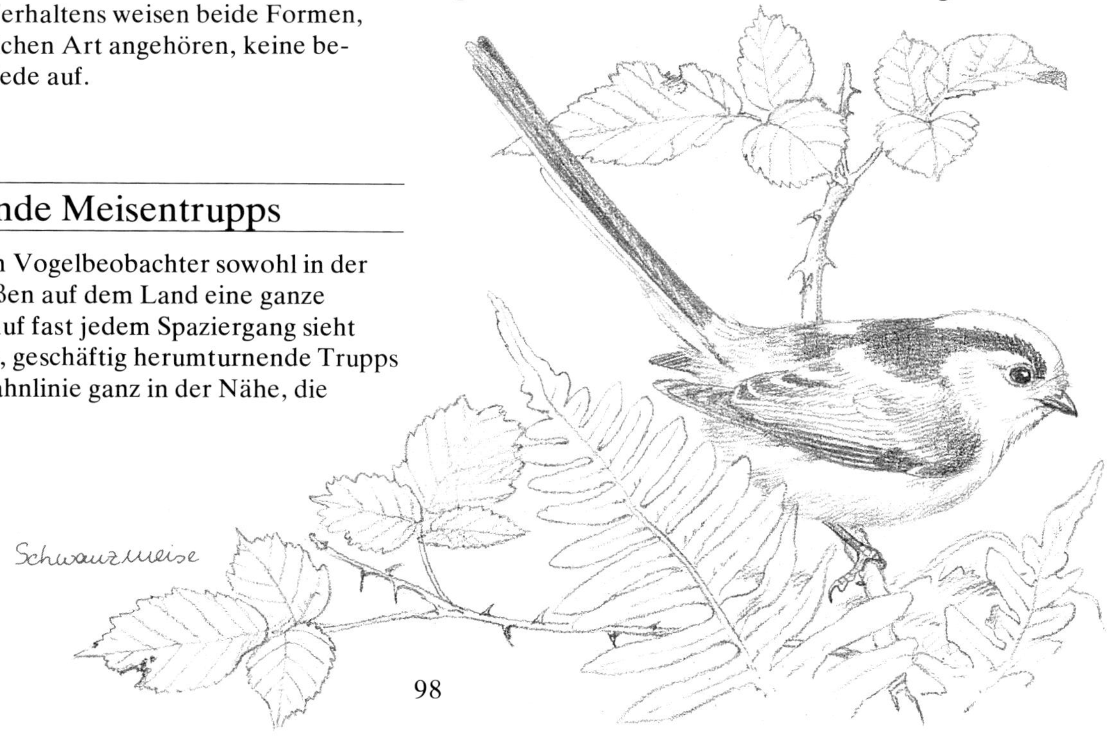

tet: Waldbaumläufer und Wintergoldhähnchen sind vielleicht ihre häufigsten Begleiter, aber ich habe sie gelegentlich auch in Gesellschaft von Kleibern und hin und wieder zusammen mit Erlenzeisigen gesehen.

Die Futtersuche im Schwarm bietet den Meisen wahrscheinlich einen doppelten Vorteil: Zum einen werden ergiebige Futterquellen leichter entdeckt, zum anderen gewährt der Schwarm einen besseren Schutz vor Feinden, denn viele Augen sehen natürlich mehr als zwei. Im Frühling und Sommer haben die Meisen allerlei Insekten gefressen, jetzt aber müssen sie sich auf Samen, Nüsse und Früchte umstellen. In Jahren mit reichlichem Fruchtansatz hat die Buchenmast eine besonders wichtige Bedeutung für die Meisen. Die Kohlmeise kann lediglich die Bucheckern aufnehmen, die von den Bäumen auf den Boden heruntergefallen sind, aber die kleineren und flinkeren Arten fliegen im Frühherbst die dünnen Zweige an, um die Bucheckern aufzuhämmern, bevor sie abfallen. Alle Meisen benötigen jedoch Insekten als Beikost.

In der Stadt und in den Gärten rund um die Ortschaften profitieren Meisen nicht nur von den zahlreichen Futterhäusern, sondern sie nutzen auch andere Gelegenheiten. So entdeckten sie beispielsweise vor nicht allzu langer Zeit (den Berichten zufolge etwa 1930), daß man an die Sahne in den Milchflaschen vor der Haustür herankommen kann, wenn man vorher schnell die Metallfolie aufhackt.

Eine ebenfalls recht verbreitete Meisenart, die sich den futtersuchenden Wintergesellschaften jedoch nicht anschließt, ist die Schwanzmeise. Sie ernährt sich das ganze Jahr hindurch ausschließlich von Insekten. Außerhalb der Brutzeit halten die Familien – oder manchmal auch mehrere Familien – zusammen und gehen in Hecken oder im dichten Gewirr des Unterholzes am Waldrand auf Insektenjagd.

Sie sind leicht zu zählen, wenn sie kürzere Strecken in offenem Gelände zu überwinden haben. Sie überfliegen solche Lücken in der Vegetation in charakteristischer Weise einzeln nacheinander in lockerer Folge, wobei sie ihre wie „tserrp“ klingenden leisen Stimmfühlungslaute hören lassen. Schwanzmeisen gehören zu unseren niedlichsten und zierlichsten Kleinvogelarten. Ihr Gefieder weist rosa, schwarze und weiße Farbtöne auf, und sie haben einen sehr charakteristischen, langen Schwanz, mit dessen Hilfe sie bei ihrer akrobatischen Kletterei das Gleichgewicht halten.

Die abgebildete britische Rasse der Schwanzmeise ist durch einen weißen Kopf mit einem breiten schwarzen Überaugenstreif gekennzeichnet. In Deutschland bekommt man gelegentlich auch eine andere Unterart mit reinweißem Kopf zu Gesicht.

Höckerschwäne – verehrt und mißhandelt

Die Höckerschwanfamilie am Fluß hat von ihren fünf Jungen schon zwei verloren. Solche Verluste sind in den Wochen nach dem Schlüpfen unvermeidlich. Die Familie hält noch zusammen, und die Jungvögel haben schon beinah die Größe ihrer Eltern erreicht, obwohl sie mit ihrem schmutzig-grauen Federkleid noch „häßliche Entlein" sind. Bis sie das strahlend-weiße Erwachsenenkleid anlegen, wird noch mindestens ein weiteres Jahr ins Land gehen. Höckerschwäne gehören teils wegen ihrer Größe (sie sind die größten unter allen unseren Vögeln), teils wegen ihres rein weißen Gefieders zu den bekanntesten einheimischen Vertretern der Vogelwelt. Obwohl sie uns so vertraut sind, obgleich sie eine besondere Zuneigung genießen und einen hervorragenden Platz in unseren Sagen und in unserer Geschichte innehaben, sind sie doch in manchen Gegenden vielfach Mißhandlungen durch den Menschen ausgesetzt.

Viele Probleme der Höckerschwäne sind eine Folge unserer Nachlässigkeit und Gedankenlosigkeit. Der Abfall, der von Anglern zurückgelassen wird, vor allem die als Gewichte verwendeten Bleikügelchen, aber auch Angelschnüre, machen allen Wasservögeln ungeahnte Schwierigkeiten. Bleivergiftungen durch die weggeworfenen Kügelchen haben zu dem besorgniserregenden Bestandsrückgang der Höckerschwäne auf Flüssen wie der Themse, dem Trent, und dem Avon beigetragen, und eine ausrangierte Angelschnur kann für diese Vögel zur tödlichen Falle werden. Andere Faktoren wie Hochspannungsleitungen, Wasserverschmutzung, Ölrückstände und die durch nichts zu rechtfertigende Zerstörung von Nestern bzw. Tötung von ausgewachsenen Vögeln in städtischen Gebieten tragen das Ihre dazu bei, daß Höckerschwäne in manchen Gegenden einen so schweren Stand haben.

Diese großen, eleganten Vögel ernähren sich ausschließlich von Pflanzen. Manchmal rupfen sie Gras auf den Wiesen, aber häufiger gründeln sie, um Stengel und Wurzeln von Wasserpflanzen abzureißen, wobei sie mit ihrem langen Hals maximal einen knappen Meter unter die Wasseroberfläche reichen. An der Errichtung der großen Nestplattform im Frühjahr beteiligen sich beide Geschlechter. Das Männchen bringt Nistmaterial wie Schilfhalme, Binsen, Teile von Schwimmblattpflanzen usw., die dann vom Weibchen verbaut werden. Wenn die Eier vom Weibchen bebrütet werden, verteidigt der Schwanenmann sein Nest ohne jede Furcht. Seine Drohstellung zeugt von gestauter Angriffslust und verborgener Kraft. Mit zurückgebogenem Hals, aufgeplusterten Halsfedern und halb aufgestellten Schwingen bietet der männliche Schwan, der dazu noch zischende Laute ausstößt, einen einschüchternden Anblick. So mancher nichtsahnende Bootfahrer, der unabsichtlich einem Schwanennest zu nahe kam, mußte schon vor dem heftig vorgetragenen Angriff eines wütenden Schwanenmännchens Reißaus nehmen.

In der Brutzeit sind Füchse die Hauptfeinde der Schwäne. Diese legen ihr Nest daher, durch Erfahrung klug geworden, in Sümpfen, auf Inseln, oder mitten im Schilf an, wo sie durch das Wasser geschützt sind – oft sehr zum Ärger der Füchse und zum Verdruß der Lausbuben, für die die Schwäne dann knapp außer Reichweite sind.

Das Weibchen brütet auf einem großen, aus weichen Pflanzenteilen errichteten Nest.

Die angriffslustige Haltung des Schwanenmännchens wirkt überzeugend und bedrohlich

Drei graugefiederte Jungschwäne in Begleitung ihrer Eltern

Elster und Rabenkrähe

Vögel im Straßenverkehr

Straßen und ihre Randbereiche beanspruchen in unserem Land eine so große Bodenfläche und stellen gleichzeitig einen so eigentümlichen Lebensraum dar, daß sie bei unseren freilebenden Tieren offensichtlich nicht unbeachtet bleiben können. In dichter bebauten Gebieten können die breiten Randstreifen von Autobahnen und Hauptverkehrsstraßen eine ganz besondere Bedeutung erlangen. Straßen schränken einerseits die Bewegungsfreiheit mancher vierbeiniger Tiere ein, andererseits bilden sie für viele Säugetiere, Vögel, Amphibien und Insektenarten regelrechte Todesfallen; genau das macht sie aber für verschiedene Aasfresser erst recht interessant.

Eine ganze Reihe von Vogelarten macht sich mittlerweile unser Straßennetz auf eigene Art zunutze, allerdings kann sich das Artenspektrum dieser Vögel je nach der Gegend etwas ändern. Im Stadtbereich gelingt es den verwilderten Tauben, den Haussperlingen und den allgegenwärtigen Staren ganz gut, von dem Abfall zu leben, den sie im Rinnstein, auf den Bürgersteigen und auf der Straße selbst finden. Erst in diesem Monat fuhr ich in London auf einer verstopften Straße im Kriechtempo auf ein Haussperlingsmännchen zu. Ich hätte schwören können, daß ich ihn überfuhr, doch es zeigte sich, daß einige dieser gefiederten Stadtbewohner sehr genau wissen, wie weit sie sich jeweils vorwagen können. Kaum weniger erstaunlich finde ich, wie häufig Amseln und Buchfinken an den Straßen im Randbereich der Städte Menschen und Autos an sich herankommen lassen, und wie gering dabei ihre Fluchtdistanz ist.

Saatkrähen sind wahre Meister in der Kunst, an der Autobahn satt zu werden. Während der Nahrungssuche halten sie sich oft nur wenige Meter neben dem schnell fließenden Verkehr auf. Am Tage gehören sie zu den Arten, die einen Großteil der überfahrenen Vögel und anderen Tiere von der Straße holen. Rabenkrähe und Elster beteiligen sich ebenfalls in besonders großem Umfang an der Beseitigung der Kadaver von Kaninchen, Katzen, Igeln und anderen Tieren, die vor allem nachts auf der Straße den Tod finden. Insoweit erfüllen sie also ganz klar eine nützliche Aufgabe, und es zeugt von ihrer Umsicht, daß sie selbst so selten dem Verkehr zum Opfer fallen – gerade jetzt, wo alle Jungvögel, ihre eigenen inbegriffen, im Straßenverkehr Spießruten laufen müssen. In dieser Jahreszeit werden sicher bei weitem die meisten Tiere überfahren, und die Gesamtzahl der Opfer unter den freilebenden Tieren muß landesweit wohl eine astronomische Höhe erreichen. Hierzu gibt es zwar bereits einige lokale, aber keine umfassenden Erhebungen.

Die Altmeister in der Kunst, an der Straße mit heiler Haut davonzukommen, sind für mich die Trauerbachstelzen. Es gibt viele Paare, deren Brutreviere an eine Straße grenzen. Diese Vögel verbringen einen großen Teil des Tages damit, dem Verkehr auszuweichen; sie wissen ganz exakt einzuschätzen, wann sie die Straße gefahrlos überqueren können. Ich weiß jedenfalls nicht mehr, wann ich zum letztenmal eine tote Bachstelze auf der Straße gefunden habe.

Teichhühner scheinen als Fußgänger auf der Straße sichere Todeskandidaten zu sein, aber in den vergangenen Jahren habe ich diese Vögel bei verschiedener Gelegenheit, genau wie die Saatkrähen, dicht neben stark befahrenen Straßen beobachtet.

Es gibt noch verschiedene andere Arten am Straßenrand, angefangen von den Hohltauben und anderen Vegetariern, die wegen der Magensteinchen hierher kommen, bis zu den Waldkäuzen und Schleiereulen, die nachts so oft überfahren werden. Ich halte es aber für möglich, daß dann zumindest einige von ihnen auch von den Überresten der anderen Verkehrsopfer profitieren. Das beklagenswerteste Opfer, das mir in letzter Zeit zu Gesicht kam, war wohl ein eben ausgeflogener Ziegenmelker – eine sehr selten gewordene Art – der nachts in einem Dorf im nördlichen Wales beim Schein der Straßenlampen Nachtfalter gejagt hatte und von einem vorbeifahrenden Wagen tödlich verletzt worden war.

Schleiereulen am hellen Tage

Auf einer der schmalen, typisch walisischen Landstraßen hatte ich einmal ein merkwürdiges Erlebnis. Diese Straßen haben zu beiden Seiten hohe, steile Böschungen, auf denen ansehnliche Hecken und einzelne große Eichen und Eschen wachsen, deren Wurzelsystem in der steilen Böschung oft freiliegt. Als ich gerade durch eine der zahllosen Kurven fuhr, erschien unverhofft eine Schleiereule. Sie hatte es nicht besonders eilig und flog zwischen den Straßenböschungen vor dem Wagen her. Als die Landstraße breiter wurde und auf einer Seite zwischen Böschung und Fahrbahn noch Platz für einen unebenen, breiten Randstreifen bot, flog die Eule in nur vier bis fünf Metern Abstand direkt neben dem Auto.

Wenn man einmal die Gelegenheit hat, eine Schleiereule aus der Nähe zu betrachten, kann man sich leicht vorstellen, warum alle unsere Eulen in der Überlieferung als besonders geheimnisumwittert gelten. Schon ihr Aussehen verleiht ihnen etwas Rätselhaftes, das den anderen Vogelarten völlig fehlt. Eulen erwecken bei uns das Gefühl, als gehörten sie zu einer anderen Welt. Das Geheimnis, das diese Vögel umgibt, wird natürlich noch dadurch vergrößert, daß wir normalerweise wenig Einblick in ihre Lebensweise haben. Eulen sind auf die Dunkelheit angewiesen, aber dieser Vogel war im hellen Tageslicht unterwegs und wirkte dadurch merkwürdig fehl am Platz.

Die geisterhaft weiße Schleiereule nahm von dem nebenherfahrenden Wagen überhaupt keine Notiz; sie flog langsam mit leichten, raschen Flügelschlägen am Straßenrand entlang. Nach dem äußeren Eindruck zu urteilen, ist die Schleiereule ein Vogel von mittlerer Größe, doch der eigentliche Körper, der sich in dem dichten weichen Gefieder verbirgt, ist recht klein. Dank der fein gezähnelten Säume ihrer Schwung- und Konturfedern fliegt diese Eule vollkommen geräuschlos. So wird der äußerst empfindliche Gehörsinn, auf den die Schleiereule bei der Jagd angewiesen ist, durch den eigenen Flügelschlag in keiner Weise beeinträchtigt.

Wenn erwachsene Schleiereulen bedroht werden, drücken sie sich flach auf den Boden und breiten dabei die Flügel aus.
Waldohreule in steif aufgerichteter, ängstlicher Haltung.
Auf Bauernhöfen sind Schleiereulen große Mäusevertilger.
Sumpfohreule – dieser Bodenbrüter lebt in Sümpfen und im Dünengelände.

Ein Waldkauz in geräuschlosem Gleitflug
Unsere kleinste Eulenart, der Steinkauz, sitzt am Tage oft auf Zaunpfählen.
Nest eines Waldkauzes in einer Baumhöhle mit zwei Jungen im Dunenkleid.

Während der lautlose Mäusejäger neben mir auf gleicher Höhe flog, wandte er mehrmals seinen riesengroßen weißen Kopf und blickte ohne irgendein Zeichen der Erregung das Auto an. Zweimal hielt die Eule im Flug kurz inne, als wolle sie sich ins Gras stürzen, und schließlich, nachdem wir ungefähr 300 m unmittelbar nebeneinander zurückgelegt hatten, drehte sie ab, flog über die Hecke und verschwand im Feld.

Schleiereulen sind in erster Linie dämmerungsaktiv. Wenn sie zu dieser Zeit an Bahndämmen, Feldrainen und über unwegsamem Sumpfgelände jagen, wirkt ihre gespenstisch anmutende Gestalt auffallend hell. Schleiereulen jagen auch am Tag, besonders wenn sie Junge zu versorgen haben oder aber wenn gegen Ende des Winters, bevor die kleinen Nagetiere sich wieder vermehren, das Futter knapp wird.

Neulich beobachtete ich frühmorgens eine andere Schleiereule, die im unebenen Gelände eines Kirchhofs jagte und die verwilderte Gemeindewiese nach Mäusen absuchte. Bei meiner Ankunft stieg sie höher in die Luft und ließ sich auf der Spitze eines Telegraphenmasts am Straßenrand nieder. Sie plusterte sich ein wenig auf, wandte dann den Kopf und sah mich an. Deutlich waren die schwarzen Augen in ihrem weißen, maskenhaften Gesicht zu erkennen. Das Gesicht der Schleiereule hat die Wirkung eines eingebauten Parabolspiegels, der im Jagdgebiet jedes noch so leise Geräusch vom Boden auffängt und an die verborgenen Ohröffnungen weiterleitet. Bei dieser Eule konnte man auch gut den dünnen gebogenen Schnabel sehen, der immer den Eindruck erweckt, als sei er viel zu klein und schwach für die Aufgabe, die er zu erfüllen hat.

Nach einer halben Minute strich meine Schleiereule wieder ab und unterzog die Gemeindewiese nach beiden Richtungen einer genauen Inspektion. Dabei flog sie geräuschlos, aber doch schnell etwa 5 m hoch über der unebenen Grasnarbe. Einmal wendete sie und stieß energisch ins Gras, wobei sie die Fänge vorstreckte und im letzten Augenblick den Kopf einzog. Für einen Moment blieb sie verschwunden, doch sie verfehlte die Beute – was immer es auch gewesen sein mag. Nach wenigen Sekunden war sie erneut in der Luft, glitt über eine Reihe von Vorgärten hinweg und setzte sich schließlich auf das hölzerne Tor, durch das man auf die versumpften Wiesen hinausgelangt. Dort schüttelte sie sich, streckte sich kurz, setzte einen Kalkspritzer ab, schüttelte sich erneut und verharrte dann in der für Schleiereulen charakteristischen, buckligen Haltung. Sie schaute mehrmals nach allen Richtungen und drehte dabei ihren Kopf bis auf den Rücken. Zu guter Letzt flog sie über den Sumpf hinweg ab und verschwand.

Der Bestand an Schleiereulen ist fast überall in Großbritannien in neuerer Zeit arg zurückgegangen. Die Gründe dafür liegen vor allem in der Intensivierung der Landwirtschaft im Flachland und in der Verwendung giftiger Chemikalien. Auch der Abriß alter Gebäude und das Fällen von hohlen Bäumen, auf die sie zur Brut angewiesen ist, tragen zum Rückgang dieser Art bei. Gleichzeitig zeigen aber immer mehr Bauern und Landbesitzer Verständnis für die Appelle der Vogelschützer. Sie stellen beispielsweise in neuen landwirtschaftlichen Gebäuden künstliche Nistgelegenheiten zu Verfügung.

Die Angaben zur Bestandssituation der Schleiereule entsprechen weitgehend den Verhältnissen in Deutschland, wo diese Art aber fast ausschließlich in älteren Gebäuden, meist Scheunen und Kirchtürmen, ihre Jungen aufzieht.

Schleiereule mit Beute

Im kalten Herbstwind an der See

Manchmal fahre ich zu einem ganz bestimmten Vorgebirge an der walisischen Westküste, um dort Seevögel zu beobachten. Hier stürmt die graue Dünung der irischen See gegen das Land, und Woge auf Woge bricht sich schäumend unten am Fuß der Klippen. Das freundliche Sommerwetter ist vorüber, und wenn der Südwest in Böen an den Felswänden emporbläst und oben durch die Gräser und Sträucher fährt, wird es bereits unangenehm kühl.

Hier herrscht während des Herbstes eine allgemeine Aufbruchstimmung, weil die Vögel aus den riesigen Seevogelkolonien überall an der Küste in ihre Winterquartiere abwandern. Zu dieser Zeit trifft man hier nur die unentwegtesten unter den Vogelbeobachtern; sie bieten den Naturgewalten die Stirn, um das Kommen und Gehen der Meeresvögel aus nächster Nähe verfolgen zu können. Dies ist allerdings kein Zeitvertreib für verzagte Gemüter oder für empfindliche Menschen. Wenn man wirklich lohnende Beobachtungen machen will, muß man bereit sein, in mehrere übereinandergezogene Wollpullover und Windjacken gehüllt und mit Mütze, Handschuhen und heißem Tee ausgerüstet, stundenlang in den Nischen an der Felswand auszuhalten und dabei die Kälte und die Unannehmlichkeiten zu ignorieren. Des weiteren benötigt man ein Spektiv, um die Vögel weit draußen auf dem Meer erkennen zu können. Aber schon nach der ersten halben Stunde sind die Finger vom Festhalten des Spektivs meist gefühllos, selbst dann, wenn man es auf den Knien abstützt.

Dicht vor der Küste gibt es hier viel zu beobachten – vor den Klippen lassen sich Silbermöwen im Wind treiben, dicht über der Brandung umkreisen Kormorane das Vorgebirge, und in den Aufwinden segeln einige Eissturmvögel auf steif ausgestreckten Flügeln.

Wenn sich aber dann die Augen auf die Entfernungen, die man mit dem Spektiv überblicken kann, und auf die pausenlos bewegte Wasseroberfläche eingestellt haben, entdeckt man weiter draußen andere Vögel. Ein Baßtölpel gleitet auf langgestreckten Schwingen dahin; er ist vielleicht 2 km von mir entfernt, und bei jedem Wendemanöver leuchtet sein weißes Gefieder. Hinter ihm, in noch größerer Entfernung, fliegt ein zweiter, und im Verlauf einer Stunde passieren über 20 einzelne Tölpel diese Stelle. Auch Trottellummen und Tordalken lassen sich von Zeit zu Zeit vor dem Hintergrund der weit entfernten Wogen ausmachen; zwischendurch verschwinden sie immer wieder in den Wellentälern. Ständig ziehen Möwen einzeln und in kleinen Gruppen hier vorbei; sie sind wie die anderen Vögel auf dem Weg in den offenen Atlantik. Es sind Dreizehenmöwen, die von allen unseren Möwen am meisten ans Meer gebunden sind. Sie verbringen den größten Teil des Jahres weit draußen vor den Küsten. Diese Möwen suchen unsere Klippen und die dicht unter Land liegenden Inseln vor allem zum Brüten auf, sie ziehen sich nur dann an Land zurück, wenn sie einen Grund dafür haben. Die wahre Heimat der Dreizehenmöwen ist das Meer.

Während die Zeit langsam verrinnt, gibt es immer wieder Neues zu sehen. Dicht am Horizont tauchen in Abständen Schwarzschnabelsturmtaucher auf. Sie sind oberseits dunkel und unterseits weiß gezeichnet. Pausenlos gleiten sie auf ihren langen, schmalen Flügeln dahin, wobei die Flügelspitzen manchmal die Wasseroberfläche berühren. Gelegentlich bekommt man wohl auch eine Schmarotzerraubmöwe oder eine Große Raubmöwe zu Gesicht, ein andermal einen vorbeifliegenden Eissturmvogel. Sie alle sind hervorragend an das Leben auf dem Meer angepaßt, und es ist aufschlußreich, sie hier in ihrem wahren Element zu beobachten.

Viele dieser Meeresvogelarten sind auch in deutschen Gewässern zu sehen, wobei wohl nur der Schwarzschnabelsturmtaucher eine Ausnahme darstellt, der dort nur sehr selten erscheint. Die flachen Küsten der Nord- und Ostsee bieten den Felsbrütern unter den Seevögeln naturgemäß keine Lebensmöglichkeiten, wenn man von Helgoland, dem einzigen deutschen ‚Vogelfelsen' absieht. Dort brüten Trottellummen und Dreizehenmöwen regelmäßig in größerer Zahl. Außerhalb der Brutzeit begegnen dem aufmerksamen Beobachter jedoch während der Überfahrt nach Helgoland weitere marine Arten, und auch hier gilt der Satz: Je kälter und stürmischer das Wetter, umso reichhaltiger die Ausbeute für den Ornithologen.

Zur Zugzeit auf der „Heiligen Insel“

Die Insel Lindisfarne, oder die „Heilige Insel“, wie sie auch genannt wird, ist berühmt wegen ihrer frühen Beziehungen zum Christentum. Bereits im Jahre 634 erbaute der heilige Aidan hier eine Kirche. Außerdem ist die Insel ein international bedeutendes Überwinterungsgebiet für riesige Scharen von Wasservögeln, vor allem für Gänse, Enten und Watvögel. Besonders im Herbst, wenn sich zu den vielen Wintergästen noch Tausende von Durchzüglern gesellen, ist Lindisfarne ein ganz besonderer Anziehungspunkt für Ornithologen.

Dieses Eiland liegt nur wenige Hundert Meter von der Küste Northumberlands entfernt, etwa 25 km südlich der schottischen Grenze. Die 200 Einwohner der Insel haben über einen schmalen Damm Verbindung zum Festland; er ist jedoch nur bei Ebbe benutzbar und verschwindet bei Flut unter dem heftig hereinbrechenden Gezeitenstrom. Die langgestreckte Insel hat eine Breite von weniger als 800 m und erstreckt sich von Nord nach Süd über rund $2^1/_2$ km, aber bei ablaufendem Wasser tauchen im Norden und Süden sowie zwischen der Insel und dem Festland ausgedehnte Schlickflächen und Sände auf. In diesem fruchtbaren Schlamm wimmelt es förmlich von kleineren Lebewesen, die unter den außergewöhnlichen Bedingungen des zweimal pro Tag stattfindenden Wechsels von Ebbe und Flut gedeihen können. Diese unermeßlich reichen Nahrungsreserven sind es auch, die viele Vogelarten magnetisch anziehen.

Wenn der Nordostwind vom Meer über die Insel pfeift, kann dieses Gebiet für den menschlichen Besucher ziemlich rauh und unwirtlich sein, den Vögeln dagegen macht die Kälte kaum zu schaffen, solange sie nur genügend erreichbare Nahrung finden. Als ich mich im Herbst dort aufhielt, herrschte jedoch überwiegend ruhiges und mildes Wetter, und es war ein ausgesprochenes Vergnügen, die friedliche Insellandschaft zu durchwandern.

Hier ist der Lebensraum der Eiderenten (deren Daunen in England übrigens nicht genutzt werden, wie dies auf Island geschieht). Sie brüten in großer Zahl auf den Farne-Inseln, etwas weiter draußen im Meer, und halten sich später in den seichten Gewässern rund um Lindisfarne auf, wo es viele Klippen und Riffe gibt. Hier tauchen sie im Auf und Ab der Dünung nach Miesmuscheln und anderen Schalentieren, die am Meeresgrund leben. Eiderenten sind große Meeresenten; sie haben einen schweren, keilförmigen Schnabel und ein flaches Kopfprofil, das ihnen ein unverwechselbares Aussehen verleiht. Die Erpel sind auffällig gefärbt: Sie sind schwarz und weiß und haben hübsche, lindgrüne Abzeichen am Hinterkopf, aber im Herbst tragen viele von ihnen ein mehr oder weniger dunkles, sogenanntes Zwischenkleid,

Eiderenten bei der Nahrungssuche im Flachwasser

Großer Brachvogel und Pfuhlschnepfen

das ihnen, wenn sie durch die Mauser flugunfähig sind, einen besseren Schutz bietet. Die weiblichen Tiere sind unauffälliger und überwiegend braun. Ein altes Weibchen, das ich mit der auflaufenden Flut immer näher kommen sah, hatte offenbar einen besonders einträglichen Kniff herausbekommen: Als die dort vereinzelt wachsenden Horste des Schlickgrases nach und nach überflutet wurden, tauchte die Ente immer wieder, um die Strandkrabben herauszufischen, die sich bei Ebbe augenscheinlich im Gras versteckt hatten. Sie holte die Krabben einzeln an die Oberfläche und brach ihnen nacheinander sämtliche Beine ab: durch Festhalten der Krabbe am Bein und kräftiges Schütteln. Wenn die Krabbe dann ins Wasser fiel, wurde sie jedesmal wieder aufgenommen und schließlich beinlos verschluckt.

Draußen in der Weite des Watts weiden verschiedene Gänse und Enten die fadenförmigen Blätter des Seegrases ab. Ringelgänse, die Ende Oktober aus den menschenleeren Weiten Spitzbergens und aus Franz-Joseph-Land ankommen, Singschwäne aus Island, Rußland und Mittelsibirien und Tausende von Pfeifenten ernähren sich gemeinsam von den Seegrasbeständen, die jeweils bei Ebbe frei werden. Bei auf- oder ablaufendem Wasser gründeln die Vögel, um die im Meer flutenden Blätter weiterhin erreichen zu können. Sie tun das solange, bis das Wasser zu tief geworden ist. Dann fliegen sie zu ihrem Lieblingsplatz in irgendeiner Bucht und warten bis zur nächsten Ebbe.

Jedesmal, wenn die Flut die Wattflächen langsam überspült, schiebt sie durcheinanderlaufende Scharen von Watvögeln vor sich her, deren Tagesablauf vollkommen vom Wechsel der Gezeiten abhängig ist. Wenn die Ebbe einsetzt, folgen sie der Wasserlinie, um die reiche Ernte an wirbellosen Tieren abzusammeln, die ihrerseits versuchen, sich im weichen Schlick in Sicherheit zu bringen. Bei Beginn der nächsten Flut ziehen sich die Vögel wieder in Richtung auf das Land zurück. Ist dann der höchste Wasserstand erreicht, fliegen sie auf das höhere Ufer und in die nahegelegenen Wiesen, um dort zu schlafen und auf das Ablaufen des Wassers zu warten.

Hunderte von Pfuhlschnepfen halten sich im Watt

Pfeifentenerpel

auf und stochern mit ihren langen, empfindlichen Schnäbeln im Schlick nach Pierwürmern und Seeringelwürmern. Auch Große Brachvögel gibt es hier, die mit ihren großen gebogenen Schnäbeln hinter den gleichen kleinen Würmern her sind. Ein weiterer, sehr ins Auge fallender Vogel ist der Kiebitzregenpfeifer. Er ist eher ein Einzelgänger, der die Gesellschaft seiner Artgenossen nicht besonders schätzt. Diese Vögel stochern nicht im Schlick, sondern sie laufen immer wieder ein kurzes Stück und picken dabei kleine Wattschnecken, Garnelen und Strandflöhe auf und ziehen, wenn möglich, die nahrhaften Pierwürmer aus ihren Löchern. Ich beobachtete, wie ein Kiebitzregenpfeifer eine kurze Strecke lief, stehenblieb, und weiterrannte; er neigte den Kopf zur Seite und verfolgte aufmerksam eine leichte Bewegung im Schlick. Dann setzte er, ohne den Blick auch nur einen Moment von der betreffenden Stelle zu wenden, zu einem bemerkenswerten, seitwärts gerichteten Spurt über volle 11 Meter an, stürzte sich auf die Beute und richtete sich dann wieder auf.

Die häufigsten Watvögel auf den Schlickflächen um Lindisfarne sind die Alpenstrandläufer; ihre Zahl steigt bis zur Mitte des Winters auf ca. 14.000 an. Hier im Watt sind sie die kleinsten unter den regelmäßig vorkommenden Watvögeln. Sie suchen dicht zusammengedrängt nach Nahrung, trippeln ohne Pause an der Wasserlinie entlang und stochern geschäftig im Schlamm.

Lindisfarne ist bekannt dafür, daß hier viele Landvögel auf dem Zuge die englische Küste erreichen. Nach der Überquerung der Nordsee kommen sie aus großer Höhe herunter in die Dünen, und manchmal flattern sie auch erschöpft niedrig über die Wellen heran. Diesen Wanderern ist das unwirtliche Stückchen Land, das sich ihnen mitten aus dem Meer entgegenstreckt, hochwillkommen. Hier rasten sie, stillen ihren Hunger, erholen sich ein bißchen und fliegen dann weiter in südlicher Richtung an der Küste entlang. Während meiner ersten beiden Beobachtungstage auf der Insel hielten sich auf den Wiesen und in den ausgedehnten Weißdornhecken nur relativ wenige Vögel auf; am dritten Tag wimmelte es auf eben diesen Wiesen und in den Hecken förmlich von Vögeln – ich sah Schwärme von Staren bei der Futtersuche, die gerade vom Kontinent angekommen waren, kleine Rotdrosseltrupps, die in den hohen Weißdornbüschen rasteten, und einzelne Amseln, die sich überall in den Dorfgärten aufhielten und in den windgeschützten Gassen alle paar Meter vor mir aufflogen. Am gleichen Tag beobachtete ich einen großen, gemischten, unruhig wirkenden Schwarm aus Bluthänflingen und

Rotschenkel und ein Merlin auf der Insel Lindisfarne

Grünfinken, mit einigen Goldammern und Buchfinken darunter, der auf einem Acker am Dorfrand herumliegendes Saatgut aufpickte.

Unterhalb des berühmten Schlosses auf dem Felsen von Beblow, nur einen Steinwurf vom windgeschützten Hafen entfernt, liegt ein flacher Strandsee – eine der beiden Süßwasserflächen auf der Insel, die naturgemäß viele Vögel anlocken. Hier rasteten Kiebitze, müde von der Reise, und mit ihnen einige Goldregenpfeifer. Sie bilden im Binnenland gewissermaßen das Gegenstück zu den ebenfalls gedrungen gebauten Kiebitzregenpfeifern draußen im Watt. Einige Rotschenkel, die hier das ganze Jahr über zu Hause sind, warnten lautstark, als ein kleiner männlicher Merlin – der kleinste heimische Greifvogel – niedrig am Zaun auf der anderen Seite des Strandes entlangstrich und sich dann auf die Spitze eines verkrüppelten Weißdorns schwang. Ein Turmfalke, der unbemerkt auf einem Busch in der Nähe gesessen hatte, war über diese unerwünschte Konkurrenz offensichtlich gar nicht erfreut. Er strich von seinem Sitzplatz ab und flog einen entschlossenen Stoßangriff gegen den Merlin. Dieser duckte sich und erhob sich nun seinerseits in die Luft. Beide Falken waren übel gelaunt, und während sie sich über den flachen Strand entfernten, kam es immer wieder zu Streitereien, wobei sie einander schnell und geschickt auswichen und atemberaubende Wendemanöver vollführten, wie sie ja für alle Falken charakteristisch sind. Sämtliche Kiebitze, Goldregenpfeifer und Stare ergriffen daraufhin nach allen Richtungen die Flucht. Nur ein Höckerschwanpaar ließ sich nicht beeinflussen. Die Vögel hoben die Köpfe, sahen sich die allgemeine Aufregung eine Weile an und wandten sich dann wieder ihren eigenen Beschäftigungen zu.

Auch an der deutschen Nordseeküste kommt es örtlich zu ähnlichen oder noch umfangreicheren Konzentrationen von Gänsen, Enten und Limikolen. Das Wattenmeer hat dort allerdings mehr den Charakter eines Durchzugs – und weniger den eines Überwinterungsgebietes. Der Zug der kleineren Singvogelarten verläuft in Deutschland auf breiter Front und ist daher wesentlich unauffälliger als in England. Der oben beschriebene „Inseleffekt“, d. h. die örtlich und zeitlich begrenzte Ansammlung großer Mengen von rastenden Kleinvögeln, ist aber im Frühjahr und im Herbst auf Helgoland deutlich zu beobachten. Die wenigen Bäume und Büsche auf der Insel sind dann oft mit Grasmücken, Laubsängern und anderen Vögeln buchstäblich übersät. Die Tiere sind zum Teil so erschöpft, daß sie sich mit der Hand greifen lassen, was dort bei der Beringung sehr hilfreich ist.

So pflanzt der Häher Eichenwälder

Der Herbst ist eine Zeit des Überflusses, und die meisten Vogelarten haben es gerade jetzt leicht, auf die eine oder andere Art satt zu werden. Andererseits steht die schwierigste Jahreszeit unmittelbar vor der Tür, und deshalb nutzen verschiedene Vogelarten den herbstlichen Nahrungsüberschuß aus, indem sie Vorräte anlegen, auf die sie im Winter zurückgreifen können. Sumpf-, Blau- und Tannenmeisen tun dies regelmäßig; sie verstecken Beeren, Bucheckern und andere Samen und Früchte entsprechend dem jeweiligen Angebot. Kleiber schaffen Haselnüsse beiseite – wenn ihnen die Eichhörnchen genug übriglassen – und manchmal auch Eicheln. Saatkrähen und Ringeltauben vertilgen mit Vorliebe Eicheln, und oft sieht man Saatkrähen in dieser Jahreszeit Eichenwälder aufsuchen. Dabei warten sie nicht immer, bis die Eicheln herunterfallen, sondern sie reißen sie bereits in unreifem Zustand von den Zweigen. Oft werden die Eicheln fortgetragen und auf den Feldern vergraben, wo sie die Saatkrähen später regelmäßig wieder hervorholen.

Der Vogel aber, der am meisten von der Eichelmast profitiert, ist ohne Frage der Eichelhäher. Es ist kein Zufall, daß sich das Verbreitungsgebiet dieser Art mit demjenigen der verschiedenen Eichen deckt, die ihn mit Nahrung versorgen. Der Eichelhäher ist fast das ganze Jahr über in erster Linie auf Eicheln angewiesen. Andererseits sind die Eichen ganz genauso auf den Häher angewiesen, denn er ist mit Abstand der wichtigste Helfer bei der Verbreitung ihrer Früchte. Die Verteilung der schweren Eicheln innerhalb eines größeren Umkreises kann nur auf eine einzige Art erfolgen: Die Früchte müssen aufgenommen, weggetragen und anderswo buchstäblich eingepflanzt werden. Dies tut der Eichelhäher, und er ist dabei überaus erfolgreich.

Wenn das Aufsammeln der Eicheln Mitte Oktober seinen Höhepunkt erreicht, benimmt sich der bunte, normalerweise recht scheue Eichelhäher besonders auffällig. In den engen, bewaldeten Tälern des mittleren Wales fällt dem Beobachter immer wieder das kurze Aufblitzen des weißen Bürzels ins Auge, wenn die Vögel im Wald an den abschüssigen Hängen hin- und herfliegen und Eicheln aufnehmen, die sie dann auf die andere Seite des Tals hinübertragen, um sie dort zu vergraben. Mit prall gefülltem Kehlsack und oft noch mit einer weiteren Eichel im Schnabel sind die Häher pausenlos unterwegs und verstecken die Früchte geschickt im weichen Boden unter abgestorbenen Farnwedeln oder zwischen Brombeerranken. Diese Wintervorräte der Eichelhäher bedeuten für die Eichen die ständige Chance, sich auszubreiten und neue Flächen zu besiedeln. Wieviele Eicheln die Häher später wiederfinden, kann man nur vermuten. Anscheinend gelingt es ihnen, einen Großteil der Vorräte wieder auszugraben und zwar selbst dann, wenn der Boden schneebedeckt ist. Trotzdem läßt es sich nicht vermeiden, daß genügend Eicheln unentdeckt bleiben, aus denen im folgenden Jahr eine ganze Anzahl junger Sämlinge wachsen kann.

Die Wechselbeziehung zwischen Eichelhähern und Eichen ist so eng – der Häher verfügt sogar über einen besonders erweiterten Kehlsack, in dem er die großen Früchte unterbringen kann – daß die Vögel selbst solche Eicheln wieder einsammeln, die im Sommer nach der Aussaat im Boden bereits ausgekeimt haben. Sie erkennen die frischen Triebe und ziehen sie aus dem Boden, um ihre Jungen damit zu füttern.

Alarm – der Eichelhäher
knickst wiederholt, während
er seinen heiseren
Warnruf ausstößt
Die Drohhaltung des Eichelhähers –
aufgerichtete Scheitelfedern
und aufgeplustertes
Körpergefieder
Im Herbst werden unzählige Eicheln
weggetragen und im
Boden vergraben.
Der Eichelhäher ist
der bunteste Vertreter aus
der Familie der Rabenvögel

Nächtlicher Vogelzug

Am Rand einer Stadt im Norden Englands ertönt spät abends, lauter als das gedämpfte Geräusch der Schritte im Fallaub, ein einzelner Vogelruf am Himmel – ein dünnes „zieh". Nach wenigen Sekunden wiederholt sich der Ruf, und etwas später noch einmal. In der anhaltend milden Witterung dieser Herbstnacht läßt sich auch hundert Meilen weiter nördlich oder südlich der gleiche schwache Ruf deutlich vernehmen. Die Urheber des „zieh"-Rufes sind Rotdrosseln, die mit anderen skandinavischen Drosseln über England hinweg nach Westen ziehen. Wenn wir in der Dunkelheit unsere Augen ebenso gut benutzen könnten wie unsere Ohren, dann würden wir immer neue Scharen von Vögeln erkennen, die da oben unentwegt über uns hinwegwandern. Nach einer ruhigen, angenehmen, fast windstillen Nacht wie dieser entdeckt man an der Ostküste Englands und Schottlands überall auf den Hecken und Sträuchern rastende und futtersuchende Amseln, Drosseln, Grasmücken, Laubsänger und Fliegenschnäpper – dort, wo am Abend vorher nur ganz wenige zu sehen waren.

Viele Vögel sind Tagzieher, aber ebenso viele Arten ziehen unsichtbar bei Nacht. Wir können uns nur an Hand einiger Anhaltspunkte, wie der Zahl der frühmorgens neu angekommenen Vögel oder der nächtlichen Rufe am Himmel ein ungefähres Bild von den Zugbewegungen machen, die unbemerkt um uns herum stattfinden. Noch sind wir weit davon entfernt, die Geheimnisse um die beachtliche Orientierungsfähigkeit der Vögel völlig zu durchschauen. Sie finden selbst in nächtlicher Dunkelheit unfehlbar ihren Weg und orientieren sich vor allem nach den Sternen und dem Mond, wie Versuche in Planetarien zweifelsfrei ergeben haben. Alle ziehenden Arten besitzen einen erstaunlich fein ausgebildeten Sinn für Richtungen und Entfernungen.

Die Frage, warum einige Vogelarten ausgerechnet nachts ziehen, läßt sich nicht leicht beantworten. Natürlich sind sie zu dieser Zeit sicherer vor Greifvögeln, aber dieser Gesichtspunkt ist wohl eher von untergeordneter Bedeutung. Einen besseren Anhaltspunkt liefert die Tatsache, daß viele bei Nacht ziehende Arten einen hohen Stoffwechselumsatz haben und ihre Körpertemperatur nur relativ schlecht regulieren können, was wiederum bedeutet, daß sie ausgiebig und oft Nahrung aufnehmen müssen. Da aber Vögel nur am Tage Futter finden können, bleibt ihnen im Grunde in einer Jahreszeit, in der die hellen Stunden des Tages für Nahrungssuche und Zug zusammen nicht ausreichen, keine andere Wahl, als nachts zu ziehen.

Andererseits können beispielsweise Rauchschwalben, Mauersegler und Mehlschwalben ihre Nahrung ohne Schwierigkeiten während des Zuges in der Luft erbeuten, infolgedessen sind diese Arten Tagzieher. Auch die Greifvögel ziehen während des Tages, denn sie sind auf warme, aufsteigende Luftströmungen angewiesen, die ihnen die notwendige Höhe für die anschließenden langen, geradeaus gerichteten Gleitflüge verleihen.

Viele Nachtzieher wie etwa der Fitislaubsänger, der Zilpzalp und der Grauschnäpper verstummen allmählich bei Einbruch der Dunkelheit, nachdem sie den Tag mit der Suche nach Futter verbracht haben. Später steigert sich ihre Zugunruhe bis zum Aufbruch, und von 22 Uhr an ist der Aktivitätshöhepunkt erreicht.

Für die meisten Zugvögel stellt das Wetter das größte Risiko dar, vor allem in den gemäßigten Breiten im nördlichen Teil Europas, wo die Witterung leicht umschlägt und sich nicht genau vorhersagen läßt. Wenn die Vögel ein Meer überqueren müssen oder eine ähnlich anstrengende weitere Strecke vor sich haben, warten sie zunächst instinktiv auf günstiges Wetter. Haben sie sich aber erst einmal auf den Weg gemacht, kann eine Änderung der Windrichtung oder der Beginn eines schweren Regens zu einem ernsten Problem werden und sich für viele als tödlich erweisen. Ein weiterer Feind ist der Nebel, der dazu führt, daß die Vögel ihre Sichtorientierung verlieren. Sie werden dadurch gezwungen, auf dem Boden zu landen, was oft Verluste zur Folge hat, oder sie verfliegen sich gründlich. In solchen Nächten können sehr viele Vögel von den Lichtstrahlen der Leuchttürme angezogen werden. Ungeachtet aller Bemühungen, die Probleme in den Griff zu bekommen, haben mittlerweile einige dieser Leuchtfeuer einen wenig beneidenswerten Ruf als Massentodesfallen erlangt, denn die Vögel fliegen durch das starke Licht geblendet direkt in die Lichtquelle hinein. Bardsey Island, vor der Halbinsel von Llêyn im Norden von Wales gelegen, ist ein solcher Leuchtturm, wo auf verschiedene Weise versucht wurde, derartige Katastrophen zu verhindern, indem man beispielsweise das Turmgebäude selbst anstrahlte.

Nach dem 2. Weltkrieg, als allgemein ein sehr großes Interesse am Vogelzug bestand, boten sich verschiedene dieser auf Inseln oder an der Küste gelegenen Orte, an denen sich der Zug auffallend konzentriert, geradezu dazu an, ein Netz von Beobachtungsstationen einzurichten. Hier werden seitdem die jahreszeitlich bedingten Wanderungen der Vögel über England überwacht, ausgewertet und aufgezeichnet.

Das wichtigste Hilfsmittel zur Erforschung des Vogelzugs ist die Beringung. Während der Zugzeit im Frühling und im Herbst bekommen viele Tausende von Vögeln an diesen Beobachtungsstationen (und darüberhinaus von einzelnen Beringern im ganzen Land) kleine Metallringe am Bein befestigt. Die Vogelberingung wird zentral vom Britischen Ornithologenverband organisiert und streng kontrolliert. Jeder Beringer wird gründlich ausgebildet, bevor ihm die amtliche Genehmigung zum Fang und zur Beringung freilebender Vögel erteilt wird.

Heutzutage werden Vögel zum Zweck der Beringung vor allem mit Japannetzen gefangen, das sind dünne, fast unsichtbare Netze, die an senkrechten Stangen zwischen Bäumen oder Sträuchern aufgestellt werden. Die Vögel fliegen ins Netz und hängen ruhig in dessen lockeren Taschen, bis sie nach kurzer Zeit zum Beringen herausgenommen werden. Diese Prozedur macht den Tieren weiter nichts aus. Die Größe der Ringe variiert von sehr kleinen Exemplaren für winzige Vögel wie etwa Wintergoldhähnchen oder Schwanzmeisen bis zu solchen, die für unseren größten Vogel, den Höckerschwan, bestimmt sind. Die Ringe werden mit Spezialzangen so am Lauf befestigt, daß sie genau passen und die Vögel nicht stören. Jeder Ring ist mit einer fortlaufenden Nummer und der Anschrift des Britischen Museums versehen, so daß sich das Bild von den Zugbewegungen jeder Vogelart vervollständigen läßt, wenn der Ring später gefunden und wieder eingeschickt wird, sei es nun vom gleichen Ort, von irgendeinem weit entfernten Punkt oder aus Übersee.

Trägt ein Vogel einen der kleinen Metallringe, so ist er natürlich sein Leben lang individuell erkennbar. Abgesehen von den Ortsveränderungen dieses Vogels lassen sich durch Kontrollfänge auch andere wichtige Daten gewinnen, die etwa mit der Treue zum Brutplatz und mit der Lebensdauer zu tun haben. Wer hätte sich ohne eine solche Beringung freilebender Vögel jemals vorstellen können, daß Große Brachvögel bis 31, Stare bis 20 und Rauchschwalben bis 15 Jahre alt werden können?

In der Bundesrepublik ist eine Vielzahl von Behörden und vor allem von privaten Organisationen mit Fragen der Vogelkunde und des Vogelschutzes befaßt. Diese unterhalten zum Teil eigene Forschungsstellen und Informationszentren. Die Beringung wird von den Vogelwarten auf Helgoland und in Radolfzell/Bodensee organisiert und überwacht.

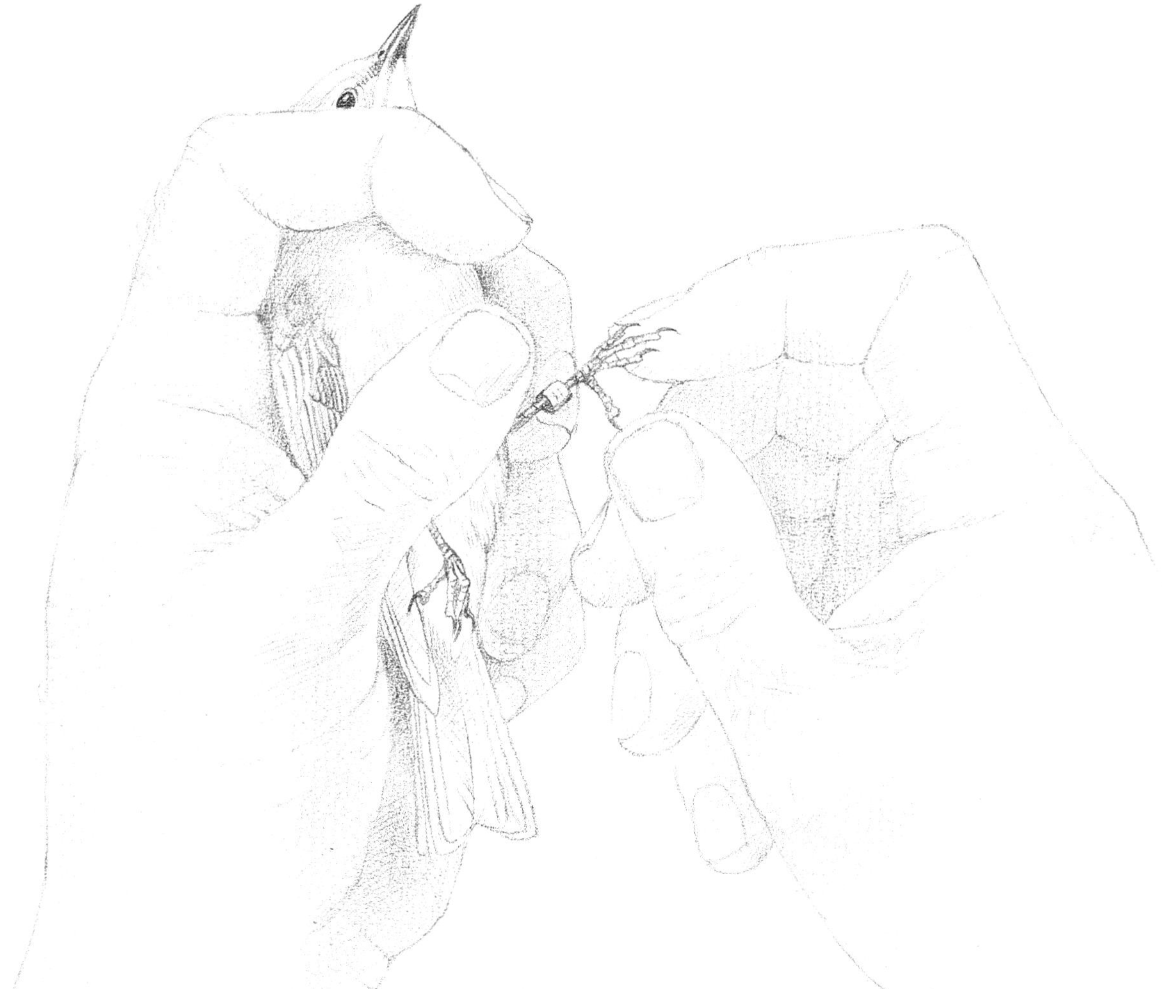

Fitislaubsänger
wird beringt

Die Nahrungsnischen der Spechte

Unsere 3 (in Deutschland: 8) Spechtarten haben sich recht gut in die verschiedenen ökologischen Nischen eingefügt, die ihnen in ihrem Lebensraum, dem Wald, zur Verfügung stehen, ohne sich dabei gegenseitig Konkurrenz zu machen. Im Spätherbst verhalten sie sich überwiegend ruhig und sind trotz ihrer auffallenden Färbung so heimlich wie zu keiner anderen Jahreszeit.

Der Grünspecht ist ein auffällig grasgrün und zitronengelb gezeichneter Vogel mit tiefrotem Scheitel und deutlich sichtbaren Bartstreifen. Obwohl sich diese Vögel zum Brüten immer noch in alte Baumbestände zurückziehen, wo sie mit ihrem großen, kräftigen Schnabel in älterem Holz eine tiefe Nisthöhle ausmeißeln, beschränkt sich das Vorkommen der Grünspechte bei weitem nicht so sehr auf die eigentlichen Wälder wie das der anderen Spechtarten. Grünspechte scheinen im Verlauf ihrer Evolution eine etwas sonderbare Entwicklung durchgemacht zu haben, die dazu geführt hat, daß sie nun ihre Nahrung zumeist vom Boden aufnehmen. Sie sind zu einem erheblichen Teil auf Ameisen angewiesen, und sie halten sich oft längere Zeit auf Viehweiden und in parkartigem Gelände auf, wo sie Ameisenhügel öffnen. So haben sie im Frühling, Sommer und Herbst ein leichtes Leben, aber wenn der Boden im Winter schneebedeckt ist, kommen sie in Schwierigkeiten, und viele gehen dann ein.

Oft verrät uns ein leises „zick" oder „kix" aus den Bäumen die Anwesenheit eines Buntspechts, der dort mit schnellen, ruckweisen Hüpfern an einem Baumstamm emporklettert. Sein kontrastreiches, schwarzweißes Gefieder wird durch leuchtend rote Unterschwanzdecken aufgelockert, das Männchen hat außerdem noch einen roten Fleck am Hinterkopf. Buntspechte erbeuten ihre Nahrung mit Hilfe einer anstrengenden, aber zuverlässigen Methode: Sie meißeln das Holz der Bäume auf und finden dort unter lockerer Baumrinde oder auch tiefer im Holz Insektenlarven, Asseln und andere kleine wirbellose Tiere. Für diese Tätigkeit ist eine besondere Anpassung erforderlich, und Buntspechte verfügen daher (wie alle Spechte) über kräftige, scharfe Krallen und steife, verstärkte Schwanzfedern. So können sie ihren Schwanz als zusätzliche Stütze einsetzen, wenn sie sich an die senkrechten Baumstämme klammern und mit dem Kopf zu raschen Schnabelhieben ausholen. Um die Wucht der Hiebe aufzufangen, sind die Schädelknochen besonders dickwandig ausgebildet. Spechte haben außerdem eine erstaunlich lange Zunge, mit der sie in den gemeißelten Löchern herumstochern und die verborgenen holzbohrenden Larven herausziehen.

Der winzige Kleinspecht ist am wenigsten bekannt, kommt aber doch recht häufig vor. Er kann sich dank seiner geringeren Größe und seines geringeren Gewichts an den dünneren Zweigen alter Bäume festhalten und vermeidet dadurch die Konkurrenz zu seinem größeren Verwandten. Weil er so winzig und mit Ausnahme des Frühjahrs wenig ruffreudig ist und weil er sich zudem ziemlich versteckt hält, ist er oft schwierig zu finden.

In Deutschland leben 5 weitere Spechtarten: Der krähengroße Schwarzspecht und der Mittelspecht bevorzugen als Lebensraum alte Wälder; der Grauspecht, den man äußerlich leicht mit dem Grünspecht verwechseln kann, findet sich dagegen auch in Parks und manchmal in Gärten. Er fehlt im norddeutschen Tiefland. Dreizehenspecht und Weißrückenspecht schließlich kommen nur in den Alpen und im Bayerischen Wald und Böhmerwald vor.

Der winzige Kleinspecht ist recht bunt, aber oft erstaunlich schwer zu beobachten.
Buntspechtmännchen mit seinen kräftigen Zehen und den versteiften Schwanzfedern.
Jungvogel
Grünspechte haben sich an die Nahrungssuche am Boden angepaßt – sie fressen besonders gern Ameisen.

Wie richtet man eine Futterstelle ein?

Ein Futterbrett, auf dem das Futter regelmäßig ergänzt wird, stellt wohl die beste Möglichkeit dar, viele verschiedene Vogelarten in den Garten zu locken. In strengen Wintern kann ein ununterbrochenes Futterangebot für manche Vögel lebenswichtig sein. Der Spätherbst ist der richtige Zeitpunkt, ein Futterbrett aufzustellen, weil die Vögel dann Zeit haben, sich daran zu gewöhnen, bevor es richtig kalt wird.

So eine Futterstelle kann man ganz unkompliziert und preiswert herstellen, indem man einfach eine hölzerne Bodenplatte auf einem Pfosten befestigt oder an einem Baum aufhängt. Doch ganz gleich, wie Sie Ihr Futterbrett konstruieren (oder ob Sie lieber ein fertig gekauftes verwenden) – in jedem Fall müssen Sie bei der Wahl des Standortes Mancherlei berücksichtigen:

Zunächst sollte das Futterbrett so aufgestellt werden, daß die gefiederten Gäste nicht durch Feinde gefährdet sind. Es sollte mindestens drei Meter von Bäumen und Sträuchern entfernt stehen, die Katzen und anderen Feinden Deckung bieten. Katzen und Eichhörnchen plündern auch prompt das Futter, wenn sie es erreichen können – zum Beispiel über einen nahen Ast. Man muß auch wissen, daß sich manche Vögel (beispielsweise Heckenbraunellen) darauf beschränken, die Reste aufzupicken, die von der Futterstelle auf den Boden fallen. Außerdem hat es wenig Sinn, den Futterplatz an einem Ort einzurichten, wo Sie die gefiederten Benutzer nur mit Mühe beobachten können, ohne sie zu vertreiben.

Zur Herstellung des Unterbaus benötigt man ein Stück Sperrholz, 45 x 30 cm groß und gut einen Zentimeter dick (das Holz muß zur Verwendung im Freien geeignet sein, weil es sonst bei Regen oder Schnee reißt oder sich verwirft), ein Dutzend Messingschrauben oder verzinkte Nägel (Vorsicht beim Einschlagen der Nägel, es dürfen keine Risse im Holz entstehen), sowie eine 1,30 m lange Holzleiste von gut 2 x 2 cm Dicke für den erhöhten Rand an den Außenkanten der Bodenplatte. Dadurch läßt sich

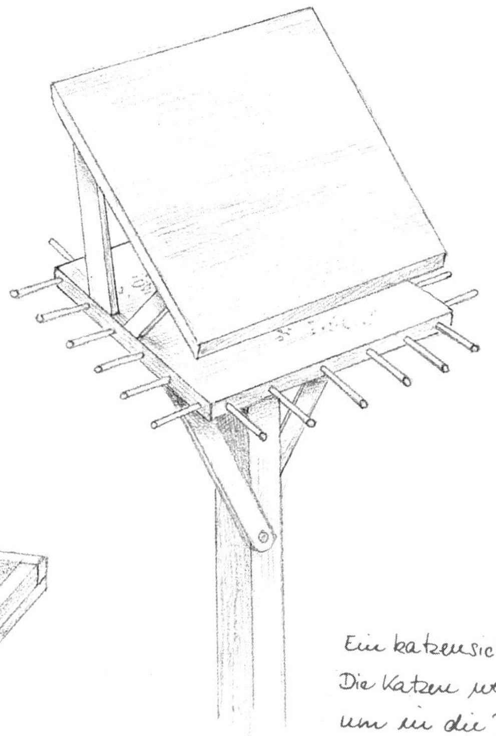

Ein katzensicheres Futterhaus. Die Katzen werden durch rundum in die Bodenplatte gesteckte Stricknadeln ferngehalten.

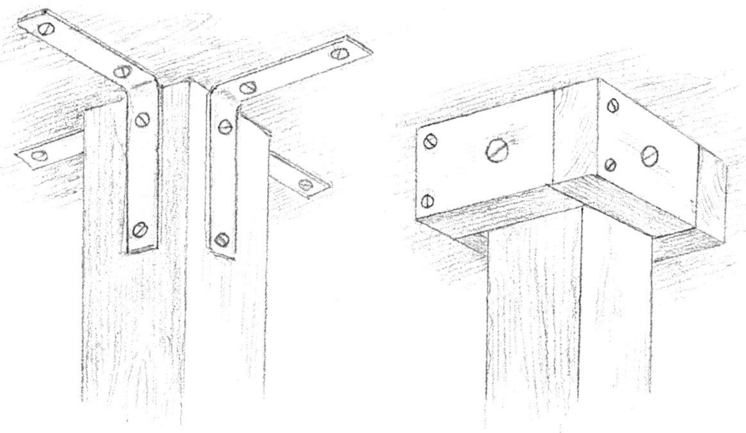

Zwei verschiedene Möglichkeiten, das Futterhaus auf dem Pfosten zu befestigen

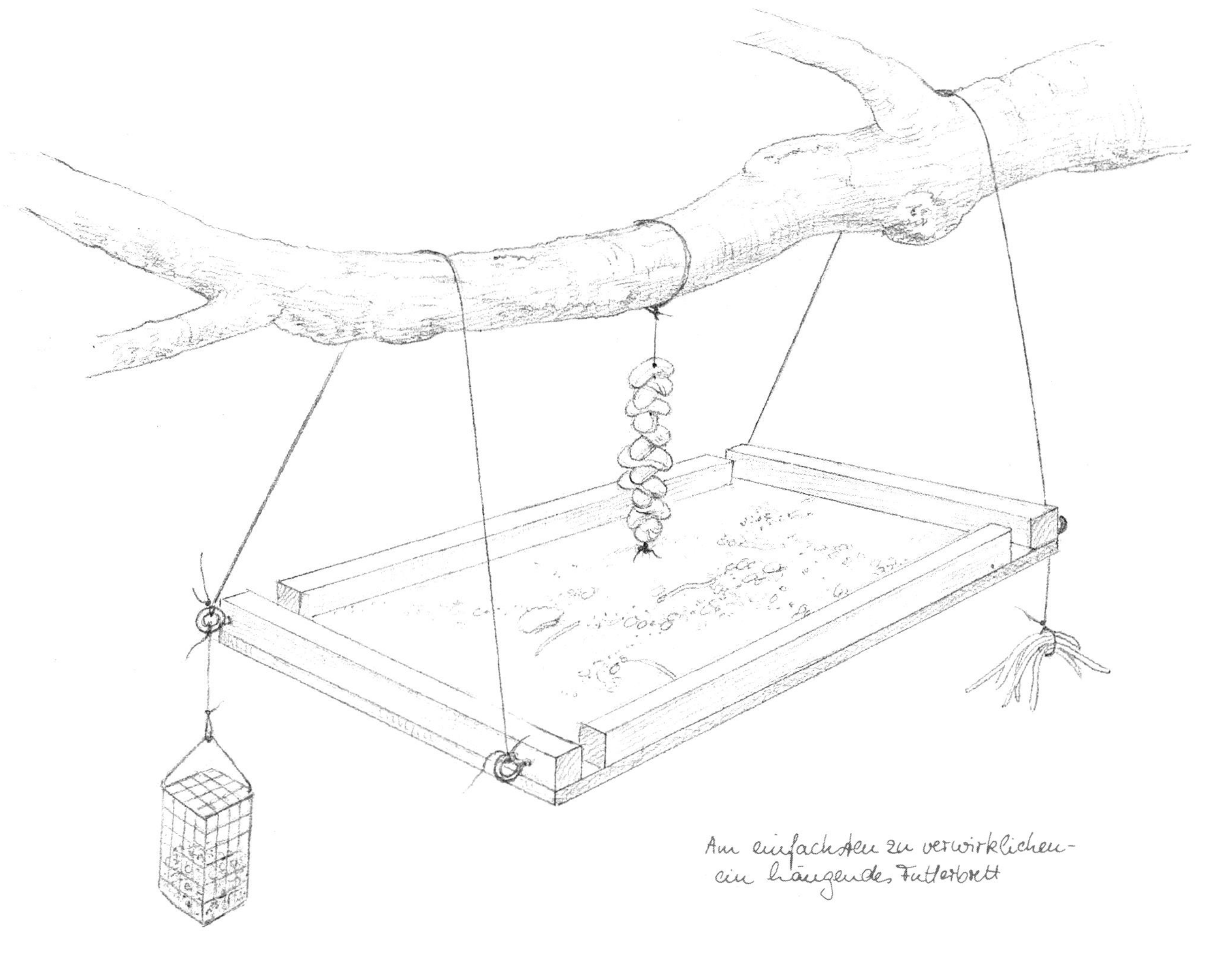

Am einfachsten zu verwirklichen – ein hängendes Futterbrett

verhindern, daß das Futter an windigen Tagen von der Bodenplatte weggeblasen wird oder daß die Vögel es verstreuen. Zersägen Sie die Holzleiste in zwei 30 cm lange und zwei 35 cm lange Stücke und befestigen Sie diese mit Schrauben oder Nägeln an der Sperrholzplatte. Lassen Sie dabei an allen 4 Ecken eine etwa drei cm breite Lücke, damit das Wasser abfließen kann.

Wenn Sie das Futterbrett auf einem Pfosten montieren wollen, brauchen Sie dazu ein 1,80 m langes und 5 x 5 cm dickes Kantenholz, vier 10 cm lange Winkelstützen aus Metall und 12 Schrauben von 1 cm Länge, mit denen die Bodenplatte am Pfosten befestigt wird. Verbinden Sie Bodenplatte und Pfosten mit Hilfe der vier Metallwinkel, wie es in der Abbildung zu sehen ist. Behandeln Sie alle hölzernen Teile mit einem Schutzmittel. Beim Aufstellen des Futterbretts schlagen Sie den Pfosten etwa 30 cm tief in den Boden. Man kann anstelle des Holzpfostens auch einen glatten Metallpfosten verwenden, benötigt dann aber eine spezielle Anschlußvorrichtung für die Befestigung der Bodenplatte. Ein solcher Metallpfosten erschwert den Katzen eindeutig den Zugang zum Futterbrett.

Eine andere Möglichkeit besteht darin, die Futterstelle aufzuhängen. Die Bewegungen eines so angebrachten Futterbrettchens machen den Vögeln nichts aus, solange es nicht allzu sehr im Wind hin- und herschaukelt. Mitunter bietet es sich eventuell an, das Holzbrettchen an einem waagerechten Ast zu befestigen; dann schraubt man in jede Ecke des Bodens eine Öse aus Messing oder verzinktem Eisen. Benutzen Sie zum Aufhängen zwei gleichlange Enden Kunstfaser- oder Nylonschnur von je ungefähr 60 cm Länge. (Man kann auch Ketten aus Messing oder verzinktem Eisen nehmen, was allerdings teurer ist.) Binden Sie die Schnur am Ast fest, damit sich das Futterbrett nicht im Wind dreht.

Ein überdachtes Häuschen hat den Vorteil, daß das Futter trocken bleibt. Ein Dach verhindert außerdem, daß größere und unverträglichere Vögel wie Stare oder Sperlinge in das Futterhaus hineinkommen. Sie würden das Futter fressen, das eigentlich für kleinere Vögel gedacht war. Als Dach wird ein einfaches Sperrholzbrettchen auf hölzerne Stützen genagelt oder geschraubt. Die Stützen werden so an den Ecken des Futterhäuschens angebracht, daß das Dach nach einer Seite abgeschrägt ist.

Winter

Im Winter unterscheidet sich das Artenspektrum der Vögel in England deutlich von allen anderen Jahreszeiten, und auch das Verhalten der Vögel ist ein ganz anderes. Diejenigen, die im Sommer hier gebrütet haben, zumindest soweit sie sich von Insekten ernähren, haben schon lange ihre Winterquartiere in den Tropen und Subtropen erreicht. Andere Arten, die weiter im Norden und Osten beheimatet sind, sind an ihre Stelle getreten. Während der warmen Jahreszeit verteidigen die meisten Vögel instinktiv ihr eigenes kleines Revier in Wald und Feld oder im Garten, aber im Winter bilden sie meist große Schwärme und gehen gemeinsam auf Futtersuche.

Auf den britischen Inseln ist das Klima im Winter im ganzen sehr viel freundlicher als auf dem europäischen Festland oder in der Arktis, und daher gelingt es den kopfstarken Verbänden der Schwäne, Gänse, Enten, Watvögel, Drosseln und Finken fast zu jeder Zeit, im Freien genügend Nahrung zu finden. Doch der Winter ist trotz allem eine harte Zeit, in der die Widerstandsfähigkeit der Vögel auf die Probe gestellt wird. Das betrifft nicht zuletzt diejenigen, die in dem betreffenden Jahr zur Welt gekommen sind, und die zum erstenmal mit den unbekannten, rauhen winterlichen Bedingungen zurechtkommen müssen.

Wohl niemand von uns, der den außergewöhnlichen Winter des Jahres 1981/82 miterlebt hat, wird diese Erfahrung jemals vergessen. Sämtliche Erinnerungen an andere harte Winterzeiten verblaßten nach und nach völlig, als jetzt zweimal nacheinander Frost und Schnee ganz England so fest in ihren eisigen Bann schlugen, daß sich bei uns niemand erinnern konnte, so etwas schon einmal erlebt zu haben. Die meisten Vögel können auch extreme Kälteperioden erstaunlich gut überstehen, vorausgesetzt, sie finden immer genügend Nahrung, um ihre Körpertemperatur aufrechtzuerhalten und körperlich in einigermaßen guter Verfassung zu bleiben. Für sie ist eine hohe Schneedecke schlimmer als strenge Kälte, wenn aber beides zusammentrifft, kann das innerhalb sehr kurzer Zeit tödliche Folgen haben.

Viele Vögel wurden anscheinend Mitte Dezember vom Schneesturm und dem plötzlich einsetzenden Frost völlig überrascht, und die sogenannte Kälteflucht, die sonst bei solchen Wetterlagen im Westen des Landes zu beobachten ist, blieb diesmal den Berichten zufolge fast völlig aus. Es war fürchterlich kalt, und sehr schnell gab es bei den Vögeln Verluste, wobei sich unter den ersten Opfern viele unerfahrene Jungtiere befanden. Als die Kälte bereits den dritten Tag über anhielt, lag zu Hause mitten auf der Straße eine Saatkrähe mit den Füßen nach oben, und auf dem angrenzenden Feld fanden wir im Schnee eine zweite. Saatkrähen suchen ihr Futter nun einmal am Erdboden, und diese Vögel gehörten zu denen, die sich fast ausschließlich von der Winterfütterung der benachbarten Schafherden ernährt hatten. Der Bauer war aus verständlichen Gründen ärgerlich geworden, wenn er jedesmal mitansehen mußte, wie ein Teil des teuren Futters den Schafen von 40 oder 50 hungrigen Saatkrähen weggefressen wurde. Er hatte diesem Treiben vor etwa einer Woche einen Riegel vorgeschoben. Diese beiden Saatkrähen waren nachts an ihrem Schlafplatz auf einem Baum verendet; als wir sie fanden, bestanden beide fast nur noch aus Knochen und Federn.

Innerhalb weniger Tage war der Bach teilweise zugefroren, nur in der Mitte gab es noch offene Rinnen fließenden Wassers. Der lebende Beweis dafür, daß Vögel bei reichlich zur Verfügung stehender Nahrung sogar die tiefsten Temperaturen überleben, sind die Wasseramseln. Diese Vögel sind im Dezember sehr aktiv und ruffreudig; sie ließen sich von der Kälte nicht abschrecken und flogen unablässig unter lauten Rufen am Bach hin und her. Eines Morgens beobachtete ich das Wasseramselpaar von der Brücke aus, wo sich die Zweige der am Ufer wachsenden Haselsträucher und Rhododendren unter dem Gewicht des Schnees so sehr bogen, daß sie im Eis des Baches festgefroren waren. Die Kälte ließ mir die Luft in den Nasenlöchern gefrieren, und jeder Atemzug schmerzte in der Lunge, aber die Wasseramseln nahmen das offenbar nicht einmal zur Kenntnis. Sie knicksten auf dem Rand des Eises wie aufgezogen, stürzten sich nacheinander mehrmals in das immer weiter zufrierende Wasser, suchten unter dem Eis nach Futter und schnellten wie Korkstückchen wieder an die Oberfläche. Es schien unbegreiflich, daß die Vögel überleben konnten, aber angesichts des reichen, lebensspendenden Vorrats an wirbellosen Tieren, der unter dem Eis zur Verfügung stand, wurde es doch verständlich.

Wir fütterten viele Amseln, sowohl am Futterbrett, als auch auf unseren täglichen Spaziergängen im Gäßchen, aber von allem, was ich in dieser Zeit mit Amseln erlebt habe, gefiel mir die Geschichte mit dem Weihnachtsbaum von Frau Eleanor Jones am allerbesten. Die gute Frau Jones kaufte ihr Bäumchen beim Obst- und Gemüsehändler in Colwyn Bay, wo es während der bitterkalten Tage vor Weihnachten im Laderaum eines Lieferwagens gestanden hatte. Frau Jones stellte den Baum in ihrem Wohnzimmer auf und wartete darauf, daß die gefrorenen Zweige ihr einwandfreies Aussehen zurückgewannen. Während das geschah, kam nach mehreren Stunden ein schmuckes Amselmännchen aus den Zweigen herausgeflattert, das offensichtlich an seinem Sitzplatz festgefroren gewesen war – der Vogel machte äußerlich

In der Winterlandschaft auf den beiden vorigen Seiten sind Elstern, Rabenkrähen, Birkenzeisige und ein Fischreiher zu sehen.

überhaupt keinen mitgenommenen Eindruck!

Zu Hause legen wir alle Äpfel, die wir übrighaben, an schneefreien Stellen auf dem Rasen aus, und drei oder vier Tage lang leistete eine große Schar Wacholderdrosseln den Amseln und den umherstreunenden Eichelhähern Gesellschaft, die sich direkt vor den Fenstern an den Äpfeln gütlich taten. Als der Frost im Januar zum zweitenmal einsetzte, waren die Wacholderdrosseln verschwunden; wir sahen in dieser Zeit keine einzige. Sie hatten hoffentlich den Wink verstanden und waren weiter nach Westen, d. h. nach Irland, oder nach Süden, d. h. nach Frankreich ausgewichen.

Für die Vögel, die die Kältewelle im Dezember überstanden und sich dann um Neujahr herum einige Tage lang bei relativ milder Witterung wieder etwas erholt hatten, war der zweite und jedenfalls für uns noch wesentlich härtere und gefährlichere Kälteeinbruch der letzte große Test. Viele von ihnen bestanden ihn nicht. Außerdem gab es diesmal bemerkenswerte Unterschiede. Den Rot- und Wacholderdrosseln gelang es, vor der Kälte zu fliehen. An dem Tag, an dem ein 36 Stunden dauernder Schneefall einsetzte, stand einer unserer Freunde oben auf den Klippen an der Westküste der Insel Anglesey und beobachtete, wie ein großer Kiebitztrupp nach dem anderen über die Steilküste in Richtung Irland abflog; Hunderte von Goldregenpfeifern und Feldlerchen schlossen sich den Kiebitzen an. Die Zaunkönige und Schwanzmeisen blieben diesmal auf der Strecke, ebenso wie mancher andere Vogel, von dem man das nicht so ohne weiteres erwartet hätte. Die Rotmilane litten bittere Not, und so mancher Vogel aus dem kostbaren Bestand wurde tot oder sterbend aufgefunden: Obwohl es in den Hügeln soviel Aas gab, daß davon eine weit größere Zahl von Milanen hätte satt werden können, war es doch entweder steinhart gefroren oder unter hohem Schnee begraben oder beides zugleich.

Eines Morgens fraß ein Mäusebussard an dem Kadaver einer Katze, die auf der Hauptstraße am Stadtrand überfahren worden war. Ein weiterer machte sich an einer Wildfütterung auf einem nahegelegenen Gut an einer Fasanenhenne zu schaffen, von der nur noch das Gerippe vorhanden war, aber diesmal drückte der Wildhüter beide Augen zu.

Aus diesem Winter sind mir die Rotkehlchen am lebhaftesten in Erinnerung geblieben. Sie waren immer da, und bei uns zu Haus stand der Winter wirklich ganz im Zeichen dieser Vögel. Normalerweise sind Rotkehlchen auch im Winter streng territorial, aber unter dem Druck des entsetzlichen Hungers, der auf jedem Vogel lastete, brachten sie jetzt so etwas wie einen Waffenstillstand zustande. Doch selbst unter diesen Umständen nahmen die Drohgebärden, die schnickernden Rufreihen, die Streitereien und tätlichen Auseinandersetzungen kein Ende. Da wir die Vögel in unserm Gäßchen dauernd fütterten oder oben auf dem Brückengeländer zerriebenen Talg und Brotkrumen auslegten, konnten wir oft zehn oder zwölf Rotkehlchen gleichzeitig beobachten. Jedesmal, wenn jemand aus dem Haus kam und die Auffahrt hinunterging, riefen sie ungeduldig und flogen erwartungsvoll um uns herum. Im Herbst war es mir einmal versehentlich passiert, daß eine der Tannen am Bach angesengt wurde, als der Wind ins Kartoffelfeuer fuhr. Die betreffende Seite ist heute noch schwarz und ohne Nadeln. Ich kann mich noch besonders gut erinnern, daß ich einmal bei diesem Baum stand und beobachtete, wie neun Rotkehlchen auf den versengten Zweigen saßen und mir ihre rote Brust zuwandten. Sie sahen wahrhaftig wie helle Lichter an einem Weihnachtsbaum aus.

Der Jahrhundertwinter ging so schnell zuende, wie er gekommen war, und als Mitte Januar das Tauwetter einsetzte, taute es gleich tage- und nächtelang. Schon am allerersten Tag verließen die übriggebliebenen Vögel das Futterbrett und suchten sich ihr Futter weitgehend selbst. Den ganzen Morgen über schallte aus dem Wald der lachende Ruf eines Grünspechts, als wollte er seiner Freude und Dankbarkeit darüber Ausdruck geben, daß er zu denen gehörte, die den Winter überstanden hatten. Auch ein Buntspecht rief mehrmals hintereinander. An den folgenden Tagen riefen verschiedene Leute an und berichteten von Mönchsgrasmücken – in der Regel Sommervögel – die entgegen allen Erwartungen überlebt hatten. Auf den abtauenden Äckern fanden sich innerhalb allerkürzester Zeit Kiebitze ein (waren sie tatsächlich so schnell aus Irland zurück?). Dies sind also die Überlebenden, die Stärksten und Besten ihrer Art, die im nächsten Frühjahr zur Brut schreiten und damit die Erholung der Bestände einleiten werden. Doch trotz allem werden die Verluste noch ein oder zwei Jahre lang zu bemerken sein.

Die Schlafgewohnheiten der Vögel

Vögel müssen Ruhe und Schlaf auf die Tages- (oder Nacht-) zeiten verlegen, zu denen sie nicht mit der Nahrungssuche beschäftigt sind. Deswegen schlafen Eulen gewöhnlich am Tag und alle unsere bekannteren Gartenvögel bei Nacht. Watvögel und manche Arten aus der Familie der Entenvögel schlafen entweder tagsüber oder nachts, denn ihr Leben ist an den täglichen Wechsel der Gezeiten gebunden, und sie spüren ihre Nahrung zum großen Teil mit Hilfe des Tastsinns auf; sie sind deshalb nicht vom Tageslicht abhängig.

Während der Ruhezeiten sind Vögel besonders gefährdet, vor allem im Winter. Der Schlafplatz, den ein Vogel wählt, muß zwei Bedürfnissen gerecht werden, er muß nämlich zu einer Zeit, da die normalen Reaktionen des Tieres weitgehend ausgeschaltet sind, Sicherheit vor Feinden bieten, und er muß Schutz vor den Naturgewalten gewähren, besonders vor der Kälte. Die Notwendigkeit, in Winternächten die Körpertemperatur aufrechtzuerhalten, steht dabei an allererster Stelle. Die Vögel erreichen dies auf verschiedene Weise. Sie können zunächst einmal, und dies ist das wichtigste Mittel, ihr Körpergefieder aufplustern und damit die warme Luftschicht vergrößern, die sich zwischen den Federn hält. Auch wenn diese Luft vielleicht nur wenig erwärmt wird, so ist andererseits bei wirklich kalter Witterung oft schon ein geringer Temperaturunterschied entscheidend für das Überleben. Wenn es extrem kalt wird, drängen sich einige Arten dicht zusammen und nutzen damit die Vorteile einer insgesamt kleineren Oberfläche und gegenseitiger Erwärmung. Schwanzmeisen, Zaunkönige und Waldbaumläufer tun dies – beim Zaunkönig findet man manchmal mehrere Reihen von Vögeln in einem einzigen Nistkasten!

Gemeinsam schlafende Schwanzmeisen

Ein Fasanenhahn schläft auf einem Baum

Die einzelnen Vogelarten bevorzugen jeweils verschiedene Schlafplätze. Schwimmvögeln bieten die offene Wasserfläche eines Sees oder das Watt Sicherheit vor Feinden, und die Kälte dort können sie ertragen. Fasane, die sich tagsüber nur am Boden aufhalten, schlafen auf den Zweigen der Bäume, außerhalb der Reichweite des Fuchses. Moorschneehühner graben sich im Schnee ein, um sich dessen isolierende Wirkung zunutze zu machen, und Wachteln schlafen im Sommer kreisförmig am Boden sitzend. Dabei richten alle Vögel ihre Köpfe nach außen, um gemeinsam möglichst aufmerksam reagieren zu können.

Der Versuch, einmal herauszufinden, wohin sich einige unserer regelmäßig vorkommenden Gartenvögel zur Nacht zurückziehen, ist eine interessante Aufgabe, denn die Schlafgewohnheiten der Vögel sind bisher noch kaum gründlich erforscht, und wir wissen darüber noch sehr wenig. In unserem Garten nächtigen die Amseln und einige Buchfinken in der Regel auf den inneren Zweigen der immergrünen Rhododendren oder dichter Nadelbäume, und eine Blaumeise kriecht jede Nacht etwa 30 cm in ein Rohr hinein, das zu einem Baugerüst gehört (wenn sie ihre

Federn aufplustert, sitzt sie wahrscheinlich genauso fest darin wie ein Korken im Flaschenhals!). Zaunkönige verkriechen sich in den Löchern im Holzschuppen, oder sie benutzen, wenn möglich, die alten Mehlschwalbennester zum Schlafen.

Waldbaumläufer wenden eine besondere Technik an; sie gehören zu den Arten, die tatsächlich aufrecht sitzend schlafen. Ihre Lieblingsbäume sind Mammutbäume und Küstensequoien, aus deren weicher und einfach zu bearbeitender Rinde sich leicht kleine, nach vorn offene Hohlräume herausarbeiten lassen. Man findet diese kleinen Schlafkammern ohne Schwierigkeiten; oft gibt es mehrere am gleichen Baum, und diejenige, die gerade benutzt wird, kann man an den darunter befindlichen Kalkspritzern erkennen. Ich habe mich immer gefragt, warum die Vögel ihre Schlafnischen am liebsten so niedrig über dem Boden anlegen, anstatt aus Sicherheitsgründen weiter nach oben zu gehen. Oft liegen diese Höhlungen nämlich nur 1,50 m oder 1,80 m hoch. Aber je höher man kommt, desto härter wird die Rinde, und das ist wohl des Rätsels Lösung. Was haben die Baumläufer nur gemacht, bevor die Küstensequoien und Mammutbäume vor 130 Jahren nach England eingeführt wurden? Ich vermute, das waren härtere Zeiten – im wahrsten Sinne des Wortes. Und wie stellt so ein schwaches Vögelchen diese Schlaflöcher her? Nun, das halten die Waldbaumläufer wohl geheim, aber denken Sie doch einmal darüber nach. Es ist unwahrscheinlich, daß irgend jemand Ihre Theorie widerlegen kann, denn ich habe noch nie jemanden getroffen, der jemals einen Waldbaumläufer bei der Arbeit gesehen hätte.

Übernachtende Starenschwärme

Wohl kein anderer Vogel ist derzeit so erfolgreich wie unser europäischer Star, der noch vor 150 Jahren in manchen Gebieten Großbritanniens völlig fehlte. Heute ist er hier wie auch in Mitteleuropa überall vertreten und meist eine der häufigsten Arten. Darüberhinaus breitet sich der Star weltweit immer weiter aus, eine Tendenz, die im vergangenen Jahrhundert von europäischen Auswanderern unterstützt wurde. Keine andere Vogelart kommt ihm darin gleich. Er besiedelte ganz Nordamerika von Ost nach West, und dieser durchsetzungsfähige Vogel hat unter anderem auch in Südamerika, Neuseeland, Australien, Südafrika und Indien so dauerhaft Fuß gefaßt, daß er sich aus den betreffenden Gebieten wohl nicht mehr zurückziehen wird. Nur in Südostasien besteht gegenwärtig noch eine größere Verbreitungslücke.

Der freche, aufdringliche Star wird von den meisten Leuten wenig geschätzt, er verdient jedoch unsern Respekt, denn er verfügt über eine ungeheuer große Anpassungsfähigkeit und setzt sich erfolgreich in einer Welt durch, die so sehr durch menschliche Einwirkungen verändert worden ist. Sein streitsüchtiges Wesen am Futterhaus und die nicht eben anziehenden Plätze, an denen er gewöhnlich seine Nahrung sucht (Müllhalden, Kläranlagen usw.) tragen nur wenig dazu bei, den Star bei seinen menschlichen Nachbarn beliebter zu machen. Die schärfsten Konflikte mit dem Menschen haben jedoch ihre Ursache in der Angewohnheit dieser Art, in großen Schlafgemeinschaften zu übernachten. Die ersten Berichte über Starenschwärme, die sich zur Nacht auf Gebäuden in den Stadtzentren einfanden, sind noch nicht einmal 100 Jahre alt. Heute ist dagegen die Anwesenheit von Abertausenden von Staren an solchen Plätzen allgemein bekannt. Ihr Kot verschmutzt und zerfrißt steinerne Gebäude und verdreckt die darunterliegenden Bürgersteige. Man hat schon auf jede erdenkliche Art versucht, die Stare abzuschrecken; das reicht von ausgespannten Drähten über klebrige Fassadenfarben bis hin zu Vogelscheuchen und Warnrufen vom Tonband. Die riesigen Schwärme aber bleiben, wo sie sind.

Draußen im Land gibt es noch größere und dichter besetzte Schlafplätze. Ein solcher Platz befindet sich nahe der englisch-walisischen Grenze, 24 km von meinem Heimatort entfernt. Wenn ich im Winter etwa eine Stunde vor Einbruch der Abenddämmerung die Hauptstraße entlangfahre, überqueren auf einer Strecke von etlichen Kilometern Starentrupps über mir die Straße. Sie fliegen alle geradewegs zu einer Sitkafichten-Schonung, die ungeheuren Mengen von Staren als Schlafplatz dient. Wenn sich die einzelnen Trupps bei ihrer Rückkehr von der täglichen Futtersuche zusammenfinden, bilden sich unermeßlich große, hin- und herwogende Schwärme. In kleineren Verbänden fliegen die Stare in geringer Höhe, schnell und zielgerichtet. Wenn sie sich aber förmlich zu Wolken zusammenballen und sich dem Schlafplatz nähern, fliegen sie auf und ab und vollführen Schwenks und Wendungen wie wogender, wirbelnder Rauch. Ihre Zahl ist dann nicht mehr zu ermitteln, und oft treten sie in solchen Massen auf, daß sich der Abendhimmel verfinstert. Ein Aufenthalt an der Fichtenschonung zu diesem Zeitpunkt ist ein denkwürdiges Erlebnis. Aus allen Himmelsrichtungen kommen immer mehr Vögel, und die ganze unübersehbare Gesellschaft wogt und kreist unablässig in langen, auseinandergezogenen Formationen, wobei die Flugmanöver genau aufeinander abgestimmt sind. Tausende von Staren fallen im Wald ein, ohne daß die Zahl derer, die sich noch in der Luft befinden, merklich abnimmt, und noch immer erscheinen neue Vögel in ebenso großer Zahl. Während die Tiere lautstark durcheinanderrufend im Wald niedergehen, verursachen das Schwirren ihrer Flügel und das an- und abschwellende Gezwitscher einen ohrenbetäubenden Lärm. In der Schonung selbst ist der Boden zentimeterhoch mit den stickstoffreichen Exkrementen der Vögel bedeckt, und pausenlos prasselt weiterer Kot herab. Der innere Bereich ist eine einzige Wüste aus abgestorbenen Bäumen, übelriechendem Schmutz und abgebrochenen Zweigen, denn viele Bäume können das Gewicht der dicht an dicht sitzenden Stare einfach nicht tragen. Der erfolgreichste Vogel der Welt hat das gleiche Wohnungsproblem wie der erfolgreichste Säuger.

Wenn es dunkelt, wird der unsichtbare, riesengroße Schwarm ruhig, und die Vögel schlafen, bis sie sich am nächsten Morgen wieder in alle Richtungen verteilen. Wenn hier 300.000 Vögel nächtigen – und das ist eine eher zurückhaltende Schätzung – benötigen sie, bis sie am Nachmittag des nächsten Tages zurückkommen, etwa 1,5 Tonnen Mückenlarven, Käfer, Regenwürmer, Abfälle und anderes, und am nächsten Tag brauchen sie die gleiche Menge, und noch einmal das gleiche und noch einmal . . .

Später, in den Monaten März und April, nimmt die Zahl der Tiere mehr und mehr ab, und die unermeßlichen, vagabundierenden Starenschwärme fliegen zurück nach Riga, Tallinn, Moskau, Leningrad und tausend weiteren Städten, um die nächste Generation von Wintergästen großzuziehen.

Vögel am Futterbrett

Nichts ist im Winter für die Vögel wichtiger als die beständige Deckung ihres Bedarfs an Futter, und zwar in erreichbarer Form. Der Winter ist und bleibt die Zeit, in der die schwächeren und anfälligeren Tiere ausgemerzt werden – das sind solche, die nur geboren wurden, um im ersten Winter durch Kälte, Hunger, Feinde oder durch das Zusammenwirken aller drei Faktoren wieder zugrunde zu gehen.

Alle insektenfressenden Arten, mit Ausnahme der wenigen, die besonders erfinderisch und widerstandsfähig sind, sind nach Süden ausgewichen. Fliegenschnäpper, Braun- und Schwarzkehlchen, Schwalben, Pieper, Grasmücken, Spötter, Laub- und Rohrsänger riskieren eine oft weit über 3000 km lange Reise und handeln sich dafür die Aussicht auf einen Überfluß an nahrhaften Insekten ein. Die wenigen Wintervogelarten setzen auf die andere Möglichkeit und bleiben in unseren Breiten.

Für die Vögel ist es allemal ein Glücksspiel, ganz gleich, ob sie sich den Gefahren des Zuges oder den ebenso gefährlichen Risiken eines Winters im Norden aussetzen. Diejenigen Insektenfresser, die im Winter bei uns bleiben, haben im Laufe ihrer Evolution jeweils besondere arteigene Strategien entwickelt, um ihre Überlebenschance zu vergrößern. Das Schwarzkehlchen ist nur im äußersten Westen und Südwesten verbreitet und hält sich im Winter meist in der Nähe der Küsten auf, obgleich einige auch ganz wegziehen. Auf diese Weise profitiert die Art in der Regel vom mildesten Klima ganz Großbritanniens. Zaunkönige untersuchen auch die unzugänglichsten Ritzen, Spalten und Risse. Diese erstaunlichen Vögelchen haben das größte Verbreitungsgebiet unter allen britischen Vögeln, und dies bezieht sich gleichermaßen auf die Fläche des Landes, wie auch auf die Höhenverbreitung. Sie finden in Städten, in Wäldern, in der Feldflur, auf entlegenen Inseln und sogar in den Bergen ihr Auskommen. Trauerbachstelzen leben im Winter in Revieren an Flußufern und anderen Plätzen in Wassernähe, die sie dann energisch gegen andere Artgenossen verteidigen. Sie verlassen sich darauf, daß das Wasser immer wieder Insekten heranträgt und am Ufer anschwemmt.

Nur eine Grasmücke, nämlich die Provencegrasmücke, hält sich das ganze Jahr über in England auf. Sie ist auf den Insektenvorrat tief unten in Stechginster und hohem Heidekraut angewiesen. Alle diese insektenverzehrenden Vögel erleiden in strengen Wintern meist verheerende Verluste. Beim Zaunkönig, der zu manchen Zeiten die zahlenmäßig stärkste Brutvogelart in England ist (mit vermutlich mehr als 10 Millionen Paaren in Spitzenjahren), kann der Bestand nach solchen Wintern wie 1962/63 und 1981/82 auf weniger als ein Zehntel zurückgehen. Auch die Zahl der Schwanzmeisen, die sich als einzige Art aus der weiteren Verwandtschaft der Meisen ausschließlich von Insekten ernähren, verringert sich zwangsläufig im Anschluß an Kälteperioden.

In den letzten Jahrzehnten ist die Zahl der in Großbritannien überwinternden Mönchsgrasmücken beträchtlich angestiegen. Das gleiche gilt, wenn auch weniger ausgeprägt, für den Zilpzalp. Er nimmt ebenfalls nur Insektennahrung auf und ist daher im Winter sehr anfällig. Die Mönchsgrasmücke frißt dagegen auch Obst und Beeren, und sie hat wie viele andere Arten gelernt, wie wichtig Futterhäuser für das Überleben sein können.

Die Hackordnung am Futterhaus kann auf den Beobachter manchmal etwas entmutigend wirken. Wenn man sie gewähren läßt, beherrschen die Stare vollkommen das Feld. Einige unserer Freunde haben sich schon darüber beklagt, daß sie mit ihrem Futter anscheinend die halbe Starenpopulation Osteuropas versorgten und sonst nichts ausrichteten! Stadttauben können manchmal alle übrigen Arten fast ebenso gründlich verdrängen, und auch Haussperlinge werden allem Anschein nach allein schon durch ihre zahlenmäßige Überlegenheit zur dominierenden Art. Aber wir haben zu Hause keine dieser Arten an unserem Futterbrett – sie kommen in unserem kleinen Tal überhaupt nicht vor! An unserem aufgehängten Futterbrettchen herrscht eine eigene Hackordnung, die vom Kleiber angeführt wird und sich über Kohl-, Blau- und Tannenmeisen nach unten fortsetzt (obwohl auffiel, daß die Kleiber ausblieben, als mehrere Amseln miteinander um das Vorrecht am Futterbrett wetteiferten). Wann immer sich eine Gelegenheit ergab, statteten Sumpfmeisen dem Futterbrett einen kurzen Besuch ab und verschwanden dann wieder, und auf dem Schneehaufen darunter las eine einzelne Heckenbraunelle die herabgefallenen Reste auf.

Heutzutage gibt es eine enorm große Zahl von Familien, die den Vögeln während des ganzen Winters regelmäßig Futter anbieten, und dies hat auf die Überlebensrate der Gartenvögel ganz beträchtliche Auswirkungen. Manche Leute sorgen für ein reichhaltiges Futterangebot, das allen Geschmacksrichtungen unter den Gefiederten Rechnung trägt. Hier werden die einzelnen Futtergaben auch nach Bedarf aufgefüllt. Andere wiederum legen ab und zu ein paar Küchenabfälle aufs Fensterbrett, wie es ihnen gerade in den Sinn kommt. Wenn man den Vögeln Futter anbieten will, sollte man einige Grundregeln beachten, von denen zwei besonders wichtig sind: Geben Sie das richtige Futter, und wenn Sie einmal mit dem Füttern angefangen haben, dann machen Sie auch weiter, weil sich die Vögel sehr schnell auf Ihr Angebot einstellen und dann, besonders bei ungünstiger Witterung, darauf angewiesen sein werden. Vögel nehmen die meisten Küchenabfälle dankbar an und lassen von selbst alles liegen, was ihnen nicht bekommt. Allerdings sollte man gesalzene oder scharf gewürzte Speiseabfälle nicht als Vogelfutter verwenden.

Speckschwarten, Bratenfett, verdorbener Käse, Kuchen- oder Kekskrümel, Hackfleischreste und Talg haben allesamt einen hohen Futterwert und werden gern gefressen. Brotreste – das traditionelle Vogelfutter – geben da schon sehr viel weniger her. Wenn Brot, vor allem Weiß- oder Toastbrot, ohne zusätzliches Futter angeboten wird, so füllt das zwar den Magen, hat aber einen relativ schlechten Nährwert. Besser sind gekochte Kartoffeln oder trockener Kuchen, aber all diese Dinge werden nur von ganz bestimmten Vogelarten genutzt, unter anderem von Sperlingen, Meisen, Kleibern, Rotkehlchen, Staren und Amseln. Auch Erdnüsse sind recht beliebt, sowohl in der Schale, als auch auf Fäden aufgezogen. Andere Gruppen, vor allem die Finken, benötigen Sämereien. Hier kann man die meisten Vogelfuttermischungen, einschließlich der fertig gekauften, verwenden.

Einige ausgeklügelte Futterhausmodelle und Futterspender, die man heute kaufen kann, tragen etwas dazu bei, daß aufdringliche und dominierende Arten wie der Star nicht allzu sehr im Vordergrund stehen, aber dieses Problem wird sich vermutlich nie vollständig lösen lassen.

Schwarzkehlchen, Mönchsgrasmücke und Zilpzalp überwintern in Deutschland nicht und die Bachstelze nur ausnahmsweise. Die Provencegrasmücke, eine im Mittelmeergebiet verbreitete Art, die in Südengland ihren nordwestlichsten Vorposten erreicht, kommt in Deutschland nicht vor. Dort spielen statt dessen neben den häufigeren Drosseln, Meisen und Finken auch Wald- und Gartenbaumläufer, unter den Meisen zusätzlich die Haubenmeise, und – ein geeignetes Futterangebot vorausgesetzt – zum Teil verschiedene Spechtarten eine wichtigere Rolle.

Zu den Vögeln auf dem Futterbrett gesellt sich eine Blaumeise
Die hungrige Vogelschar am Futterbrett umfaßt einen Kleiber, eine Kohlmeise und zwei Rotkehlchen.
Die Blaumeise, der gewandteste Gast am Futterbrett, mag besonders gern ganze Erdnüsse.
Eine Tannenmeise pickt in Hängelage an einer Kokosnuß.

Vogelbeobachtungen im Winter

Während des Winters treten die Vögel draußen weniger auffällig in Erscheinung als in den wärmeren Jahreszeiten. Viele sind natürlich weggezogen, und die Zurückgebliebenen sind nicht mehr gleichmäßig überall im Land verteilt; sie tun sich stattdessen in der Mehrzahl zu kleineren Gruppen und Schwärmen zusammen. Zu dieser Zeit des Jahres können beispielsweise die Wälder an manchen Tagen fast ohne jegliches Vogelleben sein. Das bedeutet für den Beobachter, daß er die Vögel draußen in den Lebensräumen aufsuchen muß, in denen sie sich zu ihren Winterverbänden zusammenfinden.

Große Scharen von Schwänen, Gänsen, Enten und Watvögeln aus Ost- und Nordeuropa finden im Winter an den Mündungen der englischen Flüsse im Tidenbereich geeignete Lebensbedingungen. An solchen Orten kann man daher mitunter die schönsten und aufregendsten Beobachtungen machen. Es lohnt sich allerdings, sich rechtzeitig vorher mit dem Ablauf der Gezeiten vertraut zu machen, um sicherzugehen, daß man eintrifft, wenn die Flut aufläuft und die Vögel vor sich hertreibt. Andernfalls sind die meisten vielleicht zu weit draußen, so daß man sie nicht zu Gesicht bekommt. Auch im Binnenland werden Wasserflächen oft von Schwimmvögeln, Möwentrupps, Tauchern und anderen Arten aufgesucht, und hier kann man manchmal viele verschiedene Vögel auf engem Raum sehen; das gleiche gilt für viele innerstädtische Gewässer.

Zwar konzentriert sich die Aufmerksamkeit im Winter weitgehend auf Gewässer jeder Art, aber viele Vogelfreunde haben darüberhinaus ihre bevorzugten Gebiete, wo sie regelmäßig damit rechnen können, Scharen von Rot- und Wacholderdrosseln, umherstreifende Meisentrupps mit ihrem jeweiligen Gefolge oder große Verbände von Finkenarten bei der Suche nach Nahrung zu finden. Mit etwas Glück bekommt man auch einmal einen einzelnen Grauwürger, eine Gruppe bunter Seidenschwänze oder andere Wintergäste vor das Glas.

Der Winter gehört zu den Jahreszeiten, in denen man die meisten kranken oder verletzten Vögel findet. Die Tiere müssen jetzt unter allen Umständen genügend Futter finden, und gerade darum fallen sie Katzen, Verkehrsunfällen und ähnlichen Mißgeschicken leichter zum Opfer. Wenn auch die Gelegenheit, einen freilebenden Vogel gesundpflegen zu können, sicher verlockend sein mag, so denken Sie bitte daran, daß die Chancen eines solchen Tieres auf längere Sicht bereits eingeschränkt sind, und daß nur die Vögel überleben werden, die sich körperlich in bester Verfassung befinden.

Greifen Sie den Vogel und nehmen Sie ihn ganz behutsam auf. Transportieren Sie ihn in einem Karton passender Größe oder in einem ähnlichen Behälter. Fassen Sie den Vogel so wenig wie möglich an. Kranke und verletzte Vögel verhalten sich normalerweise reglos und ruhig, wenn man sie im Dunkeln unterbringt. Müssen Sie ein solches Tier mehrere Tage lang beherbergen, so sorgen Sie für eine geeignete Unterkunft: Das kann beispielsweise, je nach der Größe des Vogels, ein Wellensittichbauer, eine vorn mit Draht bespannte Kiste oder ein Verschlag im Garten sein. Halten Sie den Vogel warm (21° C, für kleinere Vögel auch mehr). Legen Sie Zeitungspapier auf den Boden und wechseln Sie es täglich aus, um den Vogel sauber zu halten. Ist ein Vogel wirklich krank, und nicht nur verletzt, so ist die Wahrscheinlichkeit, daß

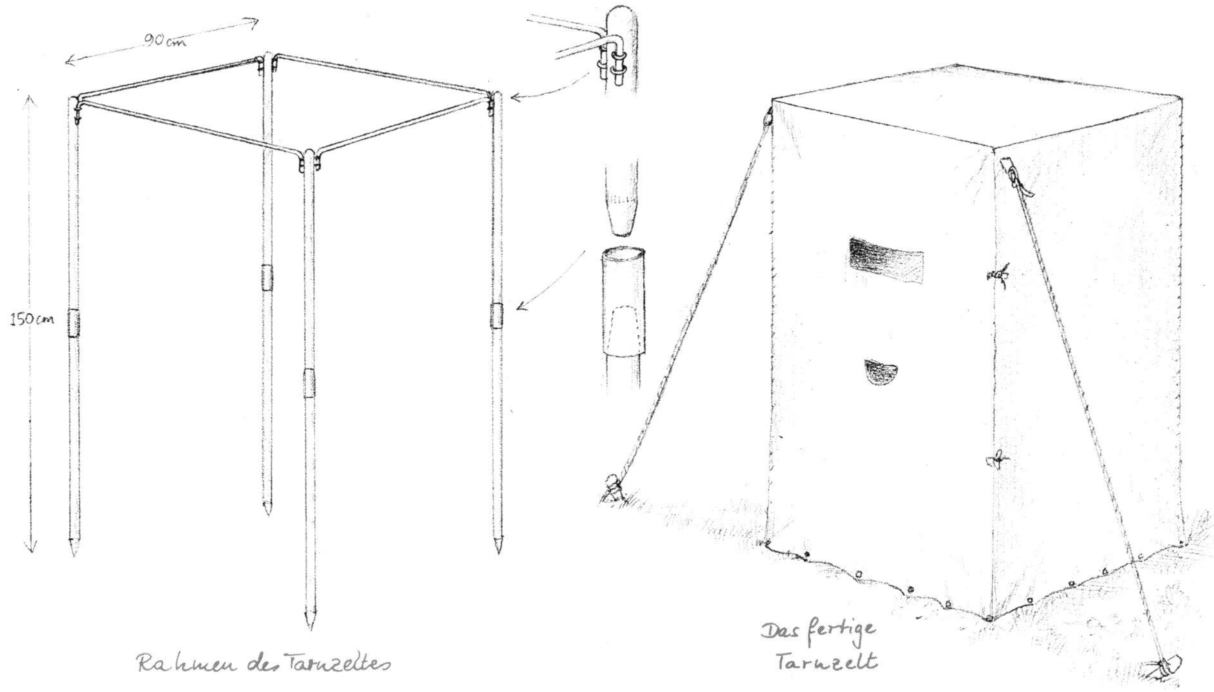

er längere Zeit überlebt, in jedem Fall gering, vor allem, wenn er bereits so schwach war, daß er sich ohne weiteres fangen ließ.

Die häufigsten Verletzungen sind Knochenbrüche am Flügel und am Lauf, offene Wunden, Gehirnerschütterungen und Schocks. Reinigen Sie, nachdem Sie den Vogel zunächst untersucht haben, etwa vorhandene Wunden vorsichtig mit einem milden keimtötenden Mittel und lassen Sie das Tier eine Weile ausruhen, bevor Sie ihm Futter und Wasser geben. Versuchen Sie, dem Vogel eine Sitzstange zur Verfügung zu stellen, wenn es sich um eine Art handelt, die sie voraussichtlich annehmen wird.

Die Pflege verletzter oder sonst irgendwie kränklicher Vögel ist recht zeitaufwendig und erfordert erhebliche Mühe, man sollte eine solche Verantwortung also nie leichtfertig übernehmen. Denken Sie vor allem daran, daß unter natürlichen Bedingungen wahrscheinlich nicht ein einziger Vogel existieren kann, ohne über seine volle Flugfähigkeit zu verfügen. Haben Sie einen Vogel mit gebrochenem Flügel oder auch mit anderen schweren Verletzungen, so ist vermutlich ein schmerzloser Tod die beste Lösung. Sie sollten unter gar keinen Umständen versuchen, aus einem verletzten Vogel einen zahmen Hausgenossen zu machen.

Brütende Vögel können sehr leicht so in Angst versetzt werden, daß sie ihr Gelege oder ihre Jungen im Stich lassen; angehende Vogelphotographen sollten also mit äußerster Vorsicht zu Werke gehen. Eine Möglichkeit, an scheue Arten heranzukommen, ohne sie zu vergrämen, besteht in der Verwendung eines Tarnzelts. Als vorbildlicher Photograph stellen Sie das Zelt einige Tage vorher in einiger Entfernung von der Stelle auf, von der aus die Aufnahme entstehen soll. Anschließend wird es nach und nach vorsichtig weitergerückt, bis die gewünschte Position erreicht ist. Schneiden Sie am Nest nie Pflanzen ab, um so eine bessere Aufnahme zu erhalten; die Vögel sind dadurch ihren Feinden schutzlos ausgeliefert, außerdem könnte eine starke direkte Sonneneinstrahlung den Jungvögeln schaden. Halten Sie statt dessen alles, was die freie Sicht behindert, mit Bindfäden zurück, und zwar nur für den Moment, in dem Sie die entscheidende Aufnahme machen. Photographieren Sie nistende Vögel nicht, während diese noch mit der Eiablage beschäftigt sind, sondern warten Sie noch ein paar Tage. Vermeiden Sie es auch, Jungvögel zu photographieren, die ganz kurz vor dem Ausfliegen stehen, denn wenn sie das Nest zu früh verlassen, kann das ihren Tod zur Folge haben.

Geeignete Tarnzelte aus Segeltuch erhält man beim Photo-Fachhandel; eine andere Möglichkeit besteht darin, miteinander verbundene Metallstreben zu kaufen und dafür aus beliebigen grünen oder braunen Materialien, die Sie gerade zur Hand haben, eine Bespannung zu nähen (siehe Abbildung).

Besuch aus Island: Singschwäne

Alljährlich erscheinen die Singschwäne zuverlässig wieder auf den Wiesen bei Penstrowed, wo das Hochwasserbett des Severn von den sanft geschwungenen, bewaldeten Hügeln von Montgomery eingefaßt wird. Hier, im Winterquartier, wechseln die Schwäne tagtäglich von den guten Weidegründen der Auwiesen in das kahle, vom Wind gepeitschte Hügelland, wo sie die Nacht verbringen. Dort finden sie nur wenig Nahrung im Uferbereich dreier Seen, nämlich des Llyn Mawr, des Llyn Du und des Llyn Tarw (Großer See, Dunkler See, See des Stieres). Mit den Singschwänen überwintern auf diesen dunklen, eiskalten Gewässern noch einige Schellenten, Reiherenten und Krickenten, und wenn der Winter schon weiter fortgeschritten ist, kommt noch ein Trupp Bläßgänse dazu.

Diese Singschwäne kommen aus Island, wo sie im Sommer auf verstreut liegenden Seen in den Lavaebenen und in den breiten, von Gletschern ausgehobelten Tälern der großen Flüsse zu Hause sind. Im vergangenen Sommer war ihr Bruterfolg gering, denn nur drei der 25 Schwäne, die sich in diesem Winter hier aufhalten, sind diesjährige Jungvögel. Ich fahre jeden Morgen an den Auwiesen vorbei und oft halte ich an, um die Schwäne ein paar Minuten lang zu beobachten.

In den vergangenen Jahren waren die Singschwäne meistens zwei- bis dreihundert Meter von der Straße entfernt auf einer Wiese jenseits des Flusses, aber diesmal haben sie an einer sehr kleinen Weidefläche direkt an der Straße Gefallen gefunden. Die stolzen Vögel kümmern sich überhaupt nicht um den Verkehr, der dort von morgens bis abends vorbeirauscht. Ich hätte auch nie geglaubt, daß diese Tiere, die normalerweise so scheu sind und die aus den ursprünglichen, entlegenen Gebieten des inneren Island zu uns kommen, Menschen so nah an sich herankommen lassen. Ich selbst bin oft zusammen mit anderen in die Einfahrt zur Wiese eingebogen, und wir haben die Singschwäne aus dem offenen Wagenfenster aus einer Distanz von nur kanpp 30 Metern beobachtet. Jedesmal, wenn ein Wagen dort hält, hören sie langsam mit der Futtersuche auf und gehen in ihrer schwerfälligen Gangart widerwillig etwas zur Seite. Sie watscheln dabei allerdings nicht so ungeschickt wie die bekannteren Höckerschwäne.

Die einzelnen Familien halten selbst innerhalb des Trupps zusammen. Sie grasen gruppenweise dicht beieinander, wobei die alten Männchen die Umgebung aufmerksam beobachten. Singschwäne sind Vögel von beeindruckender Größe, sie sind aber zugleich vornehm und elegant. Alle ihre Bewegungen laufen zielbewußt und bedächtig ab; sie haben es nie eilig, sondern bleiben immer gelassen. Hin und wieder blickt ein Vogel auf, schüttelt langsam den Kopf, läßt sich im Zeitlupentempo auf den Bauch nieder und beginnt dann, in dieser Haltung weiterzugrasen.

Die schwarzen Füße und die schwarz und gelb gezeichneten Schnäbel bilden den einzigen Kontrast zum schneeweißen Federkleid der Singschwäne. Die leuchtend gelbe Färbung der Schnabelwurzel setzt sich keilförmig in Richtung auf die Schnabelspitze fort, und aus der Nähe kann man erkennen, daß dieses Muster bei den einzelnen Tieren leichte Unterschiede aufweist. Im Flug verursachen die Schwingen ein bezeichnendes, rhythmisches, zischendes Geräusch, das dem singenden Fluggeräusch des bei uns lebenden Höckerschwans überhaupt nicht ähnelt.

Während der beiden längeren Frostperioden ver-

Singschwäne haben einen langsamen, kraftvollen Flügelschlag

Ein schwimmender Jungvogel, im Hintergrund drei ausgefärbte Tier.

Singschwäne setzen zur Landung auf einer Wiese am Fluß an.

Eine Gruppe von Singschwänen auf der Weide

schwanden die Singschwäne völlig aus dem Gebiet. Dies war auch notwendig, denn ihre Weidegründe waren vollkommen überfroren und schneebedeckt. Doch zu meiner Überraschung waren sie jedesmal, sobald Tauwetter einsetzte, gleich am ersten Tag wieder hier und machten sich auf der Wiese hungrig über die schneefreien Flächen her. Wo sie in der Zwischenzeit gewesen waren, bleibt ihr eigenes Geheimnis. Niemand, den ich fragte, hatte sie an irgendeiner anderen Stelle gesehen; auch am nächstgelegenen Küstenabschnitt, wo sich in der Flußmündung ein Vogelschutzgebiet mit vielen überwinternden Schwimmvögeln befindet, hatten sie sich nicht blicken lassen.

Singschwäne überwintern regelmäßig auch in der norddeutschen Tiefebene, sofern sie nicht durch die Witterung gezwungen werden, weiter nach Westen auszuweichen. Mit etwas Glück kann man die nordischen Gäste auf größeren Wasserflächen an der Küste und im Binnenland beobachten. Gelegentlich tauchen Singschwäne auch südlicher, im Bereich der Mittelgebirge auf, wo sie sich dann z. B. auf größeren Talsperren aufhalten.

Bläßgänse und Kiebitze

Wildgänse im Winterquartier

Draußen an der Grenze von Shropshire sind die Wiesen am Flußufer fast den ganzen Winter über vernäßt, und in den Bodenvertiefungen steht dort das Wasser. Dieses Gelände kommt den Gänsen gerade recht; die Wiesen sind so naß, daß bei jedem Schritt Wasser hochspritzt, aber für die Gänse geben sie eine hervorragende Weide ab. Ich fahre in jedem Winter mehrmals dorthin, heute allerdings mehr aus alter Gewohnheit, denn die Zeit der 60er und der frühen 70er Jahre, als dieses Gebiet eines der großen Winterquartiere der europäischen Bläßgänse war, ist nur noch Erinnerung. Diese Gänse, die scheuesten und argwöhnischsten unter allen freilebenden Vögeln, ziehen sich bei Anbruch des Winters aus den arktischen Regionen Rußlands zurück und fliegen etappenweise über den Finnischen Meerbusen zu den Küsten Westeuropas. Einige Tausend dieser Vögel gelangen auf ihrem Zug bis nach Großbritannien, ihre genaue Zahl hängt jeweils davon ab, wie streng der Winter auf dem europäischen Kontinent ist. Diese Bläßgänse überwintern in der Mehrzahl in einem Schutzgebiet in Slimbridge in der Grafschaft Gloucestershire, aber auch die Wiesen an der walisischen Grenze waren ehedem ein bedeutendes Überwinterungsbebiet. Nicht weniger als 4000 Bläßgänse in vielen einzelnen Ketten ließen sich hier zum Grasen nieder, wobei sie immer sehr auf der Hut waren. Sie kommen auch heute noch, aber der Bestand ist nur noch ein schwacher Abglanz des einstigen Reichtums. Als ich in diesem Jahr die Wiesen absuchte, fand ich einen Trupp von nur 59 Vögeln, die auf dem gefrorenen Boden Nahrung suchten. Für die Abnahme der Bläßgänse werden verschiedene Gründe angeführt, aber vorläufig weiß niemand genau, warum die Tiere ausbleiben.

Zur gleichen Zeit, als der Winterbestand am Severn mehr und mehr abnahm, stellten sich 80 km weiter südlich, im Tal des Flusses Tywi, von Jahr zu Jahr mehr Bläßgänse ein. Dort gibt es ähnliche, tiefliegende Wiesen, die ebenfalls regelmäßig überschwemmt werden. Das Tywi-Tal bietet im Winter ein erregendes Schauspiel, denn es gibt dort nicht nur Gänse, sondern auch andere Schwimmvogelarten. Am lohnendsten ist das Gebiet, das von den zerfallenen Mauern von Schloß Dryslwyn auf seinem beeindruckenden felsigen, mitten im Tal gelegenen Bergkegel beherrscht wird. Vom Schloßberg, der hoch über die Talebene aufragt, bietet sich flußauf und flußab ein einzigartiger Ausblick. Dieser Platz ist in idealer Weise zum Auszählen oder auch nur zum Beobachten der Vögel geeignet. An einem kristallklaren Tag Ende Januar standen überall in den umliegenden Wiesen verstreut Vögel: Flußabwärts hielten sich Goldregenpfeifer und Kiebitze auf, zum Teil verdeckt in einer Bodensenke dicht am Fluß. Einige Kiebitze hatten sich bis auf die schlammige Landzunge verteilt, die an einem der weit geschwungenen Mäander in den

Fluß hineinragt. Am gegenüberliegenden Ufer sah ich unterhalb der Abbruchkante in einigem Abstand voneinander drei Fischreiher. Zwei von ihnen waren intensiv auf der Jagd nach Fischen, der dritte hatte den Kopf eingezogen und tat, als ginge ihn das alles nichts an; er war wohl bereits satt. In dieser Gegend wachsen zwischen den einzelnen Wiesen oft langgezogene Weißdornhecken, und aus der Deckung dieser Hecken kamen truppweise Rot- und Wacholderdrosseln und suchten überall in den Wiesen nach Futter. Auf dem Fluß schwammen in der Sonne zwei Zwergtaucher. Sie tauchten hin und wieder an der Innenseite der nächstgelegenen Flußbiegung, wo das Wasser nur träge dahinfließt. Am Ufer, unter den überhängenden Zweigen der Weiden, döste ein Dutzend Stockenten. Genau hier in den Wiesen hatte ich im vorigen Winter weit über 100 Kolkraben beobachtet, die sich an verendeten Schafen gütlich taten, nachdem es im Tal mehrfach verheerende Hochwasser gegeben hatte. Das Aas hatte die Kolkraben wie Fliegen angezogen, und die Vögel hatten sich bis zum Platzen vollgefressen. Wenn sie gestört wurden, erhob sich der Schwarm schwerfällig unter protestierenden Rufen, flog in einer schwarzen, drohenden Wolke eine Weile umher und ließ sich dann nach und nach wieder nieder, um das schauerliche Mahl fortzusetzen.

Schaute man jetzt vom Schloß in die andere Richtung, also flußaufwärts, so standen dort die Gänse im Mittelpunkt, denn auf einer großen Wiese in gut 500 m Entfernung grasten über vierhundert von ihnen. Die Wiese war von ehemaligen Flußbiegungen und Rinnen durchzogen. In einigen dieser Bodenvertiefungen hatte sich das Hochwasser gesammelt, und an diesen Stellen hielten sich die Gänse auf. Einige standen ganz frei, andere entzogen sich teilweise dem Blick, wenn sie in den Bodensenken verdeckt der Nahrungssuche nachgingen. Von manchen Gänsen sah man lediglich die Köpfe, die in Abständen hochgereckt wurden, um zu prüfen, ob noch alles seine Richtigkeit hatte. Anschließend grasten die Tiere weiter, und die Köpfe verschwanden wieder hinter der Bodendelle.

Ähnlich wie bei den Singschwänen sind die familiären Bindungen der Bläßgänse während der langen Wanderung und im Winterquartier sehr eng. Die Jungtiere, die im letzten Sommer erbrütet wurden, lassen sich am Fehlen der hübschen weißen Stirnabzeichen und der unregelmäßigen schwarzen Querflecken am Bauch von den Altvögeln unterscheiden. Wenn die Sonne scheint, leuchten die orangefarbenen Beine und Füße, die vom Wasser immer wieder saubergespült werden, unglaublich auffällig. Sie sind allerdings nur unter günstigen Beobachtungsbedingungen zu sehen. Auf Wiesen sind die Beine der grasenden Tiere meist verdeckt.

Bläßgänse -
Langstreckenflieger
aus Sibirien
Graugänse im Flug -
in V-förmiger
Kettenformation
Graugänse grasen auf der über-
schwemmten Wiese und behalten dabei ihre Umgebung
wachsam im Auge.

Ringelgänse, die zur dunkelbäuchigen Rasse gehören, ernähren sich im Schlickwatt von Seegras
Kurzschnabelgänse rasten auf dem Wasser, während ein Vogel vom Ufer aus Wache hält.
Weißwangengänse in den Wiesen und Watten von Islay

Im letzten Sommer war der Bruterfolg der Gänse im Hohen Norden, ebenso wie bei den Singschwänen, nur mäßig. Viele der Altvögel, die in lebenslanger Partnerschaft leben, haben in diesem Winter keine Jungen. Im Flug erklingt der schöne, melodische Ruf der Bläßgänse, der sich wie „kou-ljou" anhört und etwas an ein Lachen erinnert. Man hört ihn, wenn die Vögel nach Einbruch der Dämmerung aus der Talebene aufsteigen und in langen V-Formationen oder Ketten zu den Seen im Hügelland oder an der weiter entfernten Flußmündung fliegen, wo sie die Nacht verbringen.

Alle Gänse sind stets wachsam und achten sehr argwöhnisch auf alles, was in ihre Nähe kommt. Ihre Weidegründe müssen daher eine rundum freie Sicht bieten, sie meiden zwangsläufig solche Gebiete, in denen sie sich durch Heckenreihen eingeengt fühlen. Diese charakteristische Angewohnheit der Gänse erinnert daran, daß in ihrer Heimat in den Tundren der nördlichen Sowjetunion oder in den eiskalten Tälern Spitzbergens, Islands und Grönlands die gleiche offene, flache Landschaft vorherrscht. Kein anderer gefiederter Wintergast ruft so sehr das Bild der unberührten nördlichen Feuchtgebiete und Tundren in uns wach wie die wilden Gänse.

Mitten im Herbst erscheinen in den Watten an der englischen Nordseeküste die dunkel gefärbten kleinen Ringelgänse aus den entferntesten Küstengebieten des arktischen Sibirien. Sie legen von allen unseren Wintergästen die größten Entfernungen zurück. Ringelgänse suchen ihre Nahrung in der offenen Landschaft des Schlickwatts, in der sie sich ziemlich sicher fühlen. Sie ernähren sich von den flutenden Blättern des Seegrases.

Weiter im Nordwesten liegen im Ribble-Ästuar und in der Solway-Bucht ausgedehnte, flache Salzwiesen, die jetzt große Scharen von Kurzschnabelgänsen aus Grönland und dem mittleren Island beherbergen. In der Bucht von Solway gibt es darüberhinaus noch sehr viele Weißwangengänse. In den tiefer gelegenen Teilen Schottlands haben Tausende von Kurzschnabel- und Graugänsen ihr Winterquartier auf Stoppelfeldern und in Moorgebieten bezogen.

Das eigentliche Mekka derer, die Wildgänse beobachten wollen, ist aber die Insel Islay vor der schottischen Westküste. Mit etwas Glück kann man dort im Verlauf einer einzigen Winterexkursion nicht weniger als sechs oder sieben Gänsearten sehen. Am bekanntesten wurde Islay jedoch wegen seiner Weißwangengänse, von denen dort im Winter etwa 20.000 leben. Sie verbringen den Tag mit der Futtersuche in den Wiesen und ziehen sich in der Abenddämmerung in das Watt der beiden großen Meeresarme zurück, die sich in der Mitte der Insel beinahe treffen. Wenn die Weißwangengänse in einzelnen Ketten nacheinander hier einfallen, dauert das eine Stunde oder noch länger. Zu Tausenden schlafen die Vögel dann im flachen Wasser oder auf dem Schlick.

Heute wissen wir sehr wohl, daß alle Weißwangengänse auf Islay tatsächlich jeden Winter von Grönland aus über den Nordatlantik hierherfliegen. Während der letzten 1000 Jahre schenkte man jedoch einer anderen, weit interessanteren Vorstellung Glauben, man dachte nämlich, die Weißwangengänse entstünden direkt im Meer. Nach der Legende sollten sich die Gänse aus der Entenmuschel entwickeln, einer Krebsart, die im offenen Meer an Treibholz lebt und nur gelegentlich an Land gespült wird. Unsere Vorfahren hielten diese „Muschel" für die „Wasserform" der Weißwangengans. Sie stellten sich vor, daß der Vogel sich innerhalb der Muschelschalen bilde und sich dann, flügge geworden, aus dem Wasser erhebe. Diese Vorstellung hatte durchaus ihren praktischen Nutzen: Noch in diesem Jahrhundert gab es im Westen Irlands Leute, die es als vollkommen gerechtfertigt ansahen, Weißwangengänse freitags als Fastenspeise zu verzehren, da sie ja „mehr Fisch als Fleisch" waren.

Alle in diesem Abschnitt erwähnten Gänsearten sind in der Bundesrepublik regelmäßige Durchzügler bzw. in kleinerer Zahl auch Wintergäste. Sie sind vor allem auf die außendeichs gelegenen Salzwiesen und Wattflächen als Rast- und Nahrungsbiotope angewiesen, an denen die Bundesrepublik ja flächenmäßig den mit Abstand größten Anteil besitzt. Bläß-, Weißwangen-, Ringel-, Kurzschnabel- und Graugänse konzentrieren sich besonders zu den Zugzeiten, also im Oktober/November und im Februar/März (Ringelgans bis Mai) an geeigneten Stellen im Bereich der Nordsee und der Unterelbe; Bläßgänse erscheinen auch an der Ostsee in größerer Zahl. Zwei besonders bekannte Rast- und Sammelplätze, die vor allem für Ringel-, Weißwangen- und Kurzschnabelgänse von Bedeutung sind, nämlich die Nordstrander Bucht und das Vorland von Rodenäs an der deutsch-dänischen Grenze, sind durch umfangreiche Eindeichungen akut bedroht oder bereits verlorengegangen. Nach Berechnungen von Naturschützern verlieren dadurch neben vielen anderen Arten bis zu 13.000 Ringelgänse, bis zu 25.000 Weißwangengänse (d. i. über die Hälfte des sibirischen Brutbestandes), und bis zu 12.000 Kurzschnabelgänse ihre angestammten Herbst- und Winterlebensräume, auf die sie dringend angewiesen sind, und für die sich kurzfristig kein gleichwertiger Ersatz schaffen läßt.

Die Graugans, Stammutter unserer Hausgänse, brütet als einzige Gänseart in der Bundesrepublik, und zwar im Norden und Osten. Genau wie die bisher noch nicht erwähnte Saatgans erscheint sie auf dem Zug und im Winter auch tief im Binnenland, vor allem in Flußauen und anderen Niederungsgebieten.

Beim Füttern auf dem Spaziergang

Wir füttern zu Haus die Vögel nicht nur am Futterbrett, sondern wir haben es uns auch zur Gewohnheit gemacht, auf unseren täglichen Spaziergängen mit den Hunden draußen im Gäßchen Futter zu streuen (die Vögel fliegen vom Futterbrett hinter uns her!). Die Rotkehlchen und Sumpfmeisen aus der Nachbarschaft warten jeden Tag ungeduldig auf uns und erscheinen, wie von einer geheimnisvollen Stimme gerufen, in dem verlassenen Gäßchen. Die Sumpfmeisen sind besonders vorwitzig. Sobald wir die ersten Käse- oder Talgkrümel ausstreuen, sind sie sofort zur Stelle. Die Vögel picken das Futter vor unseren Füßen auf, und nach kurzer Zeit schließen sich ihnen Rotkehlchen und einige Tannenmeisen an. Blaumeisen sind dagegen weniger vertraut, sie wagen sich erst aus der Deckung, wenn wir ein Stückchen weitergegangen sind. Auch die scheue Heckenbraunelle schlüpft dann verstohlen unter der Hecke hervor, und hin und wieder kommt auch eine Weidenmeise. Eines Tages flog dieser Vogel aus der Hecke heraus zum Futter, als ihm auf halbem Weg plötzlich Bedenken kamen, ob wir nicht doch noch ein bißchen zu nah waren. Die Weidenmeise verhielt mitten in der Luft und schwebte in vollendeter Kolibri-Manier mehrere Sekunden lang auf der Stelle, bis sie sich dann die Sache noch einmal überlegte und den Rückzug antrat. Die Kleiber haben im Gäßchen ihre besonderen Plätze, wo sie zuverlässig wie Zollbeamte auf uns warten, bei denen wir zunächst das Wegegeld entrichten müssen, bevor wir weitergehen können. Kleiber sind flink und erstaunlich verwegen; einer von ihnen hat sich darauf spezialisiert, Futterbröckchen im Flug aufzufangen. Zwei Rabenkrähen stellen uns dagegen in diesem Jahr vor ein ziemliches Problem, denn sobald wir außer Sichtweite sind, tauchen sie im Gäßchen auf und verleiben sich das ausgestreute Futter in kürzester Zeit ein.

Hühnervolk im Schnee

Als der lange Winter seinem Ende zuging, erstieg ich die hoch aufragenden Hügel bei unserem Haus. Überall lag noch Schnee, und die Erosionsrinnen und Zäune, die sich über die Hügel hinziehen, lagen unter mächtigen Schneewehen begraben. Hier oben war es selbst für einen solchen Wintertag unheimlich still. Keiner der krächzenden Kolkraben zeigte sich am azurblauen Himmel, und nicht eine einzige umherstreunende Krähe störte das Bild. Für diese beiden „Totengräber" gab es zwar reichlich verendete Schafe auf den Hügeln, aber die Kadaver lagen entweder tief unter dem Schnee begraben, oder sie waren steinhart gefroren.

Die einzigen Vögel, die ich während meines zweistündigen Fußmarsches zu Gesicht bekam, waren zwei Schottische Moorschneehühner. Die Vögel hatten hier die strenge Kälte überstanden, indem sie die unter dem Schnee überwinternden Triebe des Heidekrauts abgefressen und nachts in selbst gegrabenen Schneelöchern geschlafen hatten. Als sie über die Kuppe hinweg abstrichen, hoben sich die dunklen Vögel gefährlich deutlich von dem weißen, schneebedeckten Untergrund ab. Sie unterscheiden sich dadurch vom Alpenschneehuhn im schottischen Hochland, das sein marmoriertes braunes Sommergefieder verliert und im Winter ein rein weißes Federkleid trägt. Das Alpenschneehuhn ist übrigens die einzige heimische Vogelart, die sich den winterlichen Bedingungen im Hochland eigens durch ein Tarnkleid anpaßt.

Auch für die im Tiefland lebenden Hühnervögel bedeutet dieses Wetter eine besondere Strapaze. Die Fasane sind größtenteils von dem Futter abhängig, das von den Wildhütern an den Futterstellen im Wald ausgebracht wird. Darüberhinaus suchen sie sich an Waldrändern und schneefreien Stellen im offenen Gelände Sämereien, Blätter, Eicheln und herabgefallene Beeren. Oft nutzen sie auch den schneefreien Boden rund um die Futterplätze der Schafe. Nachts fliegen sie in das Geäst eines dichten Tannenwaldes. Die Fasanenhähne sind selbst in dieser Jahreszeit beeindrukkend auffällig herausgeputzt, wobei ihr buntes Gefieder durch die Einfarbigkeit der Winterlandschaft noch mehr zur Geltung kommt.

Das einheimische Rebhuhn ist in unserem Teil des Landes selten; seine eigentliche Heimat sind die leichten Böden und die landwirtschaftlich nutzbaren Flächen jenseits der Grenze nach England. In diesem Winter habe ich nur einmal eine Kette von Rebhühnern gesehen, die über die Hecke am Straßenrand strichen und in einem mit Wintergetreide bestellten Schlag einfielen. Das eingeführte, aus Südeuropa stammende Rothuhn ist dagegen zahlreicher vertreten, da es aus jagdlichen Gründen ausgesetzt und erfolgreich eingebürgert wurde.

In Deutschland ist die Einbürgerung des Rothuhns über Versuche nicht hinausgekommen, aber der Fasan ist seit 700 Jahren fest eingebürgert. In Ackerbaugebieten leben das Rebhuhn und z. T. auch noch die viel kleinere Wachtel. Beide nehmen allerdings stark im Bestand ab. Das Alpenschneehuhn ist in Deutschland auf die Hochalpen beschränkt, das Schottische Moorschneehuhn kommt nur auf den Britischen Inseln vor.

Schottische Moorschneehühner heben sich im Winter auf den Mooren auffällig vom Schnee ab.

Rebhuhnketten halten den ganzen Winter über zusammen.

Das Alpenschneehuhn, ein Vogel der höchsten Lagen, legt im Winter ein weißes Tarnkleid an.

Die farbenprächtigen Fasane suchen ihr Futter in der Laubstreu.

Vogelfreundliche Gärten

Wenn Sie Ihren Garten für die gefiederte Gesellschaft besonders attraktiv gestalten wollen, sollten Sie den Vögeln Wasser, Nahrung, Deckung, Schatten und Brutmöglichkeiten anbieten. Das Wasser könnte ein bleibendes Gestaltungselement im Garten sein, etwa in Form eines Teichs oder einer Badegelegenheit für Vögel. Für alles andere kann man durch eine Auswahl verschiedener Pflanzenarten sorgen.

Die eigentliche Rasenfläche ist für den Nahrungserwerb der Vögel wichtig. Auch Bäume sind von grundlegender Bedeutung, wobei in der Regel die einheimischen Arten vorzuziehen sind, weil auf ihnen viele Insekten leben, von denen sich die Vögel ernähren können. Im Herbst fressen die Vögel die Früchte und Samen vieler Bäume, dazu gehören unter den einheimischen Arten beispielsweise Eibe, Weißdorn, Stechpalme, Hasel, Eichen, Esche, Kirschen, Weiden und Birken. In Weißdorn, Eichen und Stechpalmen finden sich darüberhinaus oft geeignete Nistplätze; die Beeren dieser Bäume wirken auf viele Vogelarten anziehend, angefangen von Amseln, Drosseln und Staren bis zum Seidenschwanz, der sich bei uns gelegentlich als Wintergast aufhält. Weitere brauchbare beerentragende Holzgewächse sind unter anderem die Eberesche und unter den Sträuchern verschiedene Zwergmispel- und Berberitzenarten. Zu den ersteren gehören Cotoneaster horizontalis (Fächer-Zwergmispel), C. simonsii und C. integerrima (Gewöhnliche Zwergmispel, fruchtet spät im Jahr); zu den letzteren zählen die gewöhnliche einheimische Berberitze und einige Exoten, wie Berberis darwinii, B. thunbergii (Thunberg-Berberitze) und B. wilsoniae.

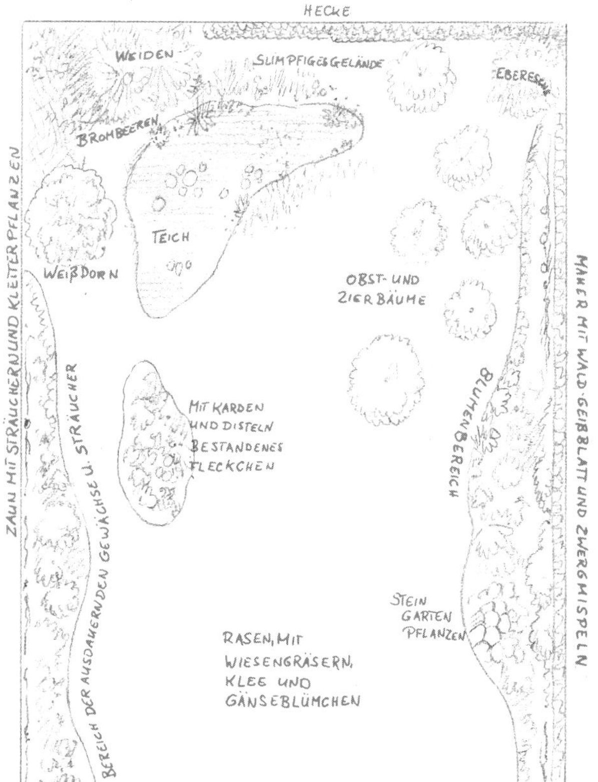

Plan zur Anlage eines Gartens

Bromberen werden von Vögeln genauso gern verzehrt wie von uns Menschen; wenn Sie also in einer verwilderten Ecke des Gartens ein Plätzchen dafür erübrigen können, haben Sie mit Sicherheit immer einige Vögel zu Gast. Gimpel fressen gern Knospen von Obstbäumen, vor allem wenn die Eschen keine Frucht getragen haben, und Fallobst aller Art wird von allen Vögeln geschätzt.

Unter den Kletterpflanzen bietet vor allem der Efeu, mit dem sich Zäune und Mauern im Garten gut begrünen lassen, den Vögeln Deckung und Nistmöglichkeiten. Dies gilt besonders für den Zaunkönig und den Grauschnäpper. Efeublüten ziehen darüberhinaus viele verschiedene Insekten an. Die Pflanze gedeiht auch auf nährstoffarmen Böden, und zum andern leben auf Efeu besonders viele Raupen. Die Beeren, die oft und gern von Ringeltauben genommen werden, stehen in den kalten Monaten Januar, Februar und März als Vogelnahrung zur Verfügung. Auch das Wald-Geißblatt ist eine beerentragende Kletterpflanze, deren Früchte vor allem für Meisen, Grasmücken und Laubsänger von Interesse sind. Seine reichlich vorhandenen Blüten verströmen an Sommerabenden einen betäubenden Duft.

Brennesseln (vorausgesetzt Sie bringen es fertig, sie im Garten zu dulden) sind die Futterpflanzen verschiedener Raupen, die ihrerseits für die Ernährung der Jungvögel erforderlich sind. Einge Vögel fressen auch die erwachsenen Schmetterlinge. Zu den Vogelarten, die von „Schmetterlingspflanzen" wie Sommerflieder (Buddleja), Ysop und verschiedenen Astern angezogen werden, gehört unter anderem der Grauschnäpper. Weitere Blütenpflanzen, die zur Vergrößerung des Vogelreichtums beitragen können, sind unter anderen die Wilde Karde, die Kornblume, Skabiosen, Vergißmeinnicht-Arten, Schmuckkörbchen (Cosmos), Löwenmäulchen und die Sonnenblume.

Zu guter Letzt sollten Sie auch nicht übersehen, daß einige Sträucher wie etwa Rhododendron, Liguster und Lorbeer, die als Nahrungslieferanten vielleicht nicht besonders interessant sind, den Vögeln doch Unterschlupf gewähren und im Winter Schlafplätze bieten können. Mönchsgrasmücken brüten oft tief im Innern der Rhododendronbüsche, und manchmal tun das auch Heckenbraunellen und Amseln.

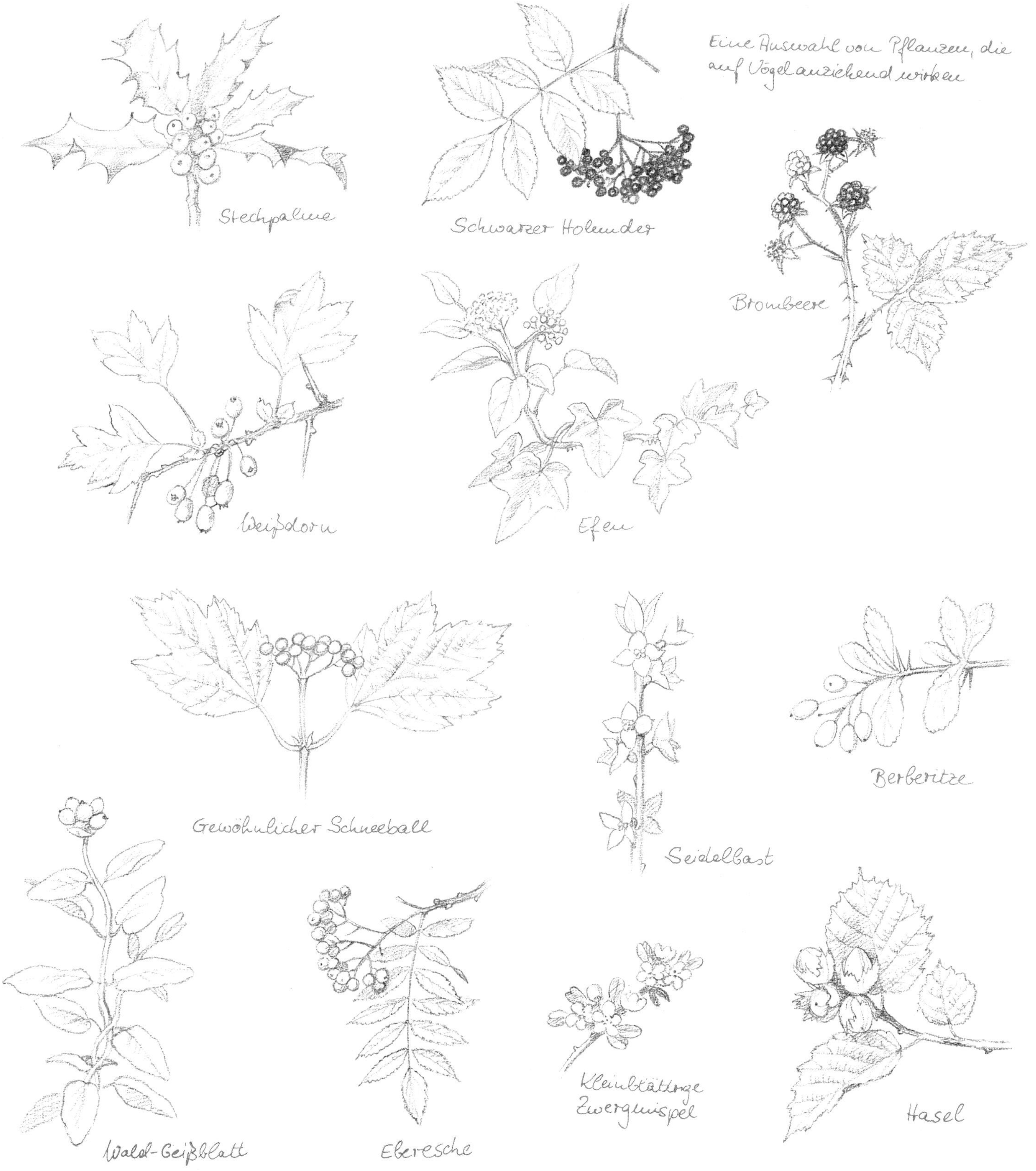
Eine Auswahl von Pflanzen, die auf Vögel anziehend wirken
Stechpalme
Schwarzer Holunder
Brombeere
Weißdorn
Efeu
Gewöhnlicher Schneeball
Seidelbast
Berberitze
Wald-Geißblatt
Eberesche
Kleinblättrige Zwergmispel
Hasel

Ein Februar-Ausflug an die Nordsee

Der Winterwind, der über die flache Küste von Norfolk pfeift, kommt geradewegs aus Rußland. Wie man so sagt, gibt es diesseits des Ural keine Erhebungen, die seine Kraft brechen könnten, und so kann es hier fürchterlich kalt werden. Trotzdem stellen die Wattflächen, Salzwiesen, Strandseen und Sandbänke von der Meeresbucht „The Wash" bis zu den niedrigen Klippen von Cromer während der Wintermonate ein gastfreundliches Paradies für unzählige Vögel vieler Arten dar. Auch in den übrigen Jahreszeiten ist dieser Küstenabschnitt für seinen Vogelreichtum bekannt, und er bildet in England einen der Hauptanziehungspunkte für Tausende von Beobachtern.

In diesem Jahr bescherte uns der Februar zum Ausgleich für die bittere Kälte in den vorhergehenden Wintermonaten mehrmals warmes, frühlingshaftes Wetter. Ich hatte das Glück, bei meinem Aufenthalt an diesem Küstenstreifen gerade eine solche warme Periode zu erwischen. Im ersten klaren Morgenlicht ging ich allein hinaus und folgte dem Pfad durch die Salzwiesen bei Thornham, der sonst von Jägern benutzt wird. Wo sich der Pfad erweitert und in die Salzwiesen übergeht, erhob sich vor mir ein gemischter Finkenschwarm vom Boden und ließ sich in den Sträuchern nieder, die den Pfad begleiten. Es handelte sich vor allem um Grünfinken, deren Männchen mit ihren leuchtend gelben Flügel- und Schwanzabzeichen für einen kurzen Moment helle Farbtupfer in die braun und grau aussehende Marschlandschaft setzten. Aus den schlammigen Gräben auf beiden Seiten des Weges erhoben sich einzelne Brachvögel und flogen unter klagenden Rufen über die Wiesen davon.

Der Pfad, über den jetzt bei ablaufendem Wasser noch immer kleine Rinnsale liefen, lag tiefer als die umliegenden Wiesen, und so kam ich in dem nassen Schlamm nur langsam voran. Von vorn konnte ich den zweisilbigen, leise lachenden Stimmfühlungsruf der Kurzschnabelgänse hören, die gerade von ihrem Schlafplatz draußen auf dem Wasser des „Wash" zurückkamen, wo sie nachts sicher vor Füchsen sind. Sie wollten jetzt zur Nahrungssuche in die Salzwiesen an der Küste. Eine lange, V-förmige Formation von etwa 200 Vögeln flog niedrig über dem Boden in meine Richtung, und ich beobachtete ohne jede Bewegung, wie die Gänse immer näher herankamen, bis sie in höchstens 60 m Höhe direkt über mir waren. In dem hellen Licht war jedes einzelne Merkmal mit dem Glas gut zu erkennen, bis mich der an der Spitze fliegende Vogel im letzten Moment bemerkte. Da drehte ein Teil der Tiere abrupt ab, und die Gänseschar flog in zwei getrennten Trupps nach verschiedenen Richtungen über die Wiesen davon.

Am Spülsaum jenseits der Salzwiesen hielten sich weitere Gänse auf; diesmal waren es Ringelgänse – kleine Vögel mit dunklem Bauch, schwarz-braunem Gefieder und hübschen weißen „Halsbändern". An diesem gesamten Küstenabschnitt gab es überall ganze Verbände von Ringelgänsen, die im offenen Watt, im Flachwasserbereich oder mitunter auf den bestellten Äckern, die an die Salzwiesen grenzen, Futter suchten. Am Ufer liefen Rotschenkel entlang und pickten dabei fortwährend Nahrung auf, und im Vorland sah ich eine locker zusammenhaltende, etwa 12 Tiere zählende Gruppe von kleinen rundlichen Sandregenpfeifern, die an der fächerförmig verbreiterten Mündung eines Priels in kurzen, schnellen Spurts über den nassen Schlick liefen. Selbst jetzt, mitten im Winter, zeigten die Vögel bereits Ansätze von Balz- und Imponierverhalten. Sie unternahmen erste, probeweise Versuche, die Paarbildung einzuleiten, und zwischen den männlichen Tieren kam es zu kurzen, aggressiven Auseinandersetzungen.

Bei dem Ort Holme-next-the-sea zeigten sich auf dem Strandsee hinter der äußeren Dünenkette einige Brandentenpaare. Auch bei ihnen hatte das frühlingshafte Wetter balzauslösend gewirkt. Auf den Landzungen und Inselchen im See waren hier und da Alpenstrandläufer, Rotschenkel, Große Brachvögel und Knutts zu sehen. Schnatterenten – eine der anmutigsten Entenarten – und Krickenten, die bereits paarweise zusammenhielten, präsentierten sich sehr auffällig. Während sie auf den flachen Tümpeln in der Wasservegetation Nahrung aufnahmen, war jede Einzelheit ihres Federkleids im Sonnenlicht deutlich erkennbar. Am Rand des vor mir liegenden Tümpels drückten sich einige Bekassinen. Sie verharrten dort reglos und teilweise zwischen den Pflanzen versteckt. Am Ufer flogen Pfeifenten entlang, und daneben waren Möwen, Ketten von Ringelgänsen und Alpenstrandläufer in der Luft. Eine Pfuhlschnepfe, die nur noch ein Bein besaß, versetzte mich in Erstaunen und gab Anlaß zu der Frage, wie sie wohl überlebt hatte. Sie war jedoch emsig mit der Nahrungssuche beschäftigt und befand sich anscheinend in guter Verfassung. Wie ist es bloß möglich, daß ein solcher im Uferbereich lebender Vogel ein Bein fast vollständig einbüßt? Hinter mir stieg über den Wiesen, auf denen mehrere Hundert Kurzschnabelgänse Gras rupften, eine Feldlerche in den Himmel und verkündete den bevorstehenden Frühling. Draußen auf dem Meer entdeckte ich Haubentaucher, die noch das weniger auffällige Ruhekleid trugen, sowie große Gruppen schwimmender Trauerenten (einfarbig schwarze Meerenten aus dem Norden) und kleine Verbände umherstreifender, zerzaust aussehender Mittelsäger.

Nachdem ich etwas weiter an der Küste entlanggewandert war, fand ich in einer flachen Mulde im Sand hinter der Dünenkette einen Trupp Schneeammern. Diese Vögel kommen im Winter in großer Zahl aus ihren Brutgebieten in den Bergen Skandi-

Die Schnatterente brütet in größeren, verschilften Gewässern.

Schneeammern aus Skandinavien lassen in der Färbung ihres Federkleids große Unterschiede erkennen.

Sandregenpfeifer bei der Nahrungssuche im Schlick

Krickenten sind bereits im Januar fest verpaart.

Spießententrupps verbringen einen großen Teil des Tages damit, sich auszuruhen und ihr Gefieder zu pflegen.

naviens hierher an die Küste. Unter unseren regelmäßigen Wintergästen ist keine Vogelart so beliebt wie diese bunten Ammern. Als ich auf ihren Rastplatz zuging, erhoben sie sich in die Luft, und die ganze Schar flog aufgeregt zwitschernd, bald höher, bald tiefer in weiten Kreisen um mich herum. Am jenseitigen Rand der Bodensenke kamen sie nacheinander wieder herunter, und als sie eben den Boden zu berühren schienen, schwenkten sie schnell wieder in eine andere Richtung. Es folgten noch mehrere solcher vorgetäuschter Landemanöver, bevor sich die Schneeammern schließlich in den Strandaster- und Quellerbeständen niederließen, wo ihnen reichlich Sämereien zur Verfügung standen.
Die einzelnen Vögel sind zwar zu dieser Jahreszeit in der Mehrzahl oberseits bräunlich gesprenkelt und auf der Unterseite weiß, sie unterscheiden sich in der Färbung aber doch ganz beträchtlich voneinander. Einige alte Männchen kommen in ihrem kontrastreichen Schwarz-Weiß dem normalen Sommerkleid sehr nahe. Sie wirken im Flug blendend weiß.

Die ganze Gegend hier ist ein Ornithologenparadies, wie man es sich schöner kaum vorstellen kann, doch der Ort Cley, etwas weiter östlich gelegen, ist schlechthin das Nonplusultra. Dort gab es weitere Ringelgänse zu sehen, bei denen sich Stock-, Schnatter- und Brandenten aufhielten. Aus den ausgedehnten Schilfzonen mit ihren schwankenden Halmen ertönte hin und wieder das „ping ping“ der Bartmeisen, aber diesmal wollte sich keiner dieser Vögel auf den Spitzen der hohen Halme zeigen.

Bekassine

Die schlanke, anmutige Spießente gehört mit ihrem langen Hals und dem schön geformten Schnabel zu den eleganteren Erscheinungen. Diese Art brütet in geringer Zahl im Osten Englands und Schottlands, aber im Winter erhalten die Vögel starken Zuzug von Artgenossen aus Osteuropa. Zwei- oder dreihundert Spießenten hatten sich auf einem der schilfumsäumten Tümpel von Cley zusammengefunden, der großzügig mit ausgezeichneten, versteckt angelegten Beobachtungsplätzen versehen war. Während ich die Vögel beobachtete, flogen noch weitere ein und gesellten sich dazu. Die Erpel sind im Flug mit ihrem schlanken Hals und dem langen Schwanzspieß unverwechselbar. Spießenten fressen zum Teil bei Nacht, aber hier gründelten einige im Wasser, wobei sie Samen, Wurzeln und Knollen von Wasserpflanzen aus größerer Tiefe vom schlammigen Grund heraufholen können als alle anderen sogenannten Gründelenten. Die übrigen Tiere lagen ruhig auf dem Wasser; einige von ihnen putzten sich, andere schliefen.

In Cley bekam die Exkursion einen exotischen Farbtupfer durch einen Chile-Flamingo, der, auf einem Bein stehend, rosafarben und lustig anzusehen war und die um ihn herumtrippelnden Alpenstrandläufertrupps weit überragte. Er hatte den langen Hals eingezogen und den Kopf hinten zwischen die Schulterfedern gelegt. Er wirkte so völlig fehl am Platz, wie er es als Gefangenschaftsflüchtling ja auch war.

Später fuhr ich in das von der RSPB betreute Schutzgebiet von Titchwell, wo ich mehrere Kornweihen bei ihrem niedrigen Jagdflug über dem Röhricht und den Salzwiesen beobachten konnte. Zu den Sumpfohreulen, die ich an diesem Tag schon anderswo gesehen hatte, kam hier noch eine weitere hinzu. Sie flog, den unregelmäßigen Uferkanten der Priele folgend, hin und her, setzte sich dann für eine Weile auf einen Zaunpfahl und drehte den Kopf um 180°, um mich mit ihren riesigen, zitronengelben Augen in dem runden Mondgesicht erstaunt anzublicken. Anschließend flog sie wieder auf, flatterte auf den breiten, abgerundeten Schwingen zwischen den Sträuchern hindurch und geriet dann hinter einem der Deiche außer Sicht.

Zur Verbreitung der Gänse, einiger Limikolen und der Bartmeise in Deutschland wurde bereits in den vorigen Abschnitten Einiges gesagt. Der Große Brachvogel, der Rotschenkel und die Bekassine brüten in der Bundesrepublik in Küstennähe und im Binnenland, sie sind aber als Brutvögel insgesamt stark bedroht. Der Sandregenpfeifer ist ein teilweise noch recht verbreiteter Brutvogel der Küsten von Nord- und Ostsee. Alle diese Arten ziehen regelmäßig auch durchs Binnenland. Die Pfuhlschnepfe und der Knutt, die beide im Hohen Norden beheimatet sind, halten sich im Frühling und Herbst in großer Zahl vor allem in den Nordseewatten auf.

Von den Enten zählen mit Ausnahme der Pfeif- und der Trauerente alle erwähnten Arten zu den Brutvögeln der Bundesrepublik, sie sind aber nur auf dem Zug in größerer Zahl zu beobachten, was auch für die Pfeifente gilt. Die Trauerente überwintert sehr zahlreich in der Deutschen Bucht und in der Ostsee, sie erscheint landeinwärts jedoch nur sehr selten. Der Mittelsäger schließlich brütet nur in Schleswig-Holstein und in sehr kleiner Zahl auch in Nordniedersachsen. Sein Bestand nimmt in letzter Zeit etwas zu. Er erscheint gelegentlich weiter landeinwärts, namentlich im Winter.

Die Schneeammer ist ein regelmäßiger Wintergast in Norddeutschland. Kornweihe und Sumpfohreule sind noch in wenigen Paaren Brutvögel, die Kornweihe ist allerdings im Winter gelegentlich auf Wiesen und Äckern zu sehen, und zwar auch in wenig attraktiven „Kultursteppen“, wo sie niedrig über dem Boden nach Beute sucht.

Waldkauz

Stimmen in der Nacht

Selbst mitten im tiefsten Winter sind nachts viele Tiere unterwegs. Das Leben steht nicht still. Fuchs, Iltis und Eulen sind auch jetzt gezwungen, nachts in Wäldern und an Heckensäumen verschiedenen Kleinnagern und jungen Kaninchen nachzustellen, deren Bestände im Laufe der kalten Jahreszeit immer mehr abnehmen. In vielen stillen Dezember- oder Januarnächten hört man unverhofft das helle Gebell eines Fuchses, das einem kalte Schauer über den Rücken jagen kann und dessen furchterregende Wirkung durch die dazwischenliegenden Pausen noch gesteigert wird. Füchse verpaaren sich zu Beginn des Winters, aber das Gebell ertönt auch später noch, nachdem sich die Paarbindung gefestigt hat und die Ranzzeit beendet ist, denn die Partner spielen oft und gern miteinander und machen dabei einen ziemlichen Radau.

In dieser Zeit beginnen auch die Eulen verstärkt zu rufen. Waldkäuze sind das ganze Jahr über recht laut, doch gegen Ende Januar oder Anfang Februar haben sie schon wieder damit begonnen, ihre Brutreviere zu sichern, denn sie können bereits Mitte März zur Brut schreiten. Wenn die Käuze ein festes Revier errichten und einen Brutpartner anzulocken versuchen, hört man ihr Liebeslied bald regelmäßig – denn um nichts anderes handelt es sich bei den heulenden Rufen. Beim Waldkauz „singen“ Männchen und Weibchen, was in der Vogelwelt ungewöhnlich ist. Doch Eulen sind Nachttiere, daher ist es wohl einleuchtend, daß in ihrer finsteren Welt das Gehör eine ebenso wichtige Rolle spielen muß wie der Gesichtssinn. Die Vögel antworten ihren Artgenossen, und in ruhigen Nächten kann man daher verfolgen, wie durch einen Waldkauz oft weitere Käuze in nahegelegenen Wäldern zu erhöhter Rufaktivität angeregt werden. Für das weibliche Tier ist es wichtig, daß es an der Stimme und an genau festgelegten Verhaltensweisen zuverlässig erkennen kann, wann sich ein Männchen in der Nähe befindet, denn es hat seit der vergangenen Brutsaison allein gelebt und alle Artgenossen instinktiv angegriffen, es muß sich also jetzt völlig umstellen. Der Ruf des Waldkauzmännchens ist ein langgezogenes, tremulierendes „hu-hu-hu-u-u-uu“, den das Weibchen in ähnlicher Weise beantwortet. Mitunter kann das menschliche Ohr die individuellen Unterschiede heraushören, den Eulen gelingt das dagegen immer. Anstelle des heulenden Rufs hört man manchmal ein „kju-wick“ als Antwort, und so setzt sich das unheimliche Zwiegespräch bis zum Morgen fort.

Noch furchterregender als das einsame Geheul des Waldkauzes ist das klagende Stöhnen der Waldohreulen, das aus den kleinen, windzerzausten Schonungen in den Hanglagen an unser Ohr dringt. Die Waldohreule brütet ebenfalls sehr früh; ihre jammernden, seufzenden Rufe, die etwa wie „uuu – uuu, uuu – uuu“ klingen, tragen erstaunlich weit. In ruhigen Nächten vernimmt sie ein menschlicher Zuhörer noch aus 800 m Entfernung. Eulen können diese Rufe mit ihrem scharfen Gehör zweifellos aus weit größerer Distanz, von einem Wäldchen zum andern, wahrnehmen.

Die nächtlichen Eulenrufe verfolgen genau wie der Gesang des Rotkehlchens oder der Amsel ein doppeltes Ziel: Sie zeigen an, daß das jeweilige Revier von einem Männchen besetzt ist, und sie sollen ein Weibchen herbeilocken, das dann dieses Territorium mit dem männlichen Tier teilen wird.

Fichtenkreuzschnäbel brüten im Winter

Verschiedene Vogelarten folgen einem besonderen Jahresrhythmus. Sie halten sich – sehr zu ihrem Vorteil – nicht an unsere althergebrachte Vorstellung vom Ablauf der Jahreszeiten, und sie können uns damit ständig in Verwirrung bringen. Jetzt, da sich der Winter seinem Ende nähert, hat die Brutsaison des Fichtenkreuzschnabels längst begonnen. Es kann sogar sein, daß die Jungvögel droben im Wipfelbereich hoher Nadelbäume schon ausgeflogen sind, wenn nach unserem Eindruck die Kraft des Winters noch ungebrochen ist. Fichtenkreuzschnäbel können ihre Eier sehr frühzeitig ablegen. In den Wald- und Schwarzkiefernforsten auf den Sandböden Südenglands findet man die ersten Gelege mitunter schon im Dezember.

Diese Vögel sind unbedingt an den Fruchtzyklus der Nadelbäume und an den jeweiligen Samenertrag gebunden, und daraus erklärt sich auch ihre außergewöhnliche Brutzeit. Sie leben in Kiefern-, Fichten- oder Tannenforsten, wo sie die Samen im Spätwinter und zu Beginn des Frühlings sehr geschwind aus den Zapfen klauben, um sie an ihre bettelnden Jungen zu verfüttern. Dies könnten sie zwar zu jeder beliebigen Zeit des Jahres tun, aber wenn die Zapfen sich von selbst zu öffnen beginnen, ist es besonders einfach. Die Samen der Bäume, von denen sich die Fichtenkreuzschnäbel in erster Linie ernähren, sind später im Frühjahr bereits ausgefallen.

Fichtenkreuzschnäbel sind mit ihren kräftigen Schnäbeln perfekt an das Entfernen der Samen aus den harten Zapfen angepaßt. Die mit einer hakenförmigen Spitze versehenen Schnabelhälften überkreuzen einander und stellen so ein ideales Werkzeug dar, mit dessen Hilfe sich einzelne Samen, die tief unter den Zapfenschuppen verborgen sitzen, abzwicken lassen. Die im Umriß „kopflastig“ wirkenden Vögel bewegen sich geschickt in den schwankenden äußeren Kiefern- und Fichtenzweigen und nehmen dabei, wie die Papageien, oft ihren Schnabel zu Hilfe. Nicht selten hängen sie bei der Futtersuche mit dem Rücken nach unten an den Zweigen. Sie verraten dabei ihre Anwesenheit oft durch kurze, harte „gipp – gipp“-Rufe. Die Vögel reißen oft ganze Zapfen ab, greifen sie fest mit einem Fuß und bearbeiten dann nacheinander die einzelnen Schuppen, die dabei auf den Waldboden fallen. Es bleibt nur ein charakteristischer Wust von nackten Zapfenspindeln und halb zerzausten Zapfen zurück, an denen man zweifelsfrei erkennen kann, daß hier Kreuzschnäbel am Werk waren.

Das Männchen des Fichtenkreuzschnabels ist prachtvoll ziegelrot gefärbt, obgleich auch individuelle Abweichungen vorkommen. Manche Exemplare sind heller, mehr ins Rosa gehend, oder manchmal fast orangefarben. Neben häufigen Stimmfühlungsrufen hört man von den Männchen jetzt auch den Gesang, der aus einem Gemisch von wohllautenden und weniger reizvollen Tönen besteht. Wenn die Vögel uns mit ihrem Lied auch nicht gerade begeistern können, so gehört doch der Anblick des auffällig roten, kräftigen Kreuzschnabelmännchens, das an einem sonnigen Wintertag seinen Gesang von den obersten Zweigen einer hohen Fichte oder Lärche erklingen läßt, zum schönsten, das uns zu dieser Jahreszeit in den Wäldern geboten wird.

Fichtenkreuzschnäbel sind auch in anderer Hinsicht interessante Vögel. Sie kommen hauptsächlich auf dem europäischen Festland vor, und zwar im ausgedehnten Nadelwaldgürtel Nordeuropas. Da die Zapfenernte in den verschiedenen Wäldern von Jahr zu Jahr starken Schwankungen unterliegt, ziehen die Fichtenkreuzschnäbel in jedem Sommer von einem nahrungsreichen Gebiet zum nächsten, wobei sie oft viele Hundert Kilometer zurücklegen. Alle paar Jahre, wenn auf dem Festland der Kreuzschnabel-Bestand vielleicht gerade besonders groß ist, die Zapfenernte aber auf weite Strecken ausfällt, wandern die Fichtenkreuzschnäbel in großer Zahl invasionsartig ab und erscheinen dann häufig überall in England, wo sie sonst meist nur stellenweise und ziemlich zerstreut vorkommen. Viele der Einwanderer bleiben zur Brut in diesen neuen Gebieten, aber ihre Zahl nimmt danach allmählich ab, bis sie nach einigen Jahren bei der nächsten sommerlichen Invasion wieder anschwillt.

Der Fichtenkreuzschnabel ist in Deutschland ein verbreiteter Brutvogel, der allerdings mancherorts weitgehend fehlt, so etwa in großen Teilen der norddeutschen Tiefebene.

Ein Fichtenkreuzschnabelmännchen
singt an einem Tag
mitten im Winter.

Die gekreuzten
Schnabelhälften sind
perfekt an das Herausklauben
von Kiefernsamen angepaßt.

Fichtenkreuzschnäbel
brüten früher als alle
anderen Arten –
ein Weibchen auf
dem Nest.

Die Jungvögel sind bereits
im März flügge.

Ein Männchen bei der Fütterung seiner Jungen.
Das Nest wurde auf einer Kiefer angelegt.

Der Sperlingsschwarm in der Mülltonne

Viele Menschen glauben zu Unrecht, man müsse hinaus aufs Land, um viele verschiedene Vögel sehen zu können. London ist flächenmäßig die größte Stadt Großbritanniens, und doch wurden dort in diesem Jahrhundert mehr als 160 Vogelarten nachgewiesen, von denen fast 40 als völlig frei lebende Arten brüteten. Allgemein gelten Frühling und Sommer als die Jahreszeiten, in denen man aller Voraussicht nach die meisten Vögel zu sehen bekommt, aber der Winter kann tatsächlich nicht weniger lohnend sein.

Mit zunehmendem Absinken der Temperaturen locken die Innenstädte die Vögel durch ihre Wärme an, denn Zehntausende von Gebäudeheizungen, die Straßenbeleuchtung und zahllose weitere menschliche Aktivitäten führen zu einem Anstieg der Außentemperatur um bis zu ein Grad Celsius, was für die Gefiederten ganz entscheidend sein kann. Stadtbewohner wissen, daß sich z. B. Stare diese Tatsache schnell zu Nutze gemacht haben. Auch andere Vogelarten haben die Vorteile des Stadtlebens erkannt. So findet man etwa die Trauerbachstelzen, zierliche Vögelchen, die ihre Nahrung im Uferbereich der Gewässer finden, und die auf die Nachbarschaft der Menschen recht unempfindlich reagieren, tagsüber futtersuchend an innerstädtischen Seen, Rieselfeldern und Flußufern. Gelegentlich schlafen sie auch nachts in großen Trupps im Licht (und in der Wärme) der Straßenlampen auf Gebäudevorsprüngen oder auf kahlen Bäumen.

Für manche Arten stellt der Hausmüll so etwas wie ein Festessen dar. Tagtäglich zanken sich in den Hinterhöfen die Stare und machen sich gegenseitig das Futter streitig. Sie wetteifern mit Stadttauben und Haussperlingen um die Nahrungsreste, die aus Abfallkartons und offenen Mülleimern auf den Boden fallen. Sie schlagen jegliche Vorsicht in den Wind und kriechen ganz in die Müllkübel hinein, um bei Beunruhigung wie ein wütender Bienenschwarm wieder herauszufliegen.

Ist der Abfall erst einmal auf unseren unhygienischen Müllkippen gelandet, nehmen weitere Arten das unerschöpfliche Angebot wahr. Lachmöwen (die jetzt an Stelle der schokoladenbraunen Kopfzeichnung, die sie im Sommerkleid haben, nur noch einen kleinen schwarzen Fleck in der Ohrgegend aufweisen), Silbermöwen, Heringsmöwen, Dohlen, Krähen und Stare fliegen während der hellen Tagesstunden in ganzen Wolken geschäftig durcheinander und stürzen sich mit Behagen auf jede neu eingetroffene Ladung. Tausende von Möwen ziehen sich anschließend zum Baden, Putzen und Schlafen auf günstig gelegene offene Wasserflächen zurück, die es ebenfalls in den meisten unserer Städte gibt.

In den Stadtparks erhalten die heimischen Drosseln, Ringeltauben, Meisen, Finken und andere Arten Zuzug von Artgenossen, die im Winter ebenfalls von diesen ergiebigen Nahrungsrevieren profitieren wollen. Die Buchen, die in englischen Parks sehr häufig sind, produzieren alljährlich einen reichen, aber stark schwankenden Ertrag an Bucheckern. Viele Wintervogelarten, darunter mehrere Meisen, Ringeltaube, Buchfink und Kleiber, sind während des Winters hauptsächlich auf die Buchenmast angewiesen. In guten Bucheckernjahren erscheinen auch

Lachmöwen

Männchen des Hausrotschwanzes

die Bergfinken in stattlicher Anzahl. Die winterlichen Wanderungen dieser nördlichen Vettern des Buchfinken, die sich über ganz Europa erstrecken, werden weitgehend durch den von Jahr zu Jahr unterschiedlich starken Fruchtansatz der Buchen beeinflußt. Bergfinken sind lebhaft orange, schwarz und braun gefärbt. Wenn sie am Boden im Fallaub nach Futter suchen, verschmelzen sie optisch vollkommen mit dem Untergrund.

Stadtparks weisen im Winter nicht selten eine ähnlich artenreiche Vogelwelt auf wie Vorstadtgärten, wo die Vögel durch Futterhäuschen und Badegelegenheiten angelockt werden. Zu der Vielzahl der Vögel in solchen Gärten kommen jetzt manchmal noch einige eher scheue Besucher. Der Erlenzeisig, ein kleiner, akrobatischer Finkenvogel, hat gelernt, an Schnüren aufgefädelte Erdnüsse zu nutzen. Der kleine Birkenzeisig, nicht weniger geschickt im Klettern, taucht hin und wieder am Futterbrettchen auf, wenn dort Sämereien angeboten werden. In dieser Zeit des Jahres scheut selbst der Sperber nicht die Nähe des Menschen, wenn er das Beuteangebot der vielen Kleinvögel nutzen kann.

Ein weiterer Vogel, auf den man im Winter in der Stadt achten sollte, ist der Hausrotschwanz, ein sehr hübsch anzusehender Besucher vom Festland, der auch manchmal in England brütet. Die meisten Hausrotschwänze ziehen im Herbst ab, aber gelegentlich sieht man bei uns in größeren Städten einige überwinternde Tiere.

Wir sollten also den Vogelreichtum unserer Städte nicht geringschätzen, denn hier gibt es das ganze Jahr hindurch eine ganze Menge zu sehen. Ich kann mir jetzt einen Kleiber vorstellen, der an einem Wintertag über die moosbewachsenen Dachziegel eines alten Speichers am Rand eines Stadtparks hüpft und dort die Moospolster eins nach dem andern loshackt, um nach Asseln und anderen Insekten zu suchen, die sich darunter verbergen. Vögel genießen in unseren Städten das gleiche Heimatrecht wie wir selbst.

Die Wintervogelwelt deutscher Städte sieht nicht viel anders aus als in England. Eine Ausnahme bildet dabei der Hausrotschwanz, der in Mitteleuropa nicht überwintert, dafür aber in der warmen Jahreszeit in den Städten und Dörfern einer der häufigsten Brutvögel ist. Die Festlandrasse der Bachstelze überwintert in Deutschland nur selten.

Bergfinkenmännchen

Der Kalender der Kolkraben

Der Wind treibt Schneeschauer über die Moorwiesen und reißt dabei die gelbbraunen, jährlich abfallenden Rispen des Pfeifengrases mit, das – von den Weidetieren verachtet – weithin die Hügel bedeckt. Auf den Bergkuppen bläst ein rauher Nordost, wirbelt den Schnee durcheinander und pfeift durch die knarrenden Sitkafichten in der Schonung. Am Waldrand krümmen sich die Baumwurzeln über die Felskante, als wollten sie sich vor dem Ansturm des Windes fest in den Untergrund krallen. Die Windstöße zerstäuben das Wasser des Bergbachs, der sich hier über mehrere Stufen ins Tal ergießt, zu feinem Gischt. In diesem langen Winter steht uns noch Einiges bevor; es wird noch viele Wochen dauern, bis hier der langersehnte Ruf des Kuckucks und das Meckern der Bekassinen zu hören sein werden.

An der gegenüberliegenden Seite der engen Talrinne findet sich auf einer Klippe unterhalb einer kantigen, überhängenden Felsplatte eine große, aus Knüppeln errichtete Festung. Sie ist geschützt in einer Felsspalte angelegt und mißt in der Höhe $1^1/_2$ Meter. Die unteren Teile dieses Horstes müssen, wie man von ortsansässigen Bewohnern erfährt, wohl an die 60 Jahre alt sein. Das Kolkrabenweibchen drückt sich flach in sein Nest und wärmt die fünf blaugrünen, dunkel gefleckten Eier, die in der tiefen, mit Wolle ausgelegten Nestmulde liegen. Der Rücken des brütenden Vogels ist mit Schneeflocken besprenkelt, und der Nestrand ist weiß, aber das Tier ist den hiesigen Winter gewohnt, und die Kälte macht ihm nichts aus. Als der klangvolle Ruf des Brutpartners aus dem Hohlweg heraufschallt, hebt das Weibchen leicht den Kopf und blickt vom Nest auf. Der Kolkrabenmann schwingt sich, vom Wind verfolgt, mit kraftvollen, weitausholenden Flügelschlägen zum Nest hinauf. Mit seinem dicken Hals und dem großen, an eine Spitzhacke erinnernden Schnabel ist der Kolkrabe der Goliath unter den Krähenvögeln. In dieser Jahreszeit beseitigt er die Kadaver der Schafe, die den bitterkalten, schneereichen Winter nicht überstanden haben, und ist auf diese Weise reichlich mit Nahrung versorgt.

Der Lebensraum der Kolkraben ist das offene Hügelland. Hier bleiben sie in den höheren Lagen in der Nachbarschaft der Schafzüchter, wo im Winter für die Kolkraben Nahrung in Hülle und Fülle anfällt. Im Frühjahr halten sie sich dann bei den Herden an die Nachgeburten und totgeborenen Lämmer. Dies ist sozusagen die jährliche Erntezeit, und die Raben müssen daher ihre Eier mitten im Winter ablegen, damit sie ihre Jungen in der Zeit des Nahrungsüberschusses hochbringen. Nirgendwo auf der Welt gibt es mehr Kolkraben, und nirgends setzen sie sich mit soviel Erfolg durch wie in den Hügeln von Wales.

In der Bundesrepublik brüten heute noch etwa 700 – 900 Kolkrabenpaare in Schleswig-Holstein, in Niedersachsen, in den Alpen und deren Vorland. Die Tiere ernähren sich nicht nur von Aas, das dort weniger anfällt, sondern auch von kleineren Säugetieren, Insekten, Regenwürmern, Abfall usw.

Es mag uns so vorkommen, als hinge das Verhalten der Vögel im Jahresablauf manchmal vom Zufall ab. Wenn wir aber genauer hinsehen, lernen wir die verborgenen Ursachen verstehen, nach denen sich ihr Aktivitätsrhythmus bestimmt. Während also die Kolkraben fest auf ihrem Reisighorst sitzen, wird es noch mehrere Wochen dauern, bis sich die winterlichen Verbände der Alpenstrandläufer, Knutts, Ufer- und Pfuhlschnepfen an den Flußmündungen auflösen und die Vögel nach Norden in ihre Brutgebiete abwandern. Dort werden Eis und Schnee erst dann abtauen und damit diesen Arten die Fortpflanzung ermöglichen, wenn unsere jungen Kolkraben längst in laut rufenden Trupps hoch über den Hügeln fliegen. An den Flüssen im Tal singen schon den ganzen Winter über die Wasseramseln; sie tun sich zu Paaren zusammen, grenzen ihre Reviere ab und können jetzt unter Brücken und an Stauwehren jederzeit mit dem Bau der rundlichen, fußballgroßen Moosnester beginnen. Die Flußuferläufer dagegen, die später ihren Lebensraum mit den Wasseramseln teilen, halten sich noch über 3000 km weiter südlich in der warmen Sonne Afrikas auf und warten, bis sie der Zugtrieb nach Norden führt, wo sie dann neben den Wasseramseln brüten werden, die zu jener Zeit bereits zum zweitenmal auf den Eiern sitzen. In unseren Gärten und an den Waldrändern erklingen die ersten, noch leise vorgetragenen Lieder der Rotkehlchen, Kohlmeisen und Singdrosseln. In den Nadelwäldern füttern die Fichtenkreuzschnäbel schon ihre Jungen. Am Futterbrett sieht man immer noch die Mönchsgrasmücken, die sich auf eine Überwinterung bei uns eingelassen haben. Ihre Artgenossen jedoch – darunter viele potentielle Brutpartner – streifen noch in den Savannendickichten und Dornbuschsteppen des tropischen Afrika umher.

Jede Vogelart hat ihren eigenen Kalender; bei vielen stimmt der Jahreszyklus im großen und ganzen mit den Jahreszeiten überein, wie wir Menschen sie unterscheiden. Diese Arten passen in unser allgemein akzeptiertes Vorstellungsraster, viele andere kümmern sich jedoch herzlich wenig um diesen sogenannten ‚normalen' Jahresablauf. Wir können die Zeit mit Hilfe eines Kalenders bequem einteilen, Vögel aber orientieren sich an ihrem eigenen Zyklus, entwerfen eigene Zeitpläne und verlassen sich dabei auf ihre Ausdauer, ihr räumliches Orientierungsvermögen, ihre Jagdmethoden, ihre Anpassungsfähigkeit und ihre körperliche Gewandtheit. Wir fangen erst an, das alles zu verstehen.

Im Winter ernähren sich Kolkraben im Hügelland zum großen Teil von verendeten Schafen.
Das Kolkrabenweibchen sitzt auf dem Nest, und die Schneeflocken hinterlassen auf dem Gefieder weiße Tupfer. Aus der engen Schlucht ruft das Männchen zu seinem Brutpartner herüber.

Zehn Regeln für alle, die Vögel beobachten wollen

1. Das Wohlergehen der Vögel muß Vorrang vor den eigenen Interessen haben.
2. Die Lebensräume müssen geschützt werden.
3. Beschränken Sie Beunruhigungen der Vögel und Störungen ihres Lebensraums auf ein Minimum.
4. Entdecken Sie einen seltenen Vogel, so überlegen Sie sich genau, wem sie davon berichten.
5. Stören Sie niemals seltene Durchzügler.
6. Halten Sie sich immer an die Bestimmungen zum Schutz der Vögel.
7. Respektieren Sie die Rechte der Grundbesitzer.
8. Respektieren Sie die Rechte anderer Menschen im Beobachtungsgebiet.
9. Stellen Sie Ihre Daten denen zur Verfügung, die sie auswerten wollen.
10. Beobachten Sie Vögel in anderen Ländern; verhalten Sie sich dort so, wie Sie es auch zu Hause tun würden.

Wichtige Anschriften

AUSGEWÄHLTE VOGELSCHUTZGEBIETE IN ENGLAND UND WALES

Farne Islands, Northumberland (betreut vom National Trust)
Lindisfarne (Holy Island), Northumberland (betreut vom Nature Conservancy Council)
Titchwell, Norfolk (betreut von der RSPB)
Cley Marshes, Norfolk (betreut vom Norfolk Naturalists' Trust)
Minsmere, Suffolk (betreut von der RSPB)
Slimbridge, Gloucestershire (betreut vom Wildfowl Trust)
Skomer Island, Dyfed (betreut vom Nature Conservancy Council und vom West Wales Naturalists' Trust)

AUSGEWÄHLTE VOGELSCHUTZGEBIETE IN DER BUNDESREPUBLIK

Die folgende Liste enthält ausgewählte Gebiete innerhalb der Bundesrepublik Deutschland, in denen sich ein reiches Spektrum an verschiedenen Vogelarten (in erster Linie Meeres- bzw. Wasservögel) beobachten läßt. Anders als in Großbritannien werden viele Schutzgebiete in der Bundesrepublik nicht regelmäßig vom privaten oder staatlichen Naturschutz betreut und gepflegt, d.h. sie bleiben nach der Unter-Schutz-Stellung weitgehend sich selbst überlassen, oft mit unerwünschten Folgen für den Naturhaushalt.
Detaillierte Informationen über Naturschutzgebiete erhält man in der Regel von der jeweils zuständigen mittleren Verwaltungsinstanz, also von den Regierungspräsidien. Sofern die betreffenden Gebiete von einer der nachfolgend aufgeführten Naturschutzorganisationen betreut werden, wendet man sich zweckmäßigerweise an diese. Oft helfen dem interessierten Beobachter auch die Forstämter weiter.

NORDSEE

Greune Stee (Borkum)
Bill (Juist)
Südstrandpolder (Norderney)
Flinthörn (Langeoog)
Vogelkolonie (Langeoog)
Spiekeroog-Ost
Wangerooge-West und W.-Ost
Elisabeth-Außengroden (Ostfriesland)
Jadebusen (südl. Teil)
Hullen und Außendeich Nordkehdingen (Elbmündung, betreut vom Verein Jordsand)
Helgoländer Lummenfelsen
Naturschutzgebiet Nordfriesisches Wattenmeer mit:

- Hallig Süderoog, Hallig Norderoog, Hallig Südfall – betreut vom Verein Jordsand, im Sommer per Schiff erreichbar
- Amrumer Dünen (Amrum)
- Amrum Odde (Nordspitze von Amrum, betreut vom Verein Jordsand)
- Rantumbecken (Sylt, betreut vom Verein Jordsand)
- Uthörn (Sylt)
- Wattenmeer östlich Sylt
- Hamburger Hallig (bei Bredstedt, Nordfriesland)
- Hauke-Haien-Koog (südl. Dagebüll)

OSTSEE

Oehe-Schleimünde (betreut vom Verein Jordsand)
Bottsand (Kieler Außenförde)
Graswarder (Heiligenhafen)
Teichgut Wallnau (Fehmarn, betreut vom DBV)

BINNENLAND

Meißendorfer Teiche (bei Celle, betreut vom DBV)
Dümmer, Westufer
Steinhuder Meer/Totes Moor
Naturpark Elbufer-Drawehn
Kühkopf-Knoblauchsaue (Hess. Ried)
Federsee (bei Bad Buchau, Baden-Württ.)
Ismaninger Speichersee (bei München)
Wollmatinger Ried, Eriskircher Ried, Reichenau, Mettnau – alle am Bodensee, betreut vom DBV

Naturschutz-Informationszentren verschiedener privater Naturschutzorganisationen befinden sich in Hörnum (Sylt), Rantum (Sylt), List (Sylt), Wenningstedt-Braderup (Sylt), Hallig Hooge, Westerspätinge/Adolfskoog bei Husum, Schlüttsiel/Hauke-Haien-Koog, Bredstedt, Graswarder/Heiligenhafen, Wallnau (Fehmarn), Wollmatinger Ried.

PRIVATE NATURSCHUTZORGANISATIONEN

Bund für Umwelt- und Naturschutz Deutschland (BUND), Oskar-Walzel-Str. 17, 5300 Bonn.
Deutscher Bund für Vogelschutz (DBV), Achalmstr. 33, 7014 Kornwestheim (mit Landesverbänden in allen Bundesländern außer Bayern (vgl. unten).
Landesbund für Vogelschutz in Bayern, Maria-Dorothea-Str. 8, 8543 Hilpoltstein
Naturschutzgesellschaft Schutzstation Wattenmeer, Königstr. 11, 2370 Rendsburg
Verein Jordsand zum Schutz der Seevögel, Birkenstieg 1, 2000 Hamburg 67
Darüberhinaus haben sich Ornithologen und Naturschützer zu zahlreichen Vereinigungen auf Landes-, Kreis- und Ortsebene zusammengeschlossen, die hier nicht alle aufgeführt werden können.

DIE WICHTIGSTEN EUROPÄISCHEN ORNITHOLOGENVEREINIGUNGEN

Belgien
La Ligue Belge pour la Protection des Oiseaux, Durentijdlei 8, 2130 Brasschaat, Belgien.

Dänemark
Dansk Ornithologisk Forening, Vesterbrogade 140, 1620 Kopenhagen 5, Dänemark.

Deutschland
Deutscher Bund für Vogelschutz, Achalmstr. 33, 7014 Kornwestheim
Deutsche Ornithologen-Gesellschaft, Gsteigstr. 43, 8100 Garmisch-Partenkirchen

Frankreich
La Ligue Francaise pour la Protection des Oiseaux, La Corderie Royale, BP 263, F-17315 Rochefort, Frankreich

Großbritannien
Royal Society for the Protection of Birds, The Lodge, Sandy, Bedfordshire
British Trust for Ornithology, Beech Grove, Station Road, Tring, Hertfordshire
The Wildfowl Trust, Slimbridge, Gloucestershire

Niederlande
Nederlandse Vereniging tot Bescherming van Vogels, Dreibergseweg 166, Zeist 2740, Holland

Österreich
Österreichische Gesellschaft für Vogelkunde, c/o Naturhistorisches Museum, A-1014 Wien 1, Burgring 7, Österreich

Schweiz
Verband Schweizerischer Vogelschutzvereine, Gablerstr. 36, 8002 Zürich, Schweiz

Index

Index